JN233796

心理学における
フィールド研究の現場

尾見康博・伊藤哲司 編著

北大路書房

　　　　　　　　まえがき

　1990年代に入ったころから日本の心理学界では、「フィールド」や「現場」が本格的に注目されるようになった。それに伴い、日本人心理学者の手による「フィールド」「現場」関連の書も刊行され始めた。やまだようこ（編）『現場心理学の発想』（新曜社）と箕浦康子（編）『フィールドワークの技法と実際』（ミネルヴァ書房）がその代表といえよう。これらの編者はいずれも女性であるが、時代を先取りするのは男性よりもむしろ女性ということを象徴しているのかもしれない。いずれにせよここ10年ほどの間で、部分的にではあるが、日本の心理学界も変わりつつあると言えるだろう。本書も、そんな時代の流れのなかで生まれたものである。

　本書のタイトルに「フィールドワーク」「現場心理学」を用いなかったのにはそれなりの意味がある。詳しくは1章を参照していただきたいが、本書でいうフィールド研究とは、研究者（あるいは学生）が通常所属している大学や研究所などを離れて、いわば外へ出て研究することを指している。大学などにとどまったまま研究を進める心理学者はなお多い。そういう営みが必要なこともあるだろうし、外へ出ていないというだけで批判されることもないのかもしれない。しかし、心理学の場合そのことが、巷に広がるポップな心理学と研究者がになうアカデミックな心理学との乖離を生み出してきた一因のようにも思う。ともすると時代性や社会性とは縁が薄い大学などにとどまらず、現実の多様な社会・文化・歴史と接点をしっかりと持つことが重要であると、私たちは考える。

　本書では、このようなフィールド研究を実践している気鋭の心理学者たちに執筆をお願いした。ここ10年ほど心理学界のなかで、それぞれの事情は様々であろうが、結果としてその変化を担ってきた人たちでもある。人類学や社会学などに見られる参与観察中心のフィールドワークとはひと味違った心理学のフィールド研究を、具体的にどう始め、どう進めたらいいのか。そういった研究をこれから志す人は、まだまだ戸惑うことが少なくないだろうが、本書によってフィールド研究に具体的に取り組むヒントが得られるのではないかと思う。

　本書はⅢ部から構成されている。
　PartⅠでは、心理学におけるフィールド研究の位置づけとプロセスを紹介し

ている。いわば，フィールド研究の入門および概論である。フィールド研究は実験室実験以上に，その手順は多様である。しかしながらそこには，共通する考え方やプロセスがあるはずである。その概要を，まずは掴んでいただきたい。

　Part Ⅱでは，フィールド研究の実践者である執筆者たちが，具体的な各自の研究を紹介している。「家族というフィールド」「学校というフィールド」「福祉というフィールド」「地域というフィールド」「社会現象というフィールド」という5つのジャンルに分かれており，各ジャンル3テーマ（3章分）が用意されている。「職場」などのジャンルが用意できなかったものの，おそらくは心理学が対象とする代表的なフィールドがそろったように思う。Part Ⅱの各章は，「私とフィールド」という見出しで始まっており，全体にわたって経験談風な記述がなされている。フィールド研究の場合は，マニュアル的な側面よりもむしろ，そこからこぼれ落ちるフィールド研究者の経験やエピソードの方が実質的なワザ（ウラワザ）として有益ではないかと考えた。そのため各執筆者には，通常は論文やエスノグラフィーには書かないであろう裏話的なことがらの記述もお願いした。

　Part Ⅲでは，フィールド研究における倫理，心理学者にとってのフィールド研究のもつ意味，さらにはフィールド研究と出版について紹介している。フィールドに出てそこで人々と新たに出会い，研究を進めていく以上，それに見合った倫理がとうぜん研究者には要求されるだろう。またこのフィールド研究というものを，人類学者でも社会学者でもない心理学者が行うその意味と位置づけを考えてみたいと思う。さらに出版の際に起りうる問題——本書の出版に至るまで思いがけずぶつかった問題を含めて——にも言及したい。

　私たちは，実験室実験や数量的データを否定するのではけっしてない。もちろんそれらに対する適切な批判をすることは重要であると考えている。それが，心理学を浮き世離れしたものにしてきたひとつの要因だからである。同時に，フィールド研究に対しても厳しい目を向けていかねばならないと思う。ようやく萌芽しはじめた心理学界におけるフィールド研究を，しっかりと定着させ育んでいくためにも，心理学界の外にも開かれたフィールド研究が増えてくることを願ってやまない。

　多様な執筆陣が揃ったことで，結果的にユニークで画期的な書になったのではないかと自負している。本書の刊行によって，心理学および隣接諸分野におけるフィールド研究のさらなる展開をもたらすことができれば幸いである。

尾見康博

伊藤哲司

もくじ

まえがき

◆Part I ◆ フィールド研究とは何か

1章　フィールドワーク，現場心理学，フィールド研究 …………2
1. 心理学におけるフィールド研究の位置づけ …………2
   脱・実験室から脱・質問紙へ／フィールドワーク／現場心理学／フィールド研究
2. フィールド研究者の位置 …………11
   参与観察と相互主観性／研究対象者との関係
3. フィールド研究のウラ側 …………15

2章　フィールド研究のプロセス …………18
1. フィールド研究とは何か …………18
   フィールドとは何か／研究とは何か／書くことは知識生産のひとつの型／本章の目的
2. フィールドに出る前に …………20
   フィールドワークとエスノグラフィー／フィールドワークの技法——見る＋書く＝考える
3. フィールドワークのプロセス …………23
   フィールドワーク・プロセスの概説／準備的なワーク（課題）／フィールドエントリー／終わり方のパターン
4. フィールド観察から執筆へ …………28
   観察前期——観察開始とラポール／リサーチ・クエッション（研究設問）の設定と焦点観察／倫理について考える／観察後期——仮説生成／エスノグラフィーの作成
5. まとめ …………32

◆Part II ◆ フィールド研究の現場

■家族というフィールド■

3章　母子のやりとりを観る …………38
1. フィールドと私 …………38
   とにかく"生の"母子を見たい！／フィールドの紹介／私のフィールドエントリー体験

 2. フィールドに入り込む→のめり込む ……………………………… 40
  協力者との関係づくり――フィールドに入り込む／研究として仕上げていくプロセス／フィールドにのめり込む――〈私〉の変化
 3. 私の観た母子のやりとり――母親による子どもの代弁 …………… 45
  "代弁"というキーワードに行き着くまで／代弁の研究
 4. ママたちとの約束 …………………………………………………… 46

4章　父親たちのいるところ ……………………………………… 48

 1. フィールドと私 ……………………………………………………… 48
  フィールドの紹介／父親に出会うまで／どのように父親にアプローチしたか
 2. 父親と会う際に気をつけたこと・気になったこと ………………… 50
  私と父親の関係／母親の存在／時間をつくること／データをとる際気をつけていること――相手の話に興味を持つこと
 3. 失敗談――父親どうしを仲良くさせるのは難しい？ ……………… 52
 4. 研究からわかったこと ……………………………………………… 52
  フィールドに入ってわかったこと／フィールドから得たことを発表するとき
 5. なぜフィールド研究をするのか …………………………………… 55
  研究のおもしろさ――研究対象と会うこと／「おもしろさ」と「わからなさ」／研究の副産物

5章　家族関係のダイナミズムを観る ……………………………… 58

 1. フィールドと私 ……………………………………………………… 58
  素朴な関心／最初のフィールド研究で学んだこと
 2. 夫婦関係・家族関係に関する"擬似的フィールド研究"について … 60
  状況設定／測定変数の選択／いざ，本番／家族関係の諸相

■学校というフィールド

6章　通園したから見えたこと ……………………………………… 70

 1. フィールドと私 ……………………………………………………… 70
 2. スムーズな入園とさりげない観察 ………………………………… 71
  問題の設定／フィールドを見つける／フィールドエントリー／観察／分析
 3. 観察からさぐる保育者の意図 ……………………………………… 75
  しらせる，わからせる，わかってあげる／結果を他者と共有するために
 4. 園から離れないわけ ………………………………………………… 77
  研究のおもしろさ／研究の副産物

7章　ぼくが小学校に通うわけ――つくるために知る ……………… 79

 1. フィールドとぼく――小学校しかなかった ……………………… 79
 2. 教育を「つくる」手段としての心理学 …………………………… 80
  教育を「つくる」という仕事／心理学を手段にすることの意味／つくることを通して心理学が豊かになる／シングルケースを積み上げて事実を確定していく
 3. 学校現場との関係の構築 …………………………………………… 85

心理学者は切望されている／公開研に行こう／積極的にかかわりを求める

8 章　スクールカウンセリングと研究 …………………………………… 88

1. フィールドと私 ……………………………………………………… 88
はじめに／なぜフィールドか／中学校というフィールド／いざ中学校へ——フィールドへの入り方

2. 学級風土研究のプロセス ………………………………………… 90
学級風土調査の始まり——調査開始の留意点／最初の学級風土研究／私の変化

3. 学級風土研究の成果 ……………………………………………… 93
スクールカウンセラーとして／実践による調査研究の展開——先生方との協働／論文を書くうえでの難しさ

4. 学校現場のおもしろさ …………………………………………… 96

福祉というフィールド

9 章　高齢者「介護」の情報——地域をたずねる …………………… 100

1. フィールドと私 …………………………………………………… 100
文化と心理，共同研究，そして介護保険／2つのフィールド研究の経験

2. フィールドの居心地 ……………………………………………… 102
特養の研究者という自己定義／なれなれしいお客

3. フィールドの感触 ………………………………………………… 105
介護戦略／介護情報の編集

4. 介護戦略の視点からの高齢者 …………………………………… 109

10 章　「障害」をもつ人たちへのアプローチ ………………………… 110

1. フィールドと私 …………………………………………………… 110

2. より豊かなデータを得るために ………………………………… 111
ラポールの確立／面接データの収集

3. 研究をまとめていくために ……………………………………… 115
データとの対話／研究対象者との対話

4. 結びに代えて——フィールド研究の副産物 …………………… 117

11 章　被災者のメンタルヘルス ………………………………………… 120

1. フィールドと私 …………………………………………………… 120
北海道南西沖地震を体験したことから始まった／災害時の心理的支援活動開始までの厚い壁／『災害を体験した子どもたち——こころの理解とケア』ができるまで

2. 災害フィールドで傷つけないために，傷つかないために …… 123
心理的支援のあとから被災者の精神健康に関する研究が始まった／被災した大人の精神健康／調査内容の吟味

3. 災害フィールド研究の難しさ …………………………………… 127
研究者のなわばり意識／研究の有効性の議論／データの優先性と共有性／研究結果のフィードバック

- **4. 被災者研究のすすめ** 130
  災害研究を行うための心の準備／研究者自身のストレス・マネージメント

■地域というフィールド

12 章　語りの風景をひらく——戦中期ダバオ移民の体験を聞く *134*

- **1. フィールドと私** 134
- **2. 語りの風景をひらくための工夫** 135
  経緯——同行者の声と重ねる／関係——史料と重ねる／場所——地図と重ねる
- **3.〈語り-聞く〉過程を編む** 141
- **4. 語り，聞くことは世代間をつなぐこと** 142

13 章　過疎地域の活性化——鳥取県智頭町における人間科学のフィールドワーク *145*

- **1. フィールドと私** 145
  ローカルな共同的実践／智頭町の概略／「ゼロ分のイチ村おこし運動」と私の立場
- **2. 目的と価値観** 149
- **3. 1 次モードと 2 次モード** 150
- **4. ローカルからインターローカルへ** 151
- **5. 研究者の役割——理論** 152
  ハビタント——外部参入者／「先生徒」——先生＋生徒＝先生徒

14 章　駅前商店街のごみ捨て——首都圏中都市でのフィールド実験 ... *155*

- **1. フィールドと私** 155
  あるひとつの論文との出会い／フィールドの紹介
- **2. 商店街での実施ができるまで** 157
  実験実施交渉の経過／フィールドに入る際に苦労したこと／実験実施交渉中に苦労したこと
- **3. 商店街の実験で得たこと** 161
  実験結果／考察
- **4. フィールド研究で出会ったもの** 163

■社会現象というフィールド

15 章　ロックバンド「聖飢魔Ⅱ」のファン *166*

- **1. フィールドと私** 166
  ファンとしての私／聖飢魔Ⅱとその「信者」たちの世界観
- **2.「仲魔」のなかへ** 168
  信者たちのフィールド／初めてのフィールド，代々木公園という場所／交通と伝言ダイヤル
- **3. フィールドのなかの「私」** 170
- **4. 信者であるということ** 172
  「ミサ」への参加と小さな移行／ファンヒストリーと大きな移行

◆目　次◆

5. フィールドを見つめることは自分自身を見つめること ……………………174

16 章 「マインド・コントロール」現象 ……………………………………*176*

1. フィールドと私 ……………………………………………………………176
   研究テーマ／フィールドとの出会い／マインド・コントロール現象
2. マインド・コントロール研究の成果とプロセス ………………………178
   内部資料の収集／非構造的面接／構造的面接／質問紙調査
3. マインド・コントロール研究のすすめ …………………………………181
   誰のための研究なのか／フィールドと実験室と理論との関係／価値観と社会心理学研究／社会心理学の研究方法に、王道はあるのだろうか／研究の出発点と到達点

17 章 トゥルカナといっしょにすごすこと──フィールドワークを支える最小・最大限の前提 ……*187*

1. フィールドと私 ……………………………………………………………187
2. ナキナイの実際 ……………………………………………………………189
3. ナキナイのつらさと対策 …………………………………………………192
4. ぎっくり腰 …………………………………………………………………194
5. 最小限・最大限の前提 ……………………………………………………196

◆PartⅢ◆反省的思考と展望

18 章 フィールド研究の倫理 ……………………………………………*201*

1. はじめに ……………………………………………………………………201
2. 学会の倫理規定 ……………………………………………………………202
   アメリカ心理学会（APA）の倫理規定／日本の学会の倫理規定
3. フィールド研究の倫理 ……………………………………………………204
   フィールドエントリー時の問題／データ収集時の問題／成果の報告の問題
4. フィールドの倫理 …………………………………………………………211
   研究者にとっての倫理規定／フィールドにおける実践と状況倫理
5. おわりに ……………………………………………………………………214

19 章 心理学者にとってのフィールド研究 ……………………………*217*

1. 昨今の日本の心理学界をとりまく状況変化 ……………………………217
2. 「フィールド研究さえすれば」ではダメ ………………………………219
3. 心理学者がフィールド研究をする意味 …………………………………220
4. 多言語話者としてのフィールド研究者 …………………………………222
5. フィールド研究を支える理論 ……………………………………………223
6. フィールド研究での見解の違い──共同作業へ ………………………226
7. なぜフィールド研究をするのか──基本的な問いへ立ち返る ………228

20章　フィールド研究と出版 …………………………………………………… *231*

1. 本書出版までの紆余曲折 …………………………………231
2. 問題のありか …………………………………237
3. 表現と規制のせめぎあい …………………………………239
4. フィールド研究と出版 …………………………………241

索　引　243
あとがき　246
執筆者紹介　248

Part I
フィールド研究とは何か

1章 フィールドワーク，現場(フィールド)心理学，フィールド研究

尾見 康博(おみ やすひろ)

1. 心理学におけるフィールド研究の位置づけ

●脱・実験室から脱・質問紙へ

　フィールドワーク。

　あれは，インタビューデータを用いて修士論文を書き上げ，ほっと一息ついた頃であった。社会的・状況的要因をことごとく統制（捨象）する（しようとする）実験室研究や，似たような概念尺度をいくつも並べ立てて，あっという間に大量に（学生から）データを収集して，ナンタラ解析とかカンタラ検定をして，小数点以下何位までもの数値を並べた行列を書き，なんとなくわかった気になる質問紙研究に対しておもしろみを感じなかった私には，この言葉の響きはあまりに心地よかった。

　そのフィールドワークが，心理学者（とくに社会，発達，教育などの分野）の間でがぜん盛り上がったのは，『フィールドワーク──書を持って街へ出よう』（佐藤，1992）の刊行によるところが大きいだろう（19章参照）。私などは，先に購入した先輩に見せてもらってパラパラとページをめくるたびに，「そうだよな。そういうこと，そういうこと」とうなずきながらも，「先に言われちゃったな」と僭越な感想を持ったものである。心理学に不適応感を持ち，心理学界から去っていった佐藤郁哉[*1]の書が，心理学界に少なからぬ影響を与えた事実は，皮

肉というほかない。

　いずれにしても，狭い空間に閉じこめられているかのような圧迫感，閉塞感を感じていた（私も含めて）少なからぬ心理学者にとって，このフィールドワークの風は，まさに時宜を得めぐみの雨ならぬ風であった。

　このころすでにわが国の心理学界では，かつての実験心理学の優勢は影を潜め，臨床心理学のブームが始まっていた。臨床心理学を学びたくて心理学を専攻する学生（大学院も含む）が急増し始めたのである。以前は，心理学といえば知覚か学習で，「臨床に興味がある」などと言ったら異端児扱いされたそうだが，それも今は昔。まったく形勢が逆転してしまった。とはいえ，「実験しなければ心理学ではない」から「臨床しなければ心理学ではない」とまでは振り子は振れず，依然として，臨床心理学関連以外の学会の機関誌に症例研究などの臨床的研究が掲載されることはまずないし，卒業論文や修士論文でもなかなかお目にかかることができない[★2]。結局，少なくともわが国の臨床心理学は，自分たちの方言が通用する世界を肥大させることに終始し，他の心理学分野との相互理解を求めなかったといえる（下山，1997参照）。もちろん，心理学のなかで臨床心理学が巨大に孤立している現状には，臨床以外の分野の責任がないわけではない。制度的な問題をはじめとして，このねじれ現象にはさまざまなドラマがあるのだが，本題からそれるのでこのくらいにしておく。

　さて，このような状況下で，圧迫感を感じていたのは，他分野の教官と同一組織に属する，つまり学生の卒業論文や修士論文を共同で評価するような立場の臨床心理学者がまずあげられる。例外ももちろんあるけれども，臨床心理学者の指導のもとで提出される卒業論文や修士論文の多くが質問紙調査によるものである。それも，某誰々の開発した××尺度と，別の某誰々の開発した△△性格尺度の相関を調べた，とかいう代物で，たいてい自らつまらなそうに発表したり，実際，本意ではないことを表明したりする。もちろん，質問紙調査だけで終えるのではなく，ロールシャッハテストをはじめとする投映法や，面接法も交えたりすることもあり，そのときばかりはそれはいきいきとした顔に変わる。ただし，不本意な質問紙調査との関連は，「質問紙では一般的傾向を見て，投映法では個々の特徴を見ました」という説明がせいぜいで，ホンネのところは，「質問紙はしたくなかったけど，他分野の人が納得するために仕方なくやったまで」だという場合が多いように思う。とはいえ，彼ら／彼女らにとって，圧迫されるのは（博士号取得がまだ一般的とはいえない現在では）修士論文提出までである。その後は不本意な質問紙調査などする必要がなくなるし，他分野の先生にあれこれ言われることもなくなるのである。臨床関連の学会でのみ活動していれば，のびのび

としていられる★3。

　では誰がもっとも圧迫感を感じていたのかといえば，それは，発達心理学，社会心理学，教育心理学といった，実験と臨床のハザマにある分野の研究者（の一部）だったのである。

　さすがに実験しないと心理学ではない，という時代ではなくなったものの，「仮説を立て，客観的なデータを獲得し，統計的検定で仮説を検証する」という一連のプロセスをふむという心理学界にある規範は，相当に堅固であった。そして，実験でない方法で客観的なデータを獲得するもっとも手っ取り早い手段は，5段階とか7段階で「あてはまり」の度合いを尋ねるという形式を典型とする，質問紙調査法だったのである。この方法は，あらかじめ，どこどこに○をつけたら1点，という形で作成されているため，その後の統計処理に持ち込むのはたやすい。また，質問紙調査は，手を抜こうと思えばかなりお気楽な方法と化す。いうまでもなく，心理学や社会学でなされる質問紙調査が，ちまたでよく見受けられる「アンケート」と同じだというのではない。心理学や社会学では，質問紙調査法や社会調査法に関する議論の蓄積があり，初学者向けに書かれた解説書も数多い。ただし，心理学者，あるいは心理学専攻の学生が実施している質問紙調査（のうちの少なからぬ数）が，これら解説書で要求している事項をどの程度満たしているかを考えると，はなはだ心許ない。得られたデータが数量化されていたり，さらにはそのデータで統計的検定ができたり，多変量解析ができたりすることによって，すっかり安心してしまう。客観性や科学性が保たれたような錯覚を持ってしまうのである。また，大学に所属していれば，授業時間の一部を使って質問紙調査を依頼することは難しいことではないし，今では，数字になってさえいれば，複雑な統計解析でも，秒単位で実行できてしまう。結局，調査用紙の作成までのプロセスにコストをかけなければ，ホントにお気楽にできてしまうのである。

　ずいぶんと脇道にそれてしまった。いいたかったことは，近年の心理学では，「客観性」を保持するために，質問紙調査が最大限に利用（悪用？）されてきたということである。そして，実験でなければ質問紙，みたいな二者択一の選択肢を常に突きつけられて，いずれかの方法にあわせて，テーマや研究計画が選ばれるという事態が生じるようになった（詳しくはサトウ・渡邊・尾見，2000参照）。こうした意味で，現実の社会現象や人々の日常を研究対象としてもおかしくない，発達，社会，教育といった分野に，圧迫感を感じた研究者が多かったのだと思う。これが圧迫感の実態である。

　実験が適した研究もあれば，質問紙調査が適した研究があることには異論をはさむ余地はない。実験でも質問紙調査でもおもしろい研究はいっぱいある。言い

つくされた感もあるが，まず初めに方法ありき，という態度が問題なのである。

☻フィールドワーク

　研究対象者との関係を遮断して（したつもりで），「客観性」を追求する実験や質問紙調査に対して，フィールドワークはそもそも「客観性」を追求しない研究のスタイルである。

　ところで，フィールドワークは，心理学にとってまったくの新しい方法であったわけではない。少なくとも数年前までわが国の心理学の研究法のバイブルであった『心理学研究法』シリーズ全17巻（東京大学出版会）の第10巻『観察』（続・苧阪, 1974）のなかでも，フィールドワークが紹介されている。この巻の第4章「参加観察法」の大部分が，フィールドワークの説明に割かれている。だが実は，引用文献や参考文献としてあげられているのは，人類学か社会学関連の文献がほとんどであり，その当時，心理学の研究法として定着していたわけではないことが容易に推測できる。このことは，実際に『心理学研究』など当時の心理学の学術誌に掲載されている論文を見ても明らかである。

　また，佐藤郁哉の『フィールドワーク』（1992）刊行時に，この書の内容を思い切り吸収する素地が心理学界の一部にできていたことも確かである。日本心理学会では，1991年，1992年と，フィールドワーク関連のワークショップが企画されていた。この流れとうまく同期する形で『フィールドワーク』が刊行されたわけである。その後，日本心理学会では，1993年，1994年と2年連続して，シンポジウムとワークショップの話題提供者に佐藤郁哉を迎え，日本教育心理学会でも1993年に彼による講演が用意された。いずれもかなりの盛況であったことから，少なからぬ心理学者が，フィールドワークにある種のブレークスルーを期待していたことは間違いあるまい[*4]。そしてこの後も，いくつもの心理学関連学会の年次大会の企画として，フィールドワークがとりあげられ続けている。

　このようにして，日本の心理学界ではフィールドワークの議論が展開してきたわけであるが，このあたりで，フィールドワークの概要について押さえておこう。

　佐藤郁哉（1992）によると，フィールドワークとは，「参与観察とよばれる手法を使った調査を代表とするような，調べようとする出来事が起きているその『現場』（＝フィールド）に身をおいて調査を行うときの作業（＝ワーク）一般をさす」という。

　また，心理学者でもある箕浦康子（1999）は，フィールドワークを「人と人の行動，もしくは人とその社会および人が創り出した人工物（artifacts）との関係を，人間の営みのコンテキストをなるべく壊さないような手続きで研究する手

法」と定義する。

　この両者の違いは，それぞれのよって立つ学問上のスタンスの違いを反映していると見ることができる。前者の定義は，人類学や社会学のフィールドワークの実態に即して定義づけられており，「参与観察」とほぼ同義である。後者の方がおそらく広い定義であり，そこでは参与観察を排除はしていないが，どちらかといえば，あたかも透明人間となって観察する手法（自然観察）がイメージされる定義といってよいであろう。むろん，「現場に身をおいて，自分の目で見，耳で聞く」点では共通している。

　ところで，近年，欧米では「フィールドワーク」よりも「エスノグラフィー」が現場調査の報告書およびその調査のプロセスそのものをさす言葉として使用される傾向が強いという（佐藤，2000）。「目で見て，耳で聞く」，つまり調査するためだけの技法としてでなく，それを報告書としてまとめ上げる，つまり「書く」までのプロセス全体を包含する技法として，「エスノグラフィー」という呼称がふさわしいというのである。

　一方，人類学でも社会学でも，自身の個人的体験には依存しないで，つまり現場におもむかずに現地の資料を調べて書き上げた報告書，あるいは，現場におもむいたとしても現地で生活する人々からは一定の距離を保つ手法で調査することによって書き上げた報告書をエスノグラフィーとよんでいたこともあった（VanMaanen, 1988）。ちなみに前者の研究スタイルをとる人類学者を肘掛け椅子の人類学者，後者をベランダの人類学者とよぶ（詳細はVanMaanen, 1988参照）。

　調査技法と調査結果を書き上げた報告書の呼称を区別するべきか否か。

　ここでは，本書にとってカギとなる用語を多義的にするのを避け，調査技法をフィールドワーク，書き上げた報告書をエスノグラフィーとしたい。

● 現場（フィールド）心理学

　心理学におけるフィールド研究を語るとき，現場（フィールド）心理学について触れないわけにはいかない。現場（フィールド）心理学とは，山田洋子（1986）が構想した心理学である。
　現場（フィールド）心理学の「現場（フィールド）」は，独特の意味づけがなされている。現場とは「複雑多岐の要因が連関する全体的・統合的場」であって，「極端にいえば実験室の中にも現場は存在する」という。また，「家庭や幼稚園など日常語で現場といわれる場所で研究をしても，『単純な要因について分析する場』であれば実験室である」ともいう。つまり，研究対象の場を研究者がどのように見るのか，あるいはその場とどのようにかかわるのか，という点で現場と実験室とを区別しているのであって，その場に実験室という名前がついているか否かとは無関係ということ

である。

　山田(1986)の発表当時はまだ，心理学界の抑圧システムが強固だったが，1990年代に入って，上で述べたような経緯から，現場(フィールド)心理学の着想が生きる素地ができ，1997年には『現場(フィールド)心理学の発想』(やまだ，1997)が刊行された。

　さて，この本の帯に「実験室を出て，現場の生き生きした感触に触れ……」というフレーズがある。このフレーズの意味は，大学や研究所の実験室から外へ出よう，ととるのが自然だと思うが，先に述べたように，現場(フィールド)心理学では，実験室は単純な要因について分析する場を意味するのであるから，このフレーズは矛盾している。正しい意味は，「単純な要因について分析する場を出て，複雑多岐の要因が連関する全体的・統合的場の生き生きした感触に触れ……」となる。現場(フィールド)心理学では，ふだん私たちが実験室とよんでいる場所が，「実験室」にも「現場(フィールド)」にもなりうるのであるから，実験室に居続けても，その場を「実験室」と見るか「現場(フィールド)」と見るかによって，実験室を出たり入ったりすることができるということになる。これではいかにもわかりにくい，と私は思う。

　今書いているこの本の共編者の伊藤哲司も『現場(フィールド)心理学の発想』の共著者であるが，「現場(フィールド)」の言葉づかいが混乱しているように思う。伊藤(1997)は，「それこそ心理学実験室も現場(フィールド)となる」と山田(1986)の定義に従う一方で，「実験室に篭もっていたりしないで，現場に一歩足を踏み出してみることをお勧めしたい」とも述べている。

　やまだようこ(1997)は「現場(フィールド)」とカナのルビを振ることで英語のfieldの意味[*5]も付与し，いわば多重言語の発想を併用していると述べているので，ここでの私の批判は見当違いになるかもしれない。しかし，「現場(フィールド)」だけでなくその対比に使っている「実験室」のことまで考えると，できれば「現場(フィールド)」は「げんば」の意味に限定した方が望ましいように思う。つまり，実験室の意味を通常の意味に固定し，現場(フィールド)は，それに対応して「実験室を出て，生き生きした感触に触れられる」場の意味にすべきではないか，ということである。多重言語としての「現場(フィールド)」の意味は，「現場(フィールド)心理学」という新しい心理学の意味で用いるときに限ればすっきりする。

　また，(モデル構成的)現場(フィールド)心理学は，データ収集法や処理法に制約はないというものの(山田，1986)，「単純な要因について分析しない」のであるから，事実上の制約はあると考えた方がいいだろう。

　以上のように，現場(フィールド)心理学は，実験心理学を源とする従来型の心理学とはまったく異質の新しい見方，思想，あるいはメタ理論ととらえるとわかりやすいのではないかと思う[*6]。そう考えると，1990年代のフィールドワークの風をうまく

取り込むための心理学内での理論的基盤のひとつとして，現場(フィールド)心理学をとらえることができる。

このようなとらえ方に類するものとして，南 博文（1994）があげられる。南（1994）は"フィールドワークによる人間理解のパラダイムチェンジ"の背景として佐藤郁哉（1992）のフィールドワーク観と山田（1986）の現場(フィールド)心理学に共通点を見出していた。そして，パラダイムチェンジの中身としては，①「実験者－被験者」パラダイムから共同作業（collaboration）のパラダイムへ，②「測定」のパラダイムからコミュニケーションのパラダイムへ，③「客観性」のパラダイムから「相互主観性」のパラダイムへ，④理論的構成概念と素朴概念との交渉，の4点を提示している。

先に触れた1993年の日本心理学会第57回大会のシンポジウム「現場からの発想——フィールドワークは心理学に何をもたらすか」で，フィールドワークの佐藤郁哉と現場(フィールド)心理学のやまだようこが話題提供者のなかに含まれていたが，このシンポジウムの企画者であり，その前年までフィールドワーク関連のワークショップを企画していたのが南であった。そうした意味で，『フィールドワーク』刊行とともにふいた風を心理学界に送り込み，その後の流れを演出し，大きく方向づけた功労者として南を位置づけることができよう（19章参照）。

☻フィールド研究

「フィールド研究」はフィールドワークに比べて，議論の前面に出てくる言葉ではなく，きちんと定義づけられたり，他の研究法と関連づけて説明されることは少ない。山田（1986）にも現場研究という言葉が出てくるが，現場(フィールド)心理学との異同については触れられておらず，ほぼ同じ意味で使っているように見える。人類学や社会学におけるフィールドワークの議論のなかでフィールド研究という言葉が出てくることもあるが，この場合も「フィールドワーク」とどこまで使い分けているかがわかりにくいことが多い。

そこで，ここでは思い切って，「フィールド研究」に，実験室から外へ出て実施する研究という意味を付与してみたい。なぜ「思い切って」というかというと，山田（1986）にしても，南（1994）にしても，もちろん人類学や社会学におけるフィールドワークを論ずるときにも，実験室から屋外に出るという物理的な移動には積極的な意味を認めていないからである。ただし，山田（1986）や南（1994）が実験室という場のフィールドとしての可能性を積極的に論ずるのに対して，人類学や社会学のフィールドワーク論では，可能性としては否定しないものの，フィールドといえば人々の生活の場が暗黙のうちに想定されていることがほとんど

といってよい。つまり，後者ではフィールドに「出る」ことが当然のことであって，あえて問題にすることがないということである。これは学問分野の特性からくるものかもしれない。

また，参与観察を条件にするとフィールドワークと同義になってしまうので，参与観察を必要条件にしないことにしてみる。考えてみれば，フィールドワークの風がふいたからといって，心理学者がみなこぞって参与観察に走るはずはないし，また走る必要もない。「客観性」をきわめようとする実験室実験や質問紙調査とフィールドワークの中間領域にも甘い果実がいっぱいあるはずである。現場の空気に触れるだけで，実験や調査の数量的な結果は同じでも，考察が変わってくるかもしれない。このように考えると，フィールドワークを含むより広い概念としてフィールド研究をとらえることには意味があるように思う。

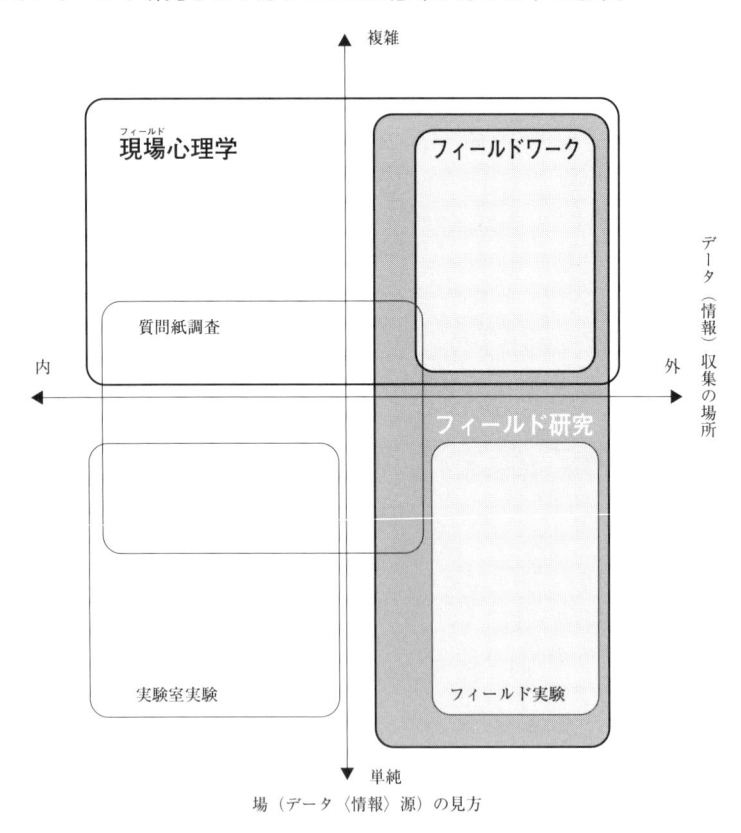

◎図◎ 1-1　フィールド研究の位置づけ

◆Part I ◆フィールド研究とは何か

ここでは暫定的に，「研究者がデータ（情報）を得る際に，自らの所属する大学などの敷地内にある，データ獲得のために用意されている場所に，被験者や調査対象者に来てもらって実施するのではなく，研究者が研究対象者のもとに自ら出向いて実施する研究」を「フィールド研究」とよぶことにする。データ獲得のために用意されている場所とは，実験室，面接室，観察室などのほか，データ収集も目的としている場合には心理相談室なども含まれるし，質問紙調査がなされている講義室なども実質的に含まれる。フィールド研究では研究者が「よそ者（visitor）」になるが，これらの場所では，研究対象者が「よそ者」となる。研究者としては自らのホームグラウンドで実施する方が何かと都合がいいであろうが，研究者のホームは研究対象者のアウェーとなる。

　フィールド研究とフィールドワーク，現場（フィールド）心理学の違いを図式化すると図1-1のようになる。なお，図1-1の左上部には，過去に経験した内容について聞き出すタイプのインタビューを研究施設内で実施する場合などが該当すると思われるが，「フィールドワーク」や「実験室実験」などのように一言で表す名称が思いあたらない。

　また，あらためて図1-1を検討してみると，縦軸を場の見方とするよりも，「研究者と研究者対象者とのコミュニケーションの有無」や「データ獲得までの計画性」としたほうがすっきりするようにも思える。いまや実験的な手法も，複雑多岐な要因を扱うことはめずらしくないし，すくなくともデータ分析にはたいしたコストをかけずに施行できるのであるから。

　そして，横軸は，研究対象者の語り，行動，回答，反応といったものが，その場所やその時でないと得られないものかどうか，あるいはそれらとどれほど切り離せるものかどうか，と考えることもできよう。時間と場所の抽象性，あるいは文脈拘束性とでもいえよう。

2. フィールド研究者の位置

●参与観察と相互主観性

　客観性を求める従来型の心理学では，実験者や観察者あるいは調査者が自らの研究対象者に何らかの影響を与えることは，努めて避けなければならなかった。ということは，参与観察という手法は，従来型心理学の立場から見るとまったく理解できない手法だということになる。参与観察とは，研究対象となっている人々にかかわりながら，そして，彼ら／彼女らと生活をともにしながら情報を得ていく方法だからである。先に，フィールド研究は参与観察を必要条件としない，と

したが，フィールドに出るということは，従来型の研究スタイルを採用したとしても，つまり実験や質問紙調査をしたとしても，研究対象者，あるいは少なくとも研究対象の場，と何らかのかかわりを持たざるをえない。この意味でも，またフィールド研究の定義からしても，さらに，従来型の心理学の対比で考えるうえでも，フィールド研究の特徴について論じるときには，フィールドワークに関して蓄積されたさまざまな議論が当然中心的なものとなる。そこで本節では，参与観察に関連したフィールドワークの議論を中心に述べていくことにする。

従来型の心理学では，（少なくとも理念的には）研究者が研究対象者からは見えないところに位置づけられていた。そして，実験や調査の実施者のバイアスを防ぐための工夫も考案されてきた[*7]。つまり，従来型心理学の研究者は研究対象者から見えない位置にいて，データ（情報）獲得の場から超越したところに存在していたといえる。

それに対して参与観察はまったく逆であって，研究者と研究対象者が，ある時点で，同じ空気を吸い，同じ臭いを嗅ぐのである。このことは，否応なく個としての研究者自身が研究対象者の前にあらわになり，研究者の存在が，その場に少なからぬ影響を与えることになる。影響を与えることを自覚したうえで，その場，その文脈をまるごと理解しようというのが参与観察である。ということは，研究報告の記述のなかに研究者自身が何らかの形で登場することにもなりうる。もちろん，理論的立場やフィールドへのかかわり方によって，参与観察のあり方も異なるし，登場の仕方も異なる。

参与観察での調査者の役割は，参与の深さによって，「完全なる参加者」「観察者としての参加者」「参加者としての観察者」「完全なる観察者」の4つに分けられる（Gold, 1958）。「完全なる参加者」の場合は，調査していることを対象者に気づかれないように振るまうことになり，その反対に，「完全なる観察者」の場合は，対象者とのかかわりを持たないことになる[*8]。そして，一般に参与観察という場合は，「観察者としての参加者」の役割をとることを意味する。「参加者としての観察者」は，一度だけ現地を訪れて調査を実施するときなどの役割ということになる。フィールドワークの参与観察は，「参加者としての観察者」として実施することはまずないであろうが，フィールド研究の場合はその定義からいって「参加者としての観察者」もあり，ということになる。たとえば，ある種のフィールド実験や，研究者自ら面接調査員として現地におもむいて，質問紙調査を実施する場合などが該当する。

さて，参与観察を採用することが「客観性」を放棄することだというならば，その代わりに新たな基準が必要となる。あらためて確認しておくが，ここでいう

「客観性」とは，従来型の心理学がよすがにしていたもので，研究対象者が実験にのぞむときに与えられる刺激や状況が（物理的に）同一であることや，調査項目（の字面）が同一であることなどを意味する。それに加えて，得られたデータを数値化することによって，同一のデータ解析をすれば同一の結果が得られる，などというものも含まれる。

それに対して，物理的な刺激や状況の同一性が，人間を対象とした研究にどこまで意味があるのだろうか，うまく統制された実験室実験で得られるものはあるにしても，それで得られない（失われる）部分があまりに多いのではないだろうか，といった感覚が，教育，発達，社会といった分野でフィールドワークの風を心地よく感じた心理学者たちの間にはあった。すでに南（1994）による答えを示したが，「客観性」に代わる新たな基準とは，「相互主観性（間主観性）」である。

実は従来から，心理学における客観性とは，物理的刺激・状況の同一性ではなく，相互主観性のことをさすという議論があった（小笠原，1967）。相互主観性とは現象学の用語であるが，誤解を覚悟で簡単に言ってしまえば，「世界」は客観的に存在するのではなく，多くの主観の間で共有されたものとして存在すると考え，そのうえで成り立つ公共性のことである。相互主観性という基準の採用は，人間ひとりひとりを独立した存在として見るのではなく，その人をとりまく状況や他者との関係性において存在するという人間観にもつながる。人間現象を研究対象とする心理学としては，ある意味では自然なとらえ方ともいえるけれども，心理学界ではこのような「客観性」のとらえ方はなされてこなかった。そこには，現実世界で生活している人間を研究対象にしようという発想が乏しかった（抑圧されていた）心理学界の姿が浮き彫りになる。

㊁研究対象者との関係

実験，検査，質問紙調査，ことによると面接まで含めて，心理学のデータ収集法の多くは，コストをかけさえすれば研究者自身が研究対象者とかかわる必要がないといえる。研究対象者の顔を見ずに，声を聞かずに，データが手に入るということである。さらに，データのコンピュータ入力やデータ分析，発話データの文書化（テープ起こし）も，倫理的問題をクリアしさえすれば，他人（アルバイトや業者）に任せることも可能である。つまり，研究の計画を立てさえすれば，あとは分析の結果を見て論文なり報告書を書けばいいのである。この場合，研究のプロセスのなかに生きた人間は登場しない。すでに匿名化された研究対象者のひとりひとりは，さらにＩＤ番号にその姿を変え，彼ら／彼女らの意識，行動，声などは，なかば強引に，あらかじめ用意された平板な数字や文字に変換される。

データ分析を人任せにする場合は，この変換過程にすら研究者自身は関わらず，分析結果だけがすべてとなるのである。このような研究法が成立するのは，研究者が研究対象者に関与することによるバイアスを極力排除することによって，「客観性」が保てると考えるからである。

「客観性」の代償として失われるものの代表格は，研究対象者（と研究者の間）をとりまいていたり対象フィールドに立ちこめていたりする「意味」であろう。箕浦（1999）は，フィールドワークの方法論を支える理論的オリエンテーションのひとつとして，解釈的アプローチをとりあげており，解釈的アプローチは，人々の生活世界が文化的意味で満たされているという前提に立ち，その意味を読み解く作業がエスノグラフィーであると述べている。

それに対して，従来型の心理学の研究スタイル（解釈的アプローチに対して実証主義的アプローチ）では，「意味」は研究者サイドで特権的に保有されており，研究対象（者）との意味の共有は，求めない，あるいは無条件の前提となっているといえる。もちろん，質問紙調査などで，質問項目を決定する前段階に予備調査をする作業などは，多少意味の共有を求めている形になっているともいえなくもないが，そうとうおおざっぱなものである（心理学における質問紙調査というのは良くも悪くもそういうものである）。たとえはよくないが，この研究者のスタンスは，日本の（中央）官僚のそれをどうしても想像してしまう。私のステレオタイプであることを差し引いてほしいけれども，つまりはこういうことである。さまざまな現場（業界団体や政治家が主か？　一般市民も本来は該当）からあがってきた要望書などの文書〈予備調査の結果〉を既存の文書〈先行研究〉と整合させてルール（意味）〈質問項目〉を決め，ルールを決めたらそのルールに従わせ，ルールが想定していなかった事態が生じても，窓口に対しては，無理やりそのルールで対応させたり，あるいは「対応できない」と淡々と（客観的に）語ったり。現場の遠くにいて，さまざまな現場から意見を聞かないと公平な（客観的な）対応がとれないという態度である。

では，フィールドワークの場合，研究者の特権性はないのだろうか。

もちろんある。それは，エスノグラフィーや報告書，論文を「書く」ということの特権性，搾取性である（Clifford & Marcus, 1986参照）。「書く」ことの特権性は，実験や質問紙調査にも当然あるわけだが，研究対象者とかかわらない研究法であるだけに問題にしにくいだけである。フィールドワークの場合は，研究対象者について生活文脈ごと理解し，それを記述しようというのであるから，問題になりやすい。

そこで近年注目されているのが反省的思考（reflexivity）という概念である。

研究者は研究フィールドやそこでの人々とのかかわりのなかで社会的現実を創出しているのであるから，そのかかわりを具体的に自覚する，ということが反省的思考である。反省的思考を重視すると当然，エスノグラフィーなど「書かれたもの」のなかには，フィールドのなかでの自らのさまざまな関係，立場や，それと自らの解釈との関係が具体的に記述されることが望まれることになる。そしてこのことは，エスノグラフィー作成を研究者と研究対象者との共同作業によるものとする立場につながる。共同作業は一見すばらしいことにも思えるが，テーマや問題の設定などによっては，研究者と研究対象者との間で見解の対立が生じる可能性も十分にある。では，対立したときにどうするか。

　ジャーナリズムであれば，プライバシーを侵害しない限りにおいて，事実（真実）は公表すべきであるという結論になるであろうし，それが社会の不正を暴き，正義を守るという口実があればあるほどそうなるだろう。

　しかし，心理学はもちろん，人類学や社会学においても，この問題に唯一の回答を提出することは難しいのではないかと思う。研究者によって態度が異なるだろうし，同じ研究者でもケースバイケースの対応をとることになるだろう。ミもフタもない言い方になるが，フィールド研究者が自らに対して，そしてフィールド（研究対象者）に対してどこまで責任をとることができるか，ということである。とはいえ，少なくとも心理学では，フィールド研究に関する倫理的問題がもう少し議論されてもいいとは思う（18章，20章参照）。

3．フィールド研究のウラ側

　実験室実験も質問紙調査もその表面的な手続きのウラには，おもしろいドラマや苦労が山ほどあるのだろうけれども，対象者とかかわる時間が圧倒的に長いフィールド研究の場合，そうした逸話は質量ともにその比ではないだろう。いろいろなトラブルに巻き込まれたり，思いがけない重要な決断を迫られたり，手土産をどっさりもらったり，かなりプライベートな相談をされるようになったり，逆に研究者としてしか相手にしてもらえなかったり……。そして実は，こうした逸話こそ，フィールド研究の成否を決める重要なカギだったりするし，それを自覚的に掘り起こすのが，とりわけフィールド研究にとって大事な作業ではないかと思う。つまり，筋立てて文章化したストーリーのウラ側で，何が起こり，自らがどういう経験を（も）したのか，がそのストーリーを支え，成立させているということである。

　心理学の知見は，論文や報告書など，いわば研究の上澄みだけで語られること

がほとんどだと思うが,とりわけフィールド研究の場合,そのウラ側で研究者たちが経験している雑然としたあれやこれやがあって初めて知としての生を与えられているはずである。ならば,それらを表舞台に立たせて議論の対象にしてはどうだろう。

　また,ウラ側での経験は,研究対象フィールドによってずいぶん異なってくることが予想される。もちろん,たとえば同一の地域社会について,まったく異なるエスノグラフィーが著されうることはいうまでもない。しかし,ある研究者がウラ側で実践したあれやこれやが明示されることで,類似したフィールドにかかわろうとする人に少なからぬ示唆が与えられることになるであろうし,その蓄積が後続のフィールド研究者のさらなる助けとなることは間違いないだろう。また,フィールドの特性だけでなく,研究者自身の属性(性別や年齢,社会的身分や容姿なども含めて)や研究者とフィールド,フィールドの人々との関係などへの目配りも必要になるだろう。

　フィールド研究は,実験室実験や質問紙調査に比べて,(少なくとも可能性として)そのプロセスで生じる感情の振幅の幅が非常に大きい。思いがけないすばらしい出会いもあるかもしれないし,意図せず研究対象者を裏切ってしまったり,逆に裏切られてしまったりすることもあるかもしれない。

　こういう比喩はどうだろう。

　見知らぬ人よりも友だちとの方が,いい思いもするし,つらい思いもする。仲が良ければ良いほどこのことはあてはまる。恋人どうしでなければ得られない喜びや幸福感を味わえる一方,恋人どうしだからこそ,関係が悪化し始めたときの挫折感や失望感,幻滅感もまた大きいのである。

　相手を知る,人を知る,ということはそういうことなのではないだろうか。

　もう少し控えめにいうと,心理学において,そういう人の知り方があってもおかしいはずはないし,そういう知り方についての議論がもっともっとなされなければならないと思う。

●ブックガイド
　佐藤郁哉　1992　フィールドワーク――書を持って街へ出よう　新曜社　いわずと知れた,フィールドワーク研究のバイブル。フィールドワークの方法や理論的位置づけについてていねいに解説しているほか,フィールドワークをする際の心構えについても触れられている。フィールドワークだけでなく,心理学のさまざまな方法を反省的に俯瞰することができ,学問論としての性格もあわせ持つ好著。
　サトウタツヤ・渡邊芳之・尾見康博　2000　心理学論の誕生――「心理学」のフィールドワーク　北大路書房　心理学者が当然のごとく用いている概念や方法,心理学の知識を背後から支える歴史や制度などについて,反省的に論じられている異色の書。3人の著者の各3本の論文を3人の鼎談でサンドイッチするという形式もまた異色。フィールド研究,フィールドワークをはじめとする心理学の研究法の理論的基盤を知るうえでも格好の書。

●註
- ★1 具体的には，投稿した研究論文への審査の過程で反発し，ある心理学系の学会を退会したとのこと。日本心理学会のシンポジウムなどで発言している。佐藤郁哉（2000）にも多少その経緯が記載されている。
- ★2 最近では臨床心理学科など臨床関連の教員のみの組織もあるので，そういったところではこの限りではないかもしれない。
- ★3 ホントにのびのびしているかどうかではなく，やりたくないことをムリヤリやらなくてすむという意味で。
- ★4 もちろん，この時期より前から，フィールドワークなり定性的研究の必要性や意義を論じ，あるいは実際に実行していた心理学者もいた。しかしながら，少なくとも学会の機関誌レベルの雑誌には，フィールドワークによる心理学論文はほとんど掲載されていなかったといってよい。
- ★5 「野」「野原」を意味し，どこへ行けばいいのか，どこをどのように進めばよいか，コースが定型的には決められていない広い原野，自在に動くことができる原っぱのこと（やまだ，1997）。つまり，複雑多岐の要因が連関する全体的・統合的場の方をさしているように思える。
- ★6 従来型心理学と新しい心理学の対立点などについては，尾見康博（1998）を参照されたい。
- ★7 とはいえ，研究者自らが実験者となって実験者バイアスの余地を残したまま実施したり，自らの講義の時間内に自らが調査者となって実施したりすることは実際にはそう珍しいことではない。
- ★8 ワンウェーミラー越しに対象者の行動観察をする場合がこれに該当する。

●引用・参考文献
Clifford, J. & Marcus, G. E. (Eds.) 1986 春日直樹・足羽与志子・橋本和也・多和田裕司・西川麦子・和邇悦子（訳）1996 文化を書く 紀伊國屋書店
Gold, R. 1958 Roles in sociological field observation. *Social Forces*, 36, 217-223.
伊藤哲司 1997 現場への誘い やまだようこ（編）現場心理学の発想 新曜社 pp.3-11.
南 博文 1994 経験に近いアプローチとしてのフィールドワークの知――embodied knowingの理論のための覚え書き 九州大学教育学部紀要（教育心理学部門），39, 39-52.
箕浦康子 1999 フィールドワークと解釈的アプローチ 箕浦康子（編）フィールドワークの技法と実際――マイクロ・エスノグラフィー入門 ミネルヴァ書房 pp.2-20.
三隅二不二・阿部年晴 1974 参加観察法 続 有恒・苧阪良二（編）観察（心理学研究法第10巻）東京大学出版会 pp.139-157.
小笠原慈瑛 1967 心理学の定義 八木冕（編）心理学 培風館 pp.1-18.
尾見康博 1998 フィールドワーク，現場心理学 人文学報（東京都立大学），228, 101-114（サトウタツヤ・渡邊芳之・尾見康博 2000 心理学論の誕生――「心理学」のフィールドワーク 北大路書房に所収）.
佐藤郁哉 1992 フィールドワーク――書を持って街へ出よう 新曜社
佐藤郁哉 2000 暴走族から現代演劇へ 好井裕明・桜井厚（編）フィールドワークの経験 せりか書房 pp. 46-63.
サトウタツヤ・渡邊芳之・尾見康博 2000 心理学論の誕生――「心理学」のフィールドワーク 北大路書房
下山晴彦 1997 臨床現場と大学の狭間で やまだようこ（編）現場心理学の発想 新曜社 pp.53-62.
続 有恒・苧阪良二（編）1974 観察（心理学研究法第10巻）東京大学出版会
Van Maanen, J. 1988 森川 渉（訳）1999 フィールドワークの物語――エスノグラフィーの文章作法 現代書館
山田洋子 1986 モデル構成をめざす現場心理学の方法論 愛知淑徳短期大学研究紀要，25, 31-51.（やまだようこ（編）1997 現場心理学の発想 新曜社に所収）
やまだようこ 1997 同時代ゲームとしての現場心理学 やまだようこ（編）現場心理学の発想 新曜社 pp. 13-27.

2章 フィールド研究のプロセス

サトウ　タツヤ

1. フィールド研究とは何か

☺フィールドとは何か

　本章は「フィールド研究のプロセス」について論じる。
　したがって，まず，フィールドと研究について検討する必要がある。
　フィールドという概念については，すでに1章において下記のように「データ獲得のために用意されている場所以外の場」という定義が与えられている。

> 「研究者がデータ（情報）を得る際に，自らの所属する大学などの敷地内にある，データ獲得のために用意されている場所に，被験者や調査対象者に来てもらって実施するのではなく，研究者が研究対象者のもとに自ら出向いて実施する研究」を「フィールド研究」とよぶことにする (p. 11)。

という表現からもそのことはわかる。データ獲得のために用意されている場所とは，

> 実験室，面接室，観察室などのほか，データ収集も目的としている場合には心理相談室なども含まれるし，質問紙調査がなされている講義室など (p. 11)

のことであるという。誰かを被験者としてよんで行う研究や，何かの目的で大学

に来ている人を被験者にするような研究は、「フィールド」研究ではない。

◎研究とは何か

フィールドとは何か、ということはすでに明らかとなった。そこで、さらにすすんで研究とは何か、ということを簡単に考えてみたい。

というのも、近時のモード論では、そもそも研究という言葉を使わずに「知識生産」という言葉を使おうという提案があるからである。モード論とはギボンズ（Gibbons, 1994）によって科学社会学のなかで提唱された概念であり、小林信彦（1996）や佐藤達哉（1998）による解説がある。

研究と実践があるのではなく、知識生産の異なるモードがあるというのがモード論の含意するところである。モード論では知識生産のモードを2つ措定する。学範内好奇心駆動型のモードⅠと社会関心駆動型のモードⅡである。ここで学範とはディシプリンのことであり、心理学なら心理学というひとつの学問の規範のことをさしている。また、社会とは実際の社会はもちろんのこと自分の学範以外の学問も含んでおり、心理学にとっての社会は、ごみ処理が問題となっている社会だったり、他の学問（教育学、法学……）だったりする。

では、知識生産とは何か。

モードⅠの場合、学範で求められるレポートや論文を書くことである。

モードⅡの場合、問題となっていることが解決されることである。

◎書くことは知識生産のひとつの型

フィールド研究はフィールドに出る。

そこでまず、自分はどういうモードで現場（フィールド）に出るのか、を考えておく必要がある。問題を解決するためなのか、学範の内部の論文を書くためなのか。卒論、修論などのために行うのは、モードⅠである。ごみ問題、いじめ問題、カリキュラム作成問題を解決したい、そのためには論文を書かなくてもいい、という場合はモードⅡである。

もちろん、ひとりの人間が2つのモードをとることもありうる。問題の解決を達成してからそれをレポートにする場合。レポートを書いてからより実際的な解決をめざす場合、さまざまな場合がありうるだろう。

そして、自分がいる場所、自分が取り組んでいる問題、によって、知識生産の型が変わってくることはいうまでもない。

フィールド研究のフィールドは多様であり、それを一言でまとめることはできない。1章のように除外的に定義することは適切な方針である。だが、研究とい

うのは，第一義的には，前述のうちのモードⅠ的な知識生産のことをさしている。このことに気づくことはきわめて重要である。卒業論文（修士論文でも博士論文でもいい）で，小学校というフィールドに行き，そこで，「いじめをなくしました」といってもそれは論文としては認められない。いじめが起きているフィールドに行って，その問題を解決しても（モードⅡ的な知識生産），それだけで許されるわけではない。レポート（報告書）が書かれなければ論文は認められないだろう。

　問題解決よりもレポート（報告書），という書き方はいささか過激だったかもしれない。しかし，フィールド研究をする場合の成果，ということを学生や院生の立場で考えると，結局はそういうことにならざるをえない面がある。

　さて，レポート（報告書）は一般に，書かれた文字から成り立っている。そこで，書くということが重要になる。最近は文字以外でもたとえば画像による報告も考えられているが，現時点では書かれた文字による報告の方が多い。

●本章の目的

　以上のような事情から，以下では，いわゆるフィールドに出て研究を行い，それをレポート（報告書）にまとめる際のプロセスについて紹介していきたい。そして，フィールドワークという技法にもとづくエスノグラフィーの作成ということについてそのプロセスを説明していく。理由は2つある。

　まず，フィールド研究という概念はフィールドワークより広いものであるが，エスノグラフィーに結実するフィールドワークのプロセスはフィールド研究におけるひとつの典型的モデルとして役立つと考えるからである。フィールドに出て，そこにおける問題を浮き上がらせてレポート（報告書）としてまとめる。フィールドがもともと抱えている問題を解決するのとは異なるプロセスがそこには存在する。

　次に，フィールドにはさまざまなものがあるので全部のプロセスをカバーできないとしても，さまざまな領域における研究の具体像については，「PartⅡの各章を読んでいけばそれらをモデルとしてイメージをつかむことができるだろうからである。

2．フィールドに出る前に

●フィールドワークとエスノグラフィー

　1節のような背景をもって，以下ではフィールドワークを用いたエスノグラフ

ィーのプロセスを紹介しておく。
・フィールドワーク＝フィールドで観察・記録すること
・エスノグラフィー＝フィールドワークをもとに文化の記述をすること
である。

さて，フィールドワークには3つある。①ひとつは場所固定型・定住型，②もうひとつは突発型さらに移動型，③定住型で始まったものが問題意識が変わることで，フィールドを変えて移動しながら研究していく型。以下では，①について中心に論じてみる。②③については論じられる限りにおいて紹介するが，フィールドワークにチャレンジしようとする学部生・院生にとっては，まず①の場所固定型を志向すべきだと考えるからである。

エスノグラフィーには2つある。①いわゆる民族誌と②マイクロ・エスノグラフィーである。前者は文化人類学に根ざす「異文化記述」の伝統をもったエスノグラフィーである。後者は，人々の行動や相互行動について，文脈の影響も考慮に入れつつ読み解いていくという意味でのエスノグラフィーであり，「マイクロ」という語を用いることでその対象がマクロな社会構造ではなく，マイクロな行為レベルであることを示している。前者，すなわち民族誌の場合，その興味は基本的に社会構造であることが多いが，後者，特に心理学や教育学から派生するマイクロ・エスノグラフィーでは，当事者間の相互行動について（実験などを行って単純な要因分析を行うのではなく），その行動が起こった文脈や社会の影響を考慮に入れて考察することを目的とするのである（箕浦，1999参照）。

また，民族誌とマイクロ・エスノグラフィーでは，研究目的や対象が異なるだけではなく，視線が異なる場合もあるので注意を要する。つまり，文化人類学はもともと「野蛮で遅れた人々の文化」の研究であったことから，どうしても「上からの視線」になってしまうのである。その一方，マイクロ・エスノグラフィーはそこにいる人々の「下からの視線」を持つことが可能である。ここでは主に②マイクロ・エスノグラフィーについて紹介する。

結局のところ以下では，場所固定型のマイクロ・エスノグラフィーを念頭においてフィールドワーク・プロセスを紹介することになる。これはフィールド研究のなかのひとつにすぎないのだから，読者は自分の立場・境遇・興味を加味して自分なりのスタイルを築くようにしてほしい。実験室実験のように，限られた空間に被験者を呼んできて統制された刺激を呈示してその反応をとる，というのであれば共通の方法は生まれるかもしれないが，フィールドワークは，自分と相手の関係のうえに立っている。そして，そうした関係は統制することができないのである。

☻フィールドワークの技法——見る＋書く＝考える

最初にもっとも大切だと私が思うことを紹介しておく。

書く。

これである。これに尽きる。もちろん，その前提には「見る」や「聞く」がある。

---

(1) メモをとる。
(2) メモをまとめる。
(3) 思いついたことは記録しておく。
(4) ある程度期間が長くなったら小さなレポートを書いてみる。
(5) 仮説を立て，観察を焦点化してさらに観察する。
　① メモをとる。
　② メモをまとめる。
　③ 思いついたことは記録しておく。
　④ ある程度期間が長くなったら小さなレポートを書いてみる。
　⑤ 仮説を立て，観察を焦点化してさらに観察する。

（以下略）

このプロセスを何度か経験した後で最終的なレポート・論文を書く。

以上のプロセスの基本は「書く」ことにある。

書くことで自分のアイディア，考え，認識を鍛えていく。これがもっとも大切なことである。

フィールドの記録をその場でつけることができないなら，残念ながらフィールドにおける研究は難しいと覚悟しなければならない。その場での記録でなくてもいい。フィールドから離れた直後（少なくともその日のうち）にメモをするというのでもいい。観察記録や印象をその都度その都度記録していかなければ，次につなげることができず，単なる印象の羅列に陥ってしまう。また，知らず知らずのうちに自分の認識が変化したとしても，記録がなければ最初の頃とどう違ってきたのかを確認することもできない。

見て・書くよりも，写真やビデオなどの映像記録の方がすぐれているように思えるかもしれない。心理学という学問のなかで「客観性」「客観性」と言われ続けているとどうしてもそう思えてくるかもしれないが，必ずしもそうとはいいきれない。なぜなら，映像記録のための機器はそれ自体がワクを持っているからである。映像記録は何度も繰り返し見ることができる，多くの人が見ることができ

る，という利点はあるが，それ自体「切り取られた部分」なのであるから，それを繰り返し見ることができるとしても，観察者がカメラのフレームを超えて行っている観察記録よりすぐれているとはいいきれない（劣っているともいいきれない）。相互補完的に使うべきものなのである。

　ここまで，映像よりはメモを，と書いてきた。その理由はもうひとつある。いずれにせよ最終成果は書かれなければならないからである。論文にしなければいけないという実利的理由は別にしても，書いたもので情報伝達がなされるのがモードⅠ的な学問の世界である。

　もちろん，映像記録を軽んじるつもりはない。むしろ個人的には，論文というスタイル以外で，知識の生産や伝達が行われる可能性については支持しているし，むしろ多様性が確保されてほしいと考えている。たとえば，伊藤哲司（2001）によるビジュアル・エスノグラフィーの展開には非常に期待をよせるものである。ただし，映像記録（写真，ビデオ）を用いる場合でも，発表の際は，それらをそのまま利用するわけではなく，取捨選択（写真），編集（ビデオ）という作業が必ず入ることを考えれば，成果公表までのプロセスは文字記録を用いるときと基本的には変わらない。

　それから，もうひとつだけ重要なことがある。それは，フィールドワークが「試行錯誤的または螺旋的な進行」によるプロセスだということである。観察をして考えた結果，自分がそれまで考えていたことは「甘い見方」だということがわかってしまうことが往々にしてある。しかし，そのように思えたとしても，事態は進行している。自分の認識（ものの見方）も進行している。あたかも螺旋のように，平面上では同じ位置に戻ったように思えても，高度的には上にのぼっているはずである。

3. フィールドワークのプロセス

◎フィールドワーク・プロセスの概説

　フィールドに行くだけでは研究にならない。もっとも大事なことは，自分が何を知りたいか，何をやりたいか，ということである。そして，それが定まったうえで，技術的な準備を行う必要がある。

　まず，フィールドワークの技法について知ることが大事である。

　観察や面接という技法についてその特徴を知る。また，現場での身のおき方や倫理についても知っている必要がある。ただし，倫理の問題については何もする前から取り組んでも「アタマでっかち」になってしまうので，研究に着手する前

から深く知る必要もないし考える必要もない。進度に応じて指導の先生や仲間に聞くなり，本書18章を読むなりするといいだろう。

　一方，フィールドワークが全体としてどのようなプロセスをたどるのかについてのメタ認知的知識は重要である。箕浦康子（1999）はフィールドワークのプロセスを8つのステップに分けている。①フィールドサイト（場所）を選定，②フィールドの全体を把握，③リサーチ・クエッション（研究設問）の組み立て，④観察のユニット（単位）を定めた焦点観察，⑤観察結果を読み解くための理論的枠組みの探索，⑥理論に導かれた事象の選択的観察，⑦データの分析と解釈，⑧エスノグラフィーの執筆，である。このプロセスであえて強調するとしたら⑤である。理論から入っていく研究ではなく，まずフィールドの経験を蓄えて自分なりの理論枠組みを自分でつくるということが大事なのである。このようなことはすぐにできるわけではなく，試行錯誤の連続ではあるが，「自分なりの」というのが重要である。もちろん，最終的には先行研究などの知見や理論に学んでいくことも大事である。他者の研究と自分の研究を結びつける努力をしなければ，結局は自分の研究も学問全体から無視されるだけなのである。なお，こうしたフィールドワークのプロセスは問題発見型，あるいは仮説生成型の研究法と言えるが，より定型性の高い，仮説検証型スタイルのフィールド研究の場合は異なるプロセスをたどる。すなわち，先行研究などの読解や理論的考察によってあらかじめ用意した実験・調査を，あるフィールドに出かけていって1度で行う場合がそれにあたる。もちろん，こうした態度はあまり望まれるものではない。たとえ1度きりの実験・調査のためであっても何度かフィールドに足を運び，そこにいる人々

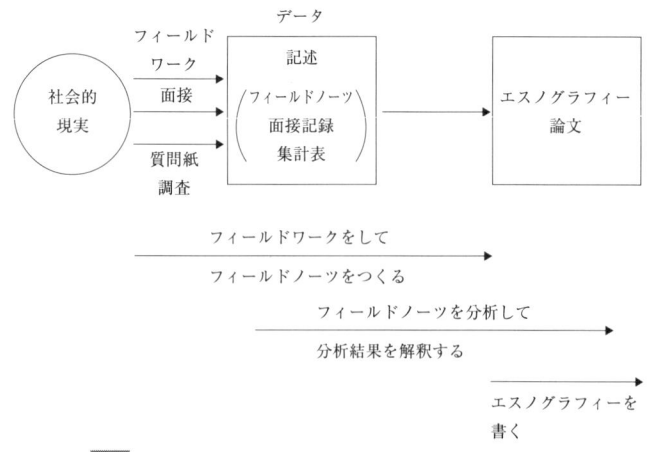

◎図◎ 2-1　フィールドワーク・プロセス（箕浦，1999）

とラポールをつけ，その様子を理解したうえでの実験・調査でなければ，フィールドが外であるだけの研究ということになってしまう。フィールド研究は，たとえ1ショットの実験・調査であっても，そのフィールドの特性を十分に組み込んだ研究である必要がある。以下，この節は引用や断りがない場合でも，箕浦（1999）にもとづいている。

　図2-1は以上のプロセスの図示であるが，矢印が重なっていることに注意されたい。これらのプロセスは単線的なものではなく，交互に重なりつつ，行ったり戻ったりしつつ行われるプロセスなのである。

◉準備的なワーク（課題）

　次に，準備的なワークが必要である。プールでいきなり水に飛び込んで泳ぎ始める人はいない。箕浦（1999）の演習では，いくつかの準備的なワークを行いながら，エントリーする場所を探すようにしていた。私も同様の方法をすすめたい。箕浦（1999）が課していた課題は，
(1)　横断歩道観察課題
(2)　見知らぬ誰かの行動観察
(3)　自己観察
(4)　音声なし異文化ビデオの記述
であった。

　(1)は，任意の横断歩道において，観察地点を定め観察時間などを定めたうえで，横断歩道上の出来事について記録をするものである。

　(2)は，任意の場所で自分とはかけ離れたタイプの人間をひとり選んで，その人の行動を15〜30分ほど観察・記録し，その人について職業・年齢・暮らし向きなどを推定するものである。また，観察者としての自分自身のスタイルについても検討する。

　(3)の「自己観察」は，行動療法家が問題行動を低減させたい人に対して課す課題と類似している。たとえば，喫煙家がいつタバコを吸うのかについて自分でまず記録をとってから禁煙にトライする，というようなときの課題である。自己観察は3日間にわたって，自分の起床から睡眠までの行動や感情の流れを記述するのが第一段階であり，その後特定の行動について，観察可能なような定義を行い，行動の生起する頻度やその行動が起きる条件について記述するというものである。やりにくい課題ではあるが，自分の行動チェックをするという点では重要な技法である。

　(4)は，日本人にとって異文化であるアラビア圏内の学校の画像が用いられ，そ

の場面を記述するものである。

　私自身がフィールドワーク演習を指導するときには，上記(1)〜(3)はそのまま行い，(4)に代えて「テレビコマーシャルの分類」という課題を準備期間に行っている。学生なら常にテレビを見ているが，CMについては意識的に見ているわけではなく，ましてや分類などをしたことはない。日常生活を対象にして別の視点を立ち上げるという技術を修得するうえでも適切だと私自身は考えている。

　これらのほかにも準備のためのワークは考えられるが，いずれにせよこのような準備をしてから実際のフィールドワークに出かける方が望ましい。また，ゼミなどの集団でやっている場合には，他の人の課題に対する取り組みや目のつけ所の違いを知ることになり，自分自身の視点や考えを相対化するうえでも有用な経験になる。

☺フィールドエントリー

　箕浦（1999）はフィールドとは何か，ということに明快に答える。フィールドとは，人（actor）が，何らかの活動（activities）をやっている場所（place）である。

　フィールドワークはどこででも行える。ただし，本章では，身近な場所における場所固定型のフィールドワークを行うことを念頭に置いているが，それでもやりやすい場とやりにくい場，入りやすい場と入り込みにくい場があるのは事実である。まず，自分の日常生活とかけ離れている場の方がやりやすい。異文化としてとらえることができるからである。そして「入りやすい」という意味では，公的な場ではないところの方が入りやすい。公立中学校と私的な夜間学級とを比べれば後者の方が断然入りやすい。制度的な縛りが強くなればなるほどフィールドワークができにくく，公立学校などはその典型である。保育園にしても，無認可保育園の方が園長の裁量が大きかったりするので入りやすい。公立施設・学校に入れないことを嘆くか，そうでない場に入ることを喜ぶか。どちらをとるかは自分しだいである。もちろん，壁の厚さ自体を問題にするような研究も可能である。しかし，いずれにせよフィールドに入れなければフィールドワークは不可能である。

　学生という立場でフィールドを考えるなら，サークルなどの生活の場，アルバイトしてる場所，ボランティアしてる場所，学業（研究）のためと申告して入る場所，などがあげられる。

　サークルなどの生活の場所は入りやすいという利点はあるが，活動に熱中するとフィールドワークにならないというジレンマがある。アルバイトをしている場

```
○○保育園様
                                    福島大学行政社会学部
                                       3年 山田みなみ
                                    連絡先××-××××-××××
             貴園での観察実習のお願い
 拝啓 貴園ますますご発展のこととお慶び申し上げます。
  さて，私たちが所属する福島大学行政社会学部の「教育と社会のフィールドワーク」というゼミナー
 ルにおきまして，「子どもの人格形成」というテーマで，子どもの遊びの観察と遊びの体験学習を行
 うことになりました。
  つきましては，保育のお忙しい中，誠に恐縮ですが，下記の内容で貴園での観察実習をさせていた
 だきたく思っております。ご都合はいかがでございましょうか。
  誠に勝手なお願いで申し訳ございませんが，よろしくお取り計らいのほど，お願い申し上げます。
                                              敬具
                    記
            期  間：週一回程度で継続的に
            実習目的：子どもの成長過程を見る
            実習方法：自由時間に遊ぶ子供たちを観察
            担当教員：佐藤達哉（Tel  ××××-××××（内××××）
```

◎図◎ 2-2　フィールドエントリーのお願い状の例（斉藤・佐藤，2000）

所などは，日常生活とは異なっているし，かつ，入りやすいという意味では適している。ただし，接客業などは，接客によって収入を得るという意味でのプロであるから，仕事をおろそかにしていいということにはならない。卒論などに書くことが職業上の守秘義務に抵触するかもしれない。

　ボランティア活動をしている場などは自分の生活とは距離があるという面で適切かもしれない。しかし，その場合でも活動しながらメモをとったり考察するのは簡単とはいえない。

　要するに，一長一短である。

　さて，エントリーする際には，そこがどのような場所であっても「お願い状」のようなものを用意する方がよい。その際，健康診断書などの提出を求められる場合もあるが，そうした要求にはできる限り応えることが必要である。相手が子どもの場合は全然意識されない。「お願い状」の具体的な内容については澤田英三（1997）のヒナ型を参考にして斉藤久美子・佐藤達哉（2000）が用いた例（図2-2）を参照して，自分なりにアレンジされたい。

●終わり方のパターン

　エントリーの次がいきなり終わり方？といぶかしく思う人もいるかもしれない。しかし，パソコンですらスイッチの入切はマニュアルの最初に書いてある。危機管理，という観点からも終わり方について考えておいた方がいい。やる気に

はやっている人は読みたくないかもしれないが，そういう人こそアタマを冷やした方がいい。

苅田知則（2000）はフィールド研究の終わり方として，①期間限定のフィールドワークにおける終結，②研究者の異動による終結，③研究内容・対象の変化による終結，の3つのタイプをあげている。①は小学生を1学年間観察する予定で行うフィールドワークがその例であり，学生のフィールドワークのおおかたはこのようなタイプだろう。②は研究者（院生含む）が予期せぬ異動でその現場を離れざるをえない場合，③は研究する側が一定の成果をあげて研究興味がほかに移るような場合である。

以上の3タイプはいずれも円満なものであるが，私が指導している学生のフィールドワークではそうでない終わり方もある。④フィールドの消滅，⑤研究に向かないテーマに関心を持つ，⑥自分がフィールドワークに向かないと悟る，⑦何らかのあつれきが起きてフィールドにいづらくなる，などである。④は店にエントリーした場合にその店が倒産した場合，⑤はアルバイト先をフィールドにして，客のプライバシーが問題になる場合，⑥は持久力がないか，人と接するのがイヤという場合，⑦はフィールドワークが原因であれそうでない場合であれ，そのフィールドの人と問題を起こしてそこにいられなくなってしまう場合である。

あらゆる研究には挫折の可能性がある。フィールドワークは相手が人間であるだけに，研究計画が成就できない場合が多々あることをあらかじめ知っておく必要があるだろう。

4. フィールド観察から執筆へ

●観察前期──観察開始とラポール

フィールドを決めたら観察を始める。まずは全体を把握することから始める。最初から「○○と××の関係を調べたい」と思ってフィールドに入る人もいるだろうが，そうであっても，まずフィールド全体のことを知る必要がある。最初に何らかの仮説を持っている人ほど，その考えがフィールドの現実とかけ離れたものであると後で知ることになるのだが，それ自体は何ら悲しむべきことではない。いずれにせよ，フィールド全体のことを記述することが最初の段階では必要である。また，その際には，そのフィールドにいるすべての人に対して敬意を持ち，かつ，自分には自制心をはたらかせることが重要である。そのフィールドにいる人は，フィールドワークの業績（学業論文・学術論文）に対して何の責任もないのであるから。

この時期に重要なのはフィールドの人たちとラポールをつけることである。少なくとも敵対的関係になることは避けなければならない。
　また，観察だけではフィールドの全体像をとらえるのは不可能であるから，文書資料や面接などを通して情報収集する必要がある。面接が無理なら雑談でもいい。自分がいるフィールドがおかれている文脈について知ることは，自分の研究を無制限に一般化しないためのカギであるし，逆説的ではあるが，ある限られた条件のなかで行われている自分の研究の成果を一般化するためにはどうすればいいのかを考えるヒントになる。

☺リサーチ・クエッション（研究設問）の設定と焦点観察

　ある程度フィールドについての観察が行えたら，研究設問を立てて，その設問に絞った観察をする段階に到達する。一般論としていえば，観察する前に考えていた課題というのは，この時点で研究不可能だと悟ることになる。フィールドの外から何となく考えている仮説が適用できるほどフィールドワークは甘くない。もちろん，だからといって悲観することはない。自分がフィールドで行ってきた経験をもとにやっていけばいいのである。フィールドに入る前の課題というのは，「人気のある子はどういう子か」とか「不登校現象について」のようなものであることが多い。しかし実際にフィールドワークを行ってみると，フィールドに入る以前に自分で考えていた設問はピンボケであり，かつ，研究のための厳密な定義に欠けるということがわかってしまう。これはある種の挫折であるが必要なステップである。逆にいえば，このことに気づかないのであれば，自分の見方や概念枠組みが強すぎてフィールドの論理が見えていないということである。さらに基本的な観察を行うべきだとさえ言える。
　この段階で，新たに解くべき問い，問うべき問い，そして，フィールド観察によって解ける問い，を設定する必要が出てくる。それが研究設問である。
　研究設問がつくれたら，それを解くのに必要なユニットをつくって観察することになる。これが焦点観察である。ここで重要なのは，ある程度の操作的定義である。フィールドワークは自分しか観察・記録者がいない。ビデオを見て評定して一致度（評定者間信頼性）を出して……などということはできないのである。だからこそ，自分として可能な限り厳密な定義をすることが望まれる。そして，その定義にもとづいて観察を行う。たいていの場合，ここでも少なからぬ挫折を経験する。自分の考え通りにデータが集まらない。この場合，問いが悪かったのか，焦点観察の単位が悪かったのか，さまざまな試行錯誤が続くことになる。
　なお，この時点で小さなレポートを書くことが重要である。いきなり卒論とか

を書こうとしてもダメである。それ以前にいくつか小レポートを書く必要がある。書いてみて初めて「わかること」、初めて「わからない」と気づくこと、がたくさんあるからである。

　そして、何かを書かなければいけないということになると、少なくとも小さな仮説を立てる必要が出てくるし、理論的な論文などを読む必要も出てくる。すでに述べたように、最初からアタマでっかちに理論などを知る必要はない。フィールドワーク前期の後半くらいから取り組めばよい。ただし、このへんで、倫理の問題が実際的課題として立ち上がってくるであろうから、それを考える必要が出てくる。

㊂倫理について考える

　フィールドに馴染み、自分なりの最初の仮説が「まったくの思い込み」であったことに気づいて、「ある程度フィールド感覚を持ちながら観察する」ようになった時期にこそ、倫理に関する文献を読み、その意味を咀嚼して行動指針を自分なりに確立すべきときである。本書18章で実践的な倫理を強調しているのはそういうことである。

㊃観察後期──仮説生成

　研究設問が定まり、ある程度の量の観察を行っていると、先に定めた研究設問が不適切だったと気づく場合がある。その場合は、もう一度やり直しである。ここでメゲてはいけない。データの蓄積こそ、フィールドワークの基本である。分析カテゴリーを再編して焦点的観察を行うのである。観察前期における焦点観察では、「見たい現象に絞り込んで」見る、というような意味の焦点でもよかったのだが、ここでは、「現象を説明できる分析カテゴリーを作成して」見る、という意味での焦点観察が求められる。その際には、見る現象を選んでおく必要がある。「見たいものだけ見ることはサンプルの偏りではないのか？」という疑問もありうるが、ここでのデータ収集は、現場に密着した観点から典型性を備えている事例を取り上げるという意味で「理論的サンプリング」なのだと考えたい。(ある程度の観察を行ったうえで、という条件つきではあるが) 必要なところに焦点をあてて観察することは理論的サンプリングに基づく観察だと言えるのである。

　(具体的な例がないと理解は難しいかもしれないが) 分析カテゴリーがいくつか用意できると、それらのカテゴリー間の関連づけを行うことでフィールドの様子を記述できるようになる。これが仮説の生成である。

　仮説生成型研究は、仮説検証を行っていないのではないか、という懸念もある

が，実際にはひとつの仮説を自信を持って提出するまでには幾多の検証プロセスがある。仮説生成という場合の仮説は，最後の最後に残った説明力のある仮説のことであるから，そういう意味では理論とよんで差し支えないものである。

　大事なことは，仮説であっても理論であっても，ある範囲内で現象を説明することができ，他者による検証が可能な形に整っているにすぎないという認識を持つことである。こうした認識はフィールド研究にのみ求められるものではなく，科学理論であっても同じなのである。たとえば，地動説と天動説という2つの説も，現時点でさえ，両者とも仮説である。どちらが動いているかは，宇宙の外から観察しなければ明らかにならない。そうしたなかで，より説得力を持っている地動説の方を私たちは理論として受け入れているのにすぎない。天動説という仮説が崩壊したのは，天体望遠鏡などの精度があがったことによる新しい観察事実の蓄積の結果，天体運行に関する説明力が低下したことが原因であった。フィールドワークにおける仮説の位置も，（スケールダウンするとはいえ）同様のものではないだろうか。

　もちろん，どうせ仮説にすぎないんだから，と開き直ることは禁物である。地動説・天動説の例からもわかる通り，地道な観察が重要だということである。他者を圧倒する観察にもとづく仮説であれば，その人がつくった仮説は敬意を持って扱われることになるだろう。

❸エスノグラフィーの作成

　フィールドでいろいろなことが見えてきても，そこで満足して終わりにしてはいけない。最後にエスノグラフィーを作成することが必要である。その場合，以下のようなことを行う必要がある（箕浦，1999）。

(1) このフィールドワークでは何が課題であったかを確認し，研究設問を文章化する。すでに読んできた先行研究について，自分の研究との関連を中心にレビューする。

(2) フィールドについての記述，フィールドワークをした時期，進め方，データの収集など研究方法に関する記述。仮に，同様の研究をしようと思った人が行えるように具体性のある記述を心がける。

(3) フィールドワークの結果，見えてきたことの列挙。どのような観察事実がどのような知見に結びついているのかという意味で，データとの対応をつけることを忘れないようにする。

(4) 以上すべてを含めた考察。とくに，自分のフィールドワークが単なる個別事例ではなく，一般的意味を持ちうることについて述べられるようにする。

これ以前に数度のレポート執筆をしている場合でも，最後の執筆時に大きな変化が起きることもある。データが足りないと気づくときもある。そのような場合は，元々の視点やデータに固執せずに補足的なフィールドワークを行うことが望ましい。

　フィールドワークは，どんなにあがいても，ある限られた時点におけるある限られた場所の研究であり，そうした意味で，個別性・特殊性が強いものとしてとらえられがちである。しかし，個別性・特殊性をそこにいる個人の内的な側面に帰属することに固執しなければ，結局は，外的状況・システム・文化，といったものの記述を含むことになり，それはある程度の一般性・普遍性を持つものになる。

5. まとめ

　本章では，フィールド研究についていくつかの視点で相対化したうえで，フィールドワークにもとづくエスノグラフィーの作成について，そのプロセスを紹介した。

　本章は，あくまでも，モデルのひとつにすぎない。また，モデルであるから少し抽象的である。そして，もっとも重要だが，論文やレポートを書くという形の知識生産を目標においている。フィールドにおいては現実問題を解決することが重要な場合も，もちろんある。

　読者諸賢におかれては，自分の関心あるフィールドや問題のたて方に近い本書の各章を参照されたい。

●ブックガイド
日本心理学会発表論文集（1994〜2000）　研究の最小単位は学会発表にあるという考えから，定性的研究を学会で発表することが大事であると考える人たちがいる。その人たちが日本心理学会「原理・方法」セッションにおいて「定性的研究の実際」という題のもとに魅力的な研究を発表しており，各年の発表論文集で参照することができる。すでに70を超える研究が発表されており，発達・社会その他のセッションで分散して発表されていた時点とは「質的」に異なる発展をとげつつある。
　やまだようこ・サトウタツヤ・南　博文　2001　カタログ現場（フィールド）心理学　金子書房　やまだようこが提唱し，ようやく市民権を獲得しつつある「現場（フィールド）心理学」の具体的な研究を盛り込んだ書。いろんなことをいろんな方法でやっていい，というのが主なメッセージ。「第Ⅰ部　人生と語り」「第Ⅱ部　現場とアクション」「第Ⅲ部　環境と移行」の3部構成。研究は「まとめられなければならない」という観点から，研究を行うためのモデルを紹介した「カタログ」である。

●引用・参考文献
Gibbons, M.（編著）1994　小林信一ほか（訳）1997　現代社会と知の創造　丸善ライブラ

リー
伊藤哲司　2001　ハノイの路地——エスノエッセイと映像　やまだようこ・サトウタツヤ・南博文（編）　カタログ現場心理学　金子書房
苅田知則　2000　フィールドにおける様々な節目　第64回日本心理学会ワークショップ　配布資料
小林信彦　1996　モード論と科学の脱－制度化　現代思想, 24（6）, 254-264.
箕浦康子（編著）　1999　フィールドワークの技法と実際　ミネルヴァ書房
斉藤久美子・佐藤達哉　2000　異年齢集団におけるオモチャの取り合いの解決——定性的研究の実際（59）　日本心理学会第64回大会発表論文集　p. 18.
佐藤達哉　1998　進展する「心理学と社会の関係」——モード論からみた心理学　人文学報（東京都立大学）, 288, 153-177（サトウタツヤ・渡邊芳之・尾見康博　2000　心理学論の誕生——「心理学」のフィールドワーク　北大路書房に所収）
澤田英三　1997　参加観察法とエスノメソドロジーの実践　中澤　潤・大野木裕明・南　博文（編）　心理学マニュアル観察法　北大路書房

● 謝　辞

本稿作成にあたってご協力いただいた斉藤久美子氏（福島大学地域政策科学研究科）に感謝します。

Part II
フィールド研究の現場

家族というフィールド

「家族」は、一番身近にありながら、もっともアプローチしにくいフィールドのひとつである。そこではプライバシーという問題と真っ向からむかい合わねばならないし、また身近すぎてかえって見えにくい事柄が多い。しかし「家族」は、私たちの生きる基盤を問う重要なフィールドでもある。閉鎖的になりがちな家族の有様を問うことが、現代社会の諸問題をひもとくひとつの鍵となるだろう。

3章　母子のやりとりを観る

岡本　依子
（おかもと　よりこ）

1. フィールドと私

☻ **とにかく"生の"母子を見たい！**

　母親と子どものやりとりなんて，どこにでも転がっていそうだ。しかし，研究者やそれをめざす学生にとって，生の母子のやりとりをじっくり，じろじろと眺めることのできる機会は非常に少ない。

　そこで，母子のいそうな場所に入り込んでしまおうと考えた。まず，育児サークルに"お手伝いの学生さん"ということで通うことになった。学生のころほど頻繁にではないが，今でもそのサークルに通っている（もう10年になる！）。それから，もっともっと間近で母子のやりとりを見聞きしたいと考え，乳幼児家庭の定期的な訪問も始めた。

　以前は，フィールド研究というものをよく知らなかったので，とにかく"生の"母子のやりとりを見るために，授業や専門書の知見を自分の目で確認するために，そして，研究のアイディアを得るために，私のフィールド通いは始まった。

☻ **フィールドの紹介**

▶**育児サークル**　　私が通う育児サークルは，市から助成金を得て活動するコミュニティ保育とよばれるサークルのひとつである。赤ちゃんから幼稚園に入る前の

子どもとその母親が100組程度参加する。5グループに別れての活動が週1～2回2時間あり，5グループ全部が集まる全体会（夏祭りやクリスマス会など）が年5～10回ある。一般に，コミュニティ保育には，近くの保育園が指導園として協力することになっている。しかし，当サークルは，役員（1年間引き受ける）や当番（月ごとに引き受ける）の母親たちの自主的な運営によって活動が支えられている。

▶乳幼児家庭　　私が，4章担当の菅野幸恵や他の共同研究者たちと，乳幼児家庭をフィールドとした縦断研究を始めて4年半になる。母子の観察および面接のため，3カ月に1回（3歳半以降は6ヵ月に1回）訪問している。観察と面接以外に，質問紙や，家庭によっては，父子の観察と面接（4章参照），母親による育児日誌などのデータも得ている。

⊜私のフィールドエントリー体験

▶育児サークルの場合　　母子を自由に見ることのできるフィールドを探そうと思ったとき，私がまず利用したのは，市の広報である。それによるといくつか育児サークルがありそうだった。私は，それらのサークルの詳しい情報を得るために，乳幼児を抱え引っ越してきたばかりの母親だというふりをして，市に電話をかけた。しかし，その電話で話しているうちに嘘がつききれなくなってしまい，私は学生であることを打ち明けることになってしまった。母子の活動を手伝いながら見学したいのだと，初めからそういえばよかったのである。その電話の担当の方は，運良く親切な方で，サークルの代表者に説明をしてくれた。その後許可を得て，私から連絡をとり，そのサークルに通うことになった。

▶乳幼児家庭の訪問の場合　　さて，どうやって定期的に訪問させてくれる乳幼児家庭を見つけるか。1件2件なら，知り合いを探すのが早い。しかし，私は，まとまった数の家庭を訪問したかったし，生後1カ月以内の新生児の時期から観察したかった。そこで，妊婦が集まる母親学級で，研究協力者の募集をできないかと考えた。母親学級とは，市区町村が主催する，初産妊婦（ときに，その夫も）を対象とした，妊娠，出産，産後の生理や生活，栄養などについての講習会である。

したがって，母親学級で研究協力者を募集するためには，それを主催する市区町村の許可を得なければならない。しかし，公共機関はとかく前例のないことを嫌う傾向があるし，現場職員も仕事が増えることを嫌う（公務員なので，謝礼を受け取るわけにいかない）。先方の立場に立てば当然のことなので，とにかく下手になってお願いした。

まず，市の広報で母親学級についての情報を集めたうえで，担当課に研究協力

者募集の依頼についての簡単な手紙を出し,訪問することになった。訪問の際に,研究計画書,研究協力依頼状を用意した。学生のときは指導教官の推薦状も添えた。また,研究の主旨をわかりやすく説明するために,観察場面の写真をパネルにしたものなどを用意した。

そして,募集の許可が得られた場合には,母親学級を進行する保健婦の方と,募集の段取りについて相談した。このとき,保健婦の方とできるだけ仲良くなっておいた。保健婦の方がにこやかに私を紹介してくれるかどうかで,妊婦の研究協力への興味が違ってくるからである。

2. フィールドに入り込む→のめり込む

●協力者との関係づくり──フィールドに入り込む

さて,フィールドに入る許可が得られた。しかし,それだけで,フィールド研究が始まるわけではない。次に,フィールドに入り込むという段階に移行する。つまり,フィールドに行くだけでなく,そのフィールドの協力者と,"しっかり仲良くなる"ことで関係をつくっていく段階である。

"しっかり仲良くなる"こととは,協力者である母親や子どもと,研究者である私との関係を安定させることで,ラポールといってもいいかもしれない。研究者である私が,研究者−協力者関係に積極的に参加しようとするように,協力者にもこの関係に積極的に参加してもらいたいと考えている。

私は,この段階にできるだけ速やかに移行するために,私との関係をかなり意識的に母子に明示するように心がけている。どのような関係を示すかは,母親や子ども,私自身の立場・状態,研究の目的などによって変わってくるので一概にはいえないが,私の場合,母親に対して,同性として,乳幼児を抱える母親どうしとして付き合ってもらえるようにお願いしている。学生で未婚のころは,育児の先輩として母親に付き合ってもらうようにしていた。まだ勉強中だが,育児にかかわる者として,どんなことでもいいから教えてもらいたいとよく口に出すようにしている。逆にいうと,発達心理学の知識を持った研究者として背伸びはしないようにしている。実際たいして知識がないのでできないのであるが。

もちろん,時間の経過にともなって関係も変わる。長く通っていれば,互いの立場も変わってくるだろう。私自身が子どもを産む前後では,協力者との関係が大きく変わった。それは実際,私の予想以上の変化だった。それも,フィールドで活動することのおもしろさのひとつであり,関係が研究者−協力者相互の調整をへて安定してくることは,フィールド研究として仕上げていく際の,完成度の

◎表◎ 3-1　関係維持のため気をつけていること

(1) **笑顔**　基本中の基本だが，フィールドでは笑顔が大事。
(2) **あいさつ**　当たり前だが，あいさつは大事。母親にあいさつするだけでなく，子どもの目線で子どもにも必ずあいさつする。ただし，いきなり大声で子どもの名前を呼ばない。人見知りの時期だとそれだけでその日の訪問は失敗に終わる。つねに，"一言多く"を心がける。「このごろはどうですか」「大きくなりましたね」など。
(3) **手を洗う**　生後半年以内の新生児や乳児宅に訪問したら真っ先に手を洗う（できれば石鹸で）。手を洗わないで，赤ちゃんに触るとかなり嫌われる。
(4) **髪の毛**　だっこしたときに赤ちゃんにかからないように気をつける。必要なら束ねる。
(5) **服装**　よだれ，おしっこがかかってもいい動きやすいもの。だっこしたとき，赤ちゃんにボタンなど引っかからないもの。最近，アトピーを気にする母親が多いので，毛足の長いセーターなども避ける。
(6) **子どもに触る**　赤ちゃんならだっこ。幼児なら，握手をしたり頭をなでたりして，できるだけ子どもに触る。隙をみては子どもと遊ぶ。ただし，観察前に無理に抱いたり触ったりすると泣かれてしまうこともあるので，観察が終わってから。新生児を抱くのに慣れていないなら，正座をして腕で輪を作る。その輪に赤ちゃんを乗せてもらう。新生児を抱くのに慣れていなくても，母親の信頼を失うことはないが，慣れていないのに無理に抱こうとすると，信頼を失う。
(7) **子どもの名前を覚える**　子どもの名前を覚えていなかったり，間違えるのは厳禁。フィールドがグループの場合，できるだけ早く子どもを名前で呼べるようになることは，信用につながる。
(8) **母親を名前で呼ぶ**　とくに，第1子が小さい母親は「ママ」や「お母さん」と呼ばれることに慣れていない。母親役割を押しつけることにもなるので，名前で呼ぶ。ただし，グループの場合は，そのグループ内の呼び方「○○ちゃんのママ」などが定着していることもある。最近，「お母さん」より「ママ」と呼ばれることを好む人が多い。
(9) **体調管理**　風邪気味ならフィールドには行かない。子どもの前で咳をすると，母親から嫌われる。
(10) **芸を磨く**　子どもの歌，手遊び，手品，ゲームなどのレパートリーを広げておく。子守もできないようでは，母親から信頼されない。
(11) **フィールドノートや面接中のメモ**　フィールドノートや面接中のメモは堂々と書く。どんなことを調べられているのか気にならない人はいない。隠れて書きたくなるが，堂々と書いた方が気にされない。
(12) **呼ばれ方**　私の呼ばれ方が定着すると馴染みやすい。自分から「岡本のおばちゃんがね…」と子どもに話しかける。子どもにこのように話しかけておけば，母親は「岡本さん」と呼んでくれ，「先生」と呼ばれずにすむ。既婚でも「お姉さん」でいいが，出産後は「おばさん」。これは，母親どうしの暗黙のルール。
(13) **年賀状**　年賀状を必ず出すようにしている。グループ退会後の旧役員や，引越などで訪問が中断した家庭にも出している。また，引越や第2子誕生のはがき，お見舞いの手紙などにも，必ず返事を書く。

ひとつの基準であるとも思う。ついでながら，母親との関係維持のために私が気をつけていることを，非常に些細なことばかりだが，学生のころには知らなくて失敗したこともあったので，表3-1に示す。

研究として仕上げていくプロセス

▶**問いが立ち上がる**　フィールド研究は，データ対話型理論（Glaser & Strauss, 1965）やモデル構成（山田，1986），仮説生成（箕浦，1999）などの考え方と結びつくことが多く，問いの設定，協力者との接触，データ収集，データ分析，論文作成が必ずしも順序通りに進まない。これらの作業は行きつ戻りつしながら進

む。しかし，それは，問いを後回しにしてもよいということではない。実際，問いがかなり明確化してからでないと，研究としては何も進まなかった。

　では，フィールドでの活動からどうやって問いにたどり着いたか。私の場合，"気になる現象"というものはあった（具体的には後述）。しかし，それは現象として気になるだけで，そこからすぐ問いが導き出せたわけではなかった。そこで，フィールドノートや撮ってあったビデオから，"似た現象"というのを集めてみることにした。そして，それらのどこがどのように似ているのか，書き出してみた。その作業によって，私の"気になる現象"が"母親による子どもの代弁"であるとわかった。ただ漠然と気になっていた現象に"代弁"という名前がついて，そこから私の考えは急に研究として進み始めた。代弁のどんなところがどんな風に気になるのか。それも書き出した。ＫＪ法（川喜田，1967）やカード構造化法（井上・藤岡，1993）で整理すると，それらはいつの間にか"問い"らしくなっていた。

▶**フィールドデータをとる**　フィールドから得られたデータは，その客観性や再現可能性という点で，ネガティブな評価を受けることがある。しかし，私は，データに客観性や再現性とは別のリアリティを求める研究があってもいいのではないかと考える。フィールド研究のデータとは，研究者－協力者関係にもとづいた（良くも悪くも，この関係に左右される）データであると思う。つまり，誰がとっても同じようになる，あるいは，誰でもとれるデータではなく，"私でないととれないデータ"が，フィールドデータだと思う。

　さて，研究者－協力者関係が安定しているからといって，それでいいデータがとれるわけではない。データは，ちゃんと記録されていないといざ分析しようと思ったときに，使い物にならないことがある。

　私はビデオカメラを用いることが多いが，ビデオカメラは後から何度でも再生できるのだから，分析のための指標やカテゴリはデータをとった後でいいだろうと考えていた。しかし，ビデオカメラは，一度録画したものなら何度でも再生できるが，録画できなかったものは二度と観察することができない。人間の目のように，漠然とした状況のなかから，見たいもの，聞きたいものに選択的に注意を向けるということもできない。ビデオを撮る観察者が，観察場面の雰囲気づくりも含めて，自覚的にビデオを操作しなくてはならないのである（教室場面について論じたものであるが，石黒〈1996〉が参考になる）。母子観察において，私が気をつけていることを観察の流れにそって表3-2にまとめた。

▶**フィールドデータの分析と結果のフィードバック**　フィールドデータをいざ扱おうとすると，どこから手を着けていいのかわからなくなって途方に暮れることがあ

表 3-2　母子の家庭観察で気をつけていること

ビデオカメラの準備 ⇩	◆訪問してすぐ撮り始めない。ある程度会話をしてから撮り始める。
録　画　開　始 ⇩	◆ビデオの録画開始をはっきり伝える。「では，撮ります。よろしくお願いします」など毎回決まった言い方をするようにしている。 ◆その日の子どもの体調や機嫌などを確認。
観察場面開始 ⇩	◆観察の教示と観察を開始するということを伝える。たとえば，「では，いつものようにお子さんと遊んでください。○分くらい録画しますので，よろしくお願いします」などと言うようにしている。
（観　察　中） ⇩	◆開始時など母子が緊張しているようなら，少し話しかけることにしている。子どものしぐさに少し笑うだけでも，かなり緊張がほぐれる。母子が撮られていることに慣れてきて，やりとりに集中し始めたところで，すばやく黙る。必要なら，その分観察時間を延長する。 ◆カメラワーク ・ビデオカメラの位置は，母子から離れすぎず近づきすぎず。ささやき声なども録音可能な距離。逆光にも注意。 ・ビデオカメラに，どの範囲でその場を収めるか。子どもだけでなく，やりとりの相手（母親）や視線の先にあるものも画面に入っているか。 ・1 台のビデオカメラでは，母子の顔の表情，手足の動きなどの観察対象が同時に入らないことがある。何を優先的に撮るか決めておく。これは分析に依存するので，分析のイメージをつくっておく。 ・母子の動きにともなって，ビデオカメラの位置も積極的に変える。
観察場面終了 ⇩	◆観察場面の終了を伝える。 ◆ビデオ録画中の様子がいつもと比べて同じかどうか，母親に確認。
録　画　終　了	◆ビデオの録画終了を伝える。「ビデオを止めます。ありがとうございました」など。

る。データがうまく記録できていて，そこにフィールドの臨場感が残っていればいるほどそうである。フィールドから得られたデータは，“生”のままでは研究にならない。データとは“加工”するという過程をへるものなのである。

　データを加工するとは，分析単位の大きさを設定したり，分析に必要な情報とそうでないものを選り分けたりする作業である。問いや考察に結びつく具体的事象が過不足なく加工されていると，そのデータは説得力を持ちうる。とはいうものの，この作業はどのようにすればうまくいくのか。実は，今の私は試行錯誤の状態である。そこで，せめてこの作業がうまくいったかどうかをチェックするプロセス，つまり結果の吟味が必要である。この結果の吟味は 2 つの“目”を通してやる。ひとつは，フィールドにおいて，“生の”データを直接見てきた私自身の“目”で，もうひとつは，協力者の“目”である。

　フィールド研究において，研究者は観察装置の役割も果たすといわれる。それ

は，データをとる段階においてだけでなく，分析結果がフィールドでの感覚を再現しているかどうかのチェックの際にも活用されていいと思う。フィールドのリアリティが結果にあらわれているかどうか，まずは私自身が確認したい。

協力者の"目"も重要である。私は，できる限り分析の結果を協力者である母親にフィードバックするようにしている。そのときの母親の反応は，結果の妥当性を評価するものであると思っている。ただし，難しいのはいかにわかりやすく報告するか，そしていかに興味を持ってもらうかということである。実際，ただ報告をしただけでは，母親から質問や意見を引き出せることはまれである。そのための試みとして，家庭訪問の縦断研究では，年に2回『かんがるぅ通信』というミニコミ誌を発行し，年に1回「かんがるぅ親睦会」として協力家庭が集まる機会をつくっている。両方とも，当縦断研究にかかわる研究者と協力者の親睦および情報交換が目的で，毎号あるいは毎回，その時点での分析結果を報告することにしている。また最近では，協力家庭からの要望もあり，ホームページを開設した。研究者－協力者の関係づくりに重点をおくことで，分析結果に対する率直な意見，素朴な感想を得たいと考えている。

☻フィールドにのめり込む──〈私〉の変化

研究活動を始めたころ，どんなスタイルの研究であれ，能動的なのは研究者だけで，被験者や協力者は受動的な存在だと思っていた。つまり，被験者や協力者は，何を調べられ，どんな風に分析され結論づけられても関与できないと。だから，研究の問いはあくまでも研究者にあり，私自身が見聞きしたものを，私ひとりで整理し問いをひねり出してきたと思っていた。しかし，実は，問いそのものがフィールドから立ち上がってきたのではなかっただろうか。母親たちは，日常的な子育てのなかで"伝えたいこと""残したい知恵"をいっぱい持っている。私は，そういった話をたくさん聞いてきた。それらの母親たちのおしゃべりは，私の研究に大きく影響している。

研究者は，心理学の蓄積された知識について勉強しているから，母親たちに見えない知見が見えると思いがちだが，母親たちも蓄積された知識をたくさん持っている。しかし伝える術，残す術，記録する術がない。研究者の仕事は，母親に代わって，記録したり伝えたりするだけのことかもしれない。

そう思うようになって，いっそうフィールドでの活動が，私にとって興味深いものとなった。今日は，母親がどんなヒントをくれるだろう。こうなると，フィールドに入り込むというより，のめり込むといった方がいいくらいだ。

3. 私の観た母子のやりとり——母親による子どもの代弁

◉ "代弁"というキーワードに行き着くまで

　私には"気になる現象"があった。子どもが転んだりつまずいたりして，今にも泣きそうなときの「痛くない，痛くない，痛くない」という母親の"呪文"である。どうして子どもは，「痛くない」と言われているうちに，痛くなくなるのだろう。子どもは痛いはずなのに，どうして母親は「痛く"ない"」と言うのだろう。そもそも痛いか痛くないかは母親の身に起こったことではないのに，母親はどうして「痛くないでしょ」や「痛かったね」ではなく，「痛くない」と子どもの発話のように言うのだろう。

　そのころは，「痛くない」という現象と，研究の問いとはうまく結びついていなかった。そこで，上でも述べたように，漠然と似ていると思える現象がほかにないかどうか集めてみることにした。たとえば，こんな母親の発話を，「痛くない」と似ていると思った。育児サークルでのおやつの時間に，子どもがおやつを口に運んだのをとらえて，母親が「ああ，おいしい」と言った。母親は食べていなかったので，"おいしい"はずはないのに，である。

　私は，「痛くない」や「ああ，おいしい」や他の似ていると思える母親の発話が，どうして似ていると思えるのか考えてみた。そして，"母親による子どもの代弁"というキーワードに行き着いたのである。

◉代弁の研究

　母親がどうして子どもの代弁をするのだろう。まずは，1歳代の子どもとその母親13組の家庭観察から，母親が子どもに用いる代弁の機能について整理した（岡本，2000）。何度もビデオを見直し苦闘の果てに，なんとか代弁を3つの機能（子どものガイド，関係の維持，読みとり）にまとめることができた。

　しかし，この研究で代弁と格闘しながら，新しい問題にも気がついていた。話し言葉，つまり，状況に埋め込まれたままの発話は，とてもあいまいで扱いにくいということである。しかし，視点を変えてみれば，あいまいさそのものに意味があるのではないだろうかと思えてきた。そこで，母親の代弁という発話が，どれほどあいまいな"かたち（発話形式）"をしているのかに焦点化して記述することとした（岡本，2001）。ここでは，0～6カ月の子どもとその母親2組を対象とし，母親の代弁を，形式的に誰の視点での発話か，発話主体は誰かという点から整理した。

　まだまだ私の代弁の研究は始まったばかりである。これから，もっとたくさん

の母子に触れることで，研究を深めていきたい。

4．ママたちとの約束

　私は，かなりフィールド"活動"が好きな方だと思う。何といっても，子どもが成長することがうれしい。その成長を母親と共有できるのがうれしい。おそらく，母親と父親，そして親しい親戚の次くらいに，私がその子どもの成長を一生懸命見てきたはずだ。そう思うと，なんだか誇らしい。また，ここ数年は，私自身も母親として子育てをしているが，たくさんの先輩ママ，同輩ママがいろいろアドバイスをくれるので心強い。それに，フィールド活動をしていると，物をもらうことも多い。親戚から送られてきた野菜や果物，手づくりのパン，お下がりの服，子どもがつくった鉛筆立てなど，ありがたいことである。フィールド活動ならではのメリットだろう。

　ちなみに，私は，フィールド"研究"も好きだ。好きとはいっても，こちらはなかなかうまくいかない。しかし，子どもと母親のさまざまなやりとりや，母親たちのたくさんの話を，私が独り占めしたままではいけないと思っている。つまり，フィールドで見たり聞いたりしてきたことは，少しずつでも研究として仕上げていかなくてはいけない。時間を割いて私に付き合ってくれた母親たちとの，約束事だと思うことにしている。だから，研究として仕上げていくのは苦手だが，続けていこうと思っている。

●ブックガイド
　やまだようこ　1987　ことばの前のことば――ことばが生まれるすじみち1　新曜社　著者の長男の行動観察日誌をもとに，言語機能の基礎を理論的に描いたもの。詳細な記録と理論がしっくりかみ合っており，私がお手本とする1冊である。
　岡本依子　2000　母子コミュニケーションにおける母親による子どもの代弁――1歳児への代弁の分類　東京都立大学人文学報，307，73-94．母子13組の家庭観察から，母親の子どもへの代弁のエピソードを収集。代弁の機能についてまとめた。

●引用・参考文献
　Glaser, B.G. & Strauss, A. L.　1965　後藤　隆・大出春江・水野節夫（訳）　1996　データ対話型理論の発見――調査はいかに理論をうみだすか　新曜社
　井上裕光・藤岡完治　1993　教師教育のための授業分析法の開発　横浜国立大学教育学部教育学部実践研究指導センター紀要，9，75-88．
　石黒広昭　1996　実践の中のビデオ，ビデオの中の実践――物語を読みかえるために　保育の実践と研究，1，3-13．
　川喜田二郎　1967　発想法　中央公論社
　箕浦康子（編著）　1999　フィールドワークの技法と実際――マイクロ・エスノグラフィー入門　ミネルヴァ書房
　岡本依子　2000　母子コミュニケーションにおける母親による子どもの代弁――1歳児への代

弁の分類　東京都立大学人文学報, 307, 73-94.
岡本依子　2001　母親と子どものやりとり　やまだようこ・サトウタツヤ・南　博文（編著）
　　カタログ現場心理学，第2節　金子書房
山田洋子　1986　モデル構成を目指す現場心理学の方法論　愛知淑徳短期大学研究紀要, 25,
　　31-51．（やまだようこ（編）　1997　現場心理学の発想　新曜社に所収）

4章 父親たちのいるところ

菅野 幸恵(すがの ゆきえ)

1. フィールドと私

☻フィールドの紹介

　私のフィールドは，小さいお子さんのいる一般の家庭である。共同研究者（3章担当の岡本依子と数人の大学院生）と私は現在，初めて子どもを持つ夫婦を対象とした妊娠期から生後5歳までの縦断研究[1]を行っており，それぞれが担当する[2]協力家庭を定期的に訪問している。訪問時にはお父さん[3]とお子さん，お母さんとお子さんが遊んでいるところをビデオに録画し，それぞれにお話を伺っている。父親と母親の訪問は基本的に違う日に行い，父親には6カ月ごとに主に土日を利用して会っている。

☻父親に出会うまで

　正直にいうと私が父親研究のフィールドに入るきっかけとなったのは，母親である。ひとりの女性が，自分とはまた別の意思や感情を持つ子どもとの関係のなかでどのように母親になっていくのかについて興味があり研究を続けてきた。というわけでこの研究を始めるまで，お父さんという人たちの存在についてはお母さんの口から聞く程度の情報しかなかった。しかし，この縦断研究を始め実際にお父さんたちに会いお話を聞くうちに新しい発見がたくさんあった。父親になる

プロセスというのはどういうものなのだろう，それは母親になるプロセスと異なる様相を示すのだろうかという疑問がわいてきたのである。

▶**父親になる機会**　最近の育児状況を語る際，家庭における"父親不在"が指摘される。しかし実際に父親に会い，関連する文献を読んでいるうちに，母親は母親であることを強いられてきたのと同時に，父親は父親である機会を奪われていたのかもしれないと思うようになった。私がお邪魔しているご家庭で，休日は必ず公園に父母子で，もしくは父子で通っているお宅がある。そのお母さんはお母さん仲間からたいそううらやましがられるそうだ。「お宅のご主人はいっしょに公園に来てくれていいわねー。うちなんて絶対に行かない（来てくれない）」と。今の世のなかではまだ子連れで公園に行くお父さんというのは珍しいのかもしれない。「平日に子どもと外出するときには誘拐に見間違われないように苦労した」と育児休業をとった男性は告白している（朝日新聞社，2000）し，父子で出かけても男性用トイレにはオムツを換えることのできるスペースがあるところはほとんどない。「男は仕事，女は家事・育児」という性役割観によって，父親が子育てに参加する機会はこのような形で奪われていたのかもしれない。最近は電車やバスで，おそらく子どもを保育園に送りに行くのであろう父親を見かけることが多くなった。私はその姿を見かけるたびに「がんばれー」と心のなかで応援しているのだが，それもごく最近のことで，それまではスーツ姿で子どもの送り迎えをするなんて状況は許容されなかったのではないだろうか。

▶**父親もまた発達する**　「父親の発見」（Lamb, 1976）以来，日本においても父親に関する研究がなされるようになってきた。しかしそれらの研究では今まで母親がそうであったかのように，父親は母親の育児や子どもの発達に影響を与える存在として考えられてきたのではないだろうか。父親自身がどのようなことを考えているかについてきちんと説明しているものは少ないように思う。

　私は育児の当事者である親の視点で，親と子どもの生活を見ていきたいと考えて研究を続けてきた。父親を研究する場合には，母親の視点（母親から見た父親）と父親自身の視点の両方から検討していきたいと考えている。

●どのように父親にアプローチしたか

　現在行っている縦断研究への調査協力の依頼は東京都および神奈川県内の市区町村で行われている母親学級[4]や両親学級で行った。私の場合両親学級には"コネ"で入った。私の指導教官が両親学級での講演を依頼されており，私は指導教官に同行，両親学級の担当者にお願いし，募集の機会を得た[5]。具体的には，研究の内容（協力していただきたいこと）を簡単に説明し，その場で協力するか否

かに関しての簡単なアンケート調査をした。そして，後日協力してくれると答えてくださった家庭に電話し，まずは母親とコンタクトをとった。父親への調査協力はその後母親を通してお願いした。母親への面接時に父親への協力を依頼し，後日連絡するという形をとったのだ。両親学級で募集した対象者の方が，母親学級での募集より父親の協力率が高かったのだが，これは両親学級に行くほど妊娠中から子育てに興味のある男性（夫婦）であったことと，募集の段階で母親からの間接的な情報ではなく父親自身も私の話を聞いているということが影響しているのではないかと思っている。

2. 父親と会う際に気をつけたこと・気になったこと

◎私と父親の関係

　私は現在独身で子どももいない。母親に面接するときは，このことを最大限に活用しようと思っている。最初の面接で，「大学で学んでいるとはいえ実際に子育てをしているわけではないので，子育ての先輩から後輩に教えるつもりでお話してください」ということを伝える。母親を対象にする際には強調することのできることが，父親でも通用するのだろうかということが心配だった。幸いにも私の伺っている家のお父さんたちは，私のような者でも受け入れてくれた。が，やはり関係のとり方は難しいと思っている。母親には率直に聞けることも父親には聞きにくかったりする。もしかしたら私が男性であったらそんな難しさも感じないのかもしれないと考えることもある。研究者の性によって父親の回答が著しく偏るということはないと思うが，聞くことのできる内容に限りがあるかもしれない。たとえば，話の内容が"性（sex）"に関係するような場合，ある程度ラポールがついているお父さんでも聞きにくい。私たちの調査で第2子を産むか産まないかについての話をお母さんには聞いたのだが，お父さんには聞けなかった。この話題だとどうしても"性"の話になってしまうのだが，お母さんだったらつっこんだ話をしてくれるし，私もつっこむことができる。しかしお父さんも私にそんな話をするのは嫌だろうし，私もお母さんと同じようにつっこむことはできない。一度聞けそうな雰囲気だったので第2子の出産可能性について，あるお父さんに聞いてみた。第2子を考えているかどうかについての答えはもらえるのだけれど，話が性の話題に近づくとやはりなんとなく気まずく恥ずかしい気持ちがした。他の質問ほど話の内容が膨らまない（膨らますことができない）気がした。共同研究者のなかにひとり男性がいるのだが，彼だったらお父さんとこの話題について盛り上がることができるのではないかと思う。逆に彼はお母さんと第2子

の話はしにくいと思うが。

☻母親の存在
　もうひとつ父親と面接しているときに気になったのは母親の存在である。父親に会うのはたいていが土日であるので，めったなことがなければ母親も必ずいる。面接に同席している母親も少なからずいたし，少なくとも家の中にはいた。ある家庭を訪問したとき，お母さんが面接の時間を利用して美容院に出かけたことがあった。そのとき初めてお父さんと2人きり（子どもはいた）になったのだが，なんとなくぎこちなかった。それまでは母親がいない方が聞きたいことを聞けるし，父親の方も言いたいことが言えるのではないかと思っていたのだが，母親がいることの効果は大きいのかもしれないと感じた。私とお父さんの双方を知っているお母さんがいると，その場が和んでこちらもリラックスして聞きやすいのかもしれない。ただ，面接の最中に夫婦の意見の食い違いが発生し言い争いのようなものが始まり困ったこともあった。もちろんすぐにおさまるのだが，2人にあてられている気もした。

☻時間をつくること
　フィールドに入る前に私が心配していたことのひとつに，お父さんたちは協力しようという気持ちがあっても，協力できる時間がないのではないかということがあった。意外にもこのことであまり苦労はなかった。どのお父さんも非常に忙しいにもかかわらず，休みの日に時間をつくってくれた。
　一度こんなことがあった。日曜日に会う約束をしてそのお宅にお邪魔したら，そのお父さんはいつになく疲れていた。目の下にはくっきり隈ができていたし，質問の答えも力がなく，それでも協力してくれる姿にこちらはただただ申し訳なくて早めに切り上げて帰ってきた。

☻データをとる際気をつけていること——相手の話に興味を持つこと
　私は面接によってデータをとることが多いのだが，面接では相手の話に興味を持って聞くことが大事であると考えている。私は人の話を聞くのが苦手らしいので[6]，あなたの話に興味がありますというのをできるだけアピールする。たとえば意識的に相槌を打ったり不自然ではない程度に驚いたりするようにしている。その方が話す方も話しやすいのではないかと思う。

3. 失敗談——父親どうしを仲良くさせるのは難しい？

　私たちは研究が軌道にのったころから，対象者同士，研究者と対象者の交流および研究結果の報告を兼ねた親睦会を行っている。第1回は少人数ずつ平日に行ったので，2回目はお父さんも参加できるよう大きな会場を借りて休日に行った。私たちとしてはお父さん同士も大いに交流をしてもらおうと思ったのだが，なかなかうまくいかない。お母さんたちは初対面でも話しているのに，お父さんたちはお子さんの相手をしていてお互いに話が弾むという雰囲気ではない。なんとか，交流してもらいたいと思って声をかけてもみたが，駄目だった。

　父親同士の話は弾まないのはなぜか。本山ちさと（1998）は夫に同じような質問を投げかけたところ，夫は「必要ないから」と答えたそうだ。本当に必要はないのだろうか。父親でも育児専業の人であれば母親と交流したいと思うのではないだろうか。

> 「私は赤ん坊を抱き，平日の昼間の公園のベンチにポツンと座っていた。〈中略〉公園では子供を連れた母親たちが三大派閥に分かれていた，ように見えた。彼女らは各集団内でいつも楽しげに会話を弾ませていたが，私と赤ん坊はどのグループとも交流するきっかけを見つけられないままだった。あるとき，転がったボールを追いかけて小さな女の子が私のほうにやってきた。私はチャンス到来とばかりに，そのボールを拾い，女の子に手渡して『こんにちは』とあいさつした。しかしすぐ後ろからやってきたその女の子の母親は『どうも』と私に短く礼を言うと，その子をそそくさと連れ戻してしまった」（朝日新聞社，2000）

　これは，育児休業中の父親の経験談である。父親が書いたものだということを知らずに，これだけを読むと公園デビューする母親の話だと思ってしまうかもしれない。父親どうしの交流がないのは，「必要がない」からなのではなく，「必要であることに気づいていないから」なのではないかと思う。次の親睦会では父親どうしの交流をなんとか実現させたい。

4. 研究からわかったこと

☻フィールドに入ってわかったこと

　現在行っている縦断研究のうち生後0カ月および6カ月時の面接で得られた語りにもとづいて，父親になるプロセスについて簡単に述べたい。面接内容は現在の育児状況と発育状況，子どもに対する感情，などで，ここではとくに質問のう

ち「〇〇(子どもの名前)ちゃんのことをかわいいと思うのはどんなときですか」「〇〇ちゃんのことをイヤだと思うのはどんなときですか」における語りを中心に説明する。

表4-1に父親と母親の語りを示した。同じ質問であるにもかかわらず，母親と父親が子どもに対して感じる快感情（カワイイ）や不快感情（イヤ）はずいぶん異なっていることがわかる。不快感情を見ると，母親は「わからない」「思うようにならない」ことで不快感情を持っていること，「わからない」は生後6カ月時には少なくなることがわかった。一方父親は子どもに対して感情を持つ行動のバリエーションが少ないこと，とくに不快感情をあまり持たないこと，さらに母親のようにわからなさをともなうものではないことがわかった。

この結果を，父親の語りと母親から聞いた父親の育児の様子（母親の証言）な

◎表◎ 4-1 各月齢において母親と父親が報告した「かわいい」および「イヤだ」と感じる子どもの行動（菅野ほかより作成，2000）

	生後0カ月		生後6カ月	
	母親(9)	父親(9)	母親(8)	父親(6)
かわいい	気持ちよさそう 　乳を飲んでいるとき(7) 　寝ているとき(6) 　笑っているとき 　目を開けている 　気持ちよさそうにお風呂に入っている おもしろい 　理由がわかって泣いている	すべて 　全て 　気持ちよさそう 　笑っている(5) 　お風呂にはいっている(2) 反応の芽生え 　自分をみている	気持ちよさそう 　笑っている(7) 　寝ている(2) 　ごはんを食べている 　独りで遊んでいる 　甘えてくる	気持ちよさそう 　笑う(4) 反応 　こちらのはたらきかけに反応する(2)
イヤだ	わからない 　何で泣いているのかわからない(5) 思うようにならない 　寝ない(3) 　夜中に起こされる(3) 　他のことをしたいのにできない 　自分が疲れている しょうがない 　うんちやおしっこを飛ばされる 　しゃっくり 　ミルクを吐く	ない 　ない 　困った 　泣き止まない(4) 　寝ない	わからない 　何で泣いているのかわからない 思うようにならない 　後追い 　寝ない(4) 　お風呂でぐずる 　離乳食を食べない 　他のことをしたいのにできない	ない 　ない(4) 機嫌が悪い 　ミルクを飲まない 　機嫌が悪い

(注)　( )内はその内容について語った人の数。斜体は同じ内容のものをまとめ筆者がつけたラベル。

どをふまえ考えていく（以下『　』内は父親と母親の語りをそのまま引用：名前はすべて仮名）。

可愛くて仕方がない（0カ月）

『だいたい見てるとかわいいですけどね。ちょっとでも起きているときにちらっとでもこっちむいてくれるようなときがあると，かわいいなと。ほんとに見てるかどうかわかんないですけど，なんとなく目の玉がこっちむいている，じっと見てたりされると，わかってんのかな。』（保坂幸男；生後1カ月）

『家に帰って顔を見たとき。寝ていても起きていても今日も元気に泣いてるなとか，スヤスヤ寝てるなとか見れれば（かわいい）。』（江藤哲；生後1カ月）

そういう父親を母親はどのように見ているのだろう。

母親の証言1　『変わりましたね。なんか，生まれたときは（病院へ）来たんですよね，すぐ抱っこしたんです。退院してからはすぐこの子のとこ行っちゃうし，親バカになった。うちにいるときもしょっちゅうじーっと近くにいたり。抱っこするとね，泣いちゃうから，それが悲しい。なんかこういうとこもあるんだー。オムツも替えるし，ミルクも作るし，（お風呂は）手伝うくらい。もうメロメロで。土日はもうべったりして。』（保坂加代；0カ月）

母親の証言2　『親バカ（笑）。「うちの子が一番かわいい」って言ってます。まあそれはそうなるだろうな，とは思ったけど。』（江藤清美；0カ月）

生まれてすぐの子どもというのは父親にとって可愛くて仕方がないらしい。実際訪問したときの様子もみんなうれしくてしょうがないといった感じだった。その姿は，お母さんたちが出産の疲れもあってか大変そうだったのと対照的であった。ロビンソンら（Robinson & Barrte, 1986）の研究でも，子どもの誕生直後父親の心理状態が高揚することがわかっている。

「イヤになる」ことはないと答えている父親の存在はこのことの裏返しなのではないかと思う。「イヤだ」という感情は具体的に育児にかかわるなかで初めて生じるものではないだろうか，ということである。柏木惠子ら(1994)の研究で，育児参加の程度が低い父親ほど，子どもとの一体感が強いという結果が得られている。具体的にオムツを替えたり，ミルクを飲ませるということをすれば，当然思い通りにならないことも出てくるのだろう。ただ可愛くて仕方がないことも必要なことだと思う。十分にかわいいと思えて初めて，イヤだという感情が出てくるのであろうから。

飽きるのは子どもと会えないから？（6カ月）

母親の証言3　『（育児を）やっていない(笑)。それでも子どもが起きてるとちょっ

と遊んでくれたりしますけど（小村聡子；6カ月）』。

　6カ月になると父親は子どもへの興味が0カ月ほどではなくなってしまうようだ。子どもの誕生後の高揚がおさまってしまうのだ。子どもと会えないことも影響しているのかもしれない。子どもの生活リズムが安定してきてしまうと忙しい父親は子どもに会う時間さえなくなってしまう。

　　『時間がとれない。平日。それが困ったな。接してて（困ったな）っていうのはないかな（有田信夫；生後6カ月）』。
　　母親の証言4　『会社の部署が変わちゃって，帰りが遅くなっちゃって，朝は早くなった，だから，多分ねえ，先週とかね今週も，数えるとかしか会ってなくて，かわいそうっていうか，さびしがってますよね，ちょっとね。〈中略〉夜は基本的にもう私も早く寝かせちゃってるし，帰って来るのは遅いし，寝返りうってる姿もまだ見たことないし，ちょっと主人は，かわいそうかなあっとは思いますね。多分きっとこのぐらいの時期が一番変化がおっきい時期じゃないかなあと思って（有田佳子；生後6カ月）』。

　忙しいときをぬっての子どもとのひとときはひとしおで，父親として振るまう数少ないチャンスなのかもしれない。

　　『機嫌のいいときと僕のあやすときとうまくシンクロすると，気狂うように笑い出すんですよ。そういうときは親父になった気になりますね（保坂幸夫；6カ月）』。
　　『遊んでて，目があって遊んで，笑っててっていうのがかわいいかな。人見知りされないように必死なのよもう。もう少ししたら人見知りがあるっていうでしょ。最近もう会わない日が2，3日続いたりしてるんで。それは避けないとね（有田信夫；6カ月）』。

😊フィールドから得たことを発表するとき

　指導教官や先輩たちからいわれ続けてきたことなのだが，フィールドで得られた柔らかいデータを扱う際には手続きをできるだけ透明にすることが必要だと思っている。たとえば，面接データは何らかのカテゴリを作成しそれにもとづいて分析を行うことが多いのだが，カテゴリの作成プロセスについてもできるだけ，どのようになぜそのカテゴリをつくったのかを書くようにしている。

　また分析していると，つい分析カテゴリに頼ってしまい，対象者の"声"から離れてしまうことがある。私の場合，面接のプロトコルをできるだけ引用することでそれを補っている。

5. なぜフィールド研究をするのか

☺研究のおもしろさ——研究対象と会うこと

　研究対象がいなければ私の研究はありえない。研究のおもしろさを教えてくれるのは研究対象である。フィールド研究するのには時間が必要だ。就職してからは研究日を利用して家庭を訪問するので，仕事が忙しい時期などは，体力的にも精神的にもとてもしんどいことがある。が，一度家庭に行ってしまうと，「あーおもしろかった」「やっぱりフィールド研究していてよかった」と思ってしまう。帰りながら，新たな研究の計画を思いついてひとりで喜んでいたり結構現金なものだ。現在行っている縦断研究は今年で5年目を迎えたのだが，子どもが自分のことを覚えてくれているととてもうれしいし，愛着がわいてしまう。面接やビデオ撮影を終えてからのお父さんやお母さんとの雑談も楽しみで，いい気分転換になるとさえ思う。

☺「おもしろさ」と「わからなさ」

　もし「なぜ研究を続けるか」と人に聞かれたら，「おもしろいから」という答えと「わからないから」という答えが出てくるように思う。研究を続けると「おもしろい」ことを発見してとても幸せな気分になれるのだが，同時に「じゃあこれはどうだろう」と新たな疑問がうかんでくるのである。この「おもしろさ」と「わからなさ」が研究の原動力なのではないかと思っている。

☺研究の副産物

　よく子育てについて研究しているというと，「きっとご自分のときは（現実にそんな日が来るかどうかは別として）役に立つでしょうね」と言われる。でも実際自分が子どもを産んだときは，やっぱりあたふたするのだろうと思う。強いていうなら，多くのお子さんや親に会ったことはよかったのかもしれない。とくにいろいろなお父さんに会えたことは，プラスになったのではないかと思っている。ただ私の場合，耳年増になりすぎている気も少しするので，それが心配になることもある。

●ブックガイド──

　朝日新聞社（編）　2000　「育休父さん」の成長日誌　朝日新聞社　　学術書ではないが，"お父さん"の気持ちを知るにはぴったりの書。世に出回っている"お母さん"の体験本に近いような，そうでないような。父親になるプロセスと母親になるプロセスの類似点，相違点が発見できる

かもしれない。それぞれのお父さんにインタビューしたくなる。

氏家達夫　1996　親になるプロセス　金子書房　父親を対象にしたものではないが，親になるプロセスについて丁寧に書かれている。親になる際に伴う困難さとその解消のプロセスについて詳細な検討を行っており，質的なデータを扱う際の参考にもなる。父親になるプロセスについてもこのように克明に検討するととてもおもしろい研究になるのではないかと思う。

●註
★1　この研究は当初生後2歳までの予定だったのだが，対象者と会ううちに情がわいて離れ難くなってしまったのと，もう少しみたいという研究者の欲とがからまって2歳時点でもう一度協力をお願いし5歳まで継続することになった。
★2　私たちは，対象家庭を縦割り式でふり分けている。この研究に参加する者は，何組かの家庭の担当になって，定期的に訪問するのである。よほどの事情がない限りは，担当の変更はせず，同じ人間が同じ家庭に訪問するようにしている。
★3　本章では，「お父さん」と「父親」という用語を使用している。より抽象的で学術的な色合いが強い場合には「父親」を，実際的で具体的な人物が想定できる場合には「お父さん」を用いている。「お母さん」「母親」も同様。
★4　母親学級での募集の顛末は3章に詳しい。
★5　指導教官と担当者の方にはこの場を借りて感謝したい。
★6　家族にはいつも人の話を聞かないと怒られている。断っておくが私は聞いているつもりなのだ。

●引用・参考文献
朝日新聞社（編）　2000　「育休父さん」の成長日誌　朝日新聞社
柏木惠子・若松素子　1994「親となる」ことによる人格発達――生涯発達的視点から親を研究する試み　発達心理学研究，5（1），72-83.
Lamb, M. E.　1976　久米稔ほか（訳）1981　父親の役割――乳幼児発達とのかかわり　家政教育社
本山ちさと　1998　公園デビュー　学陽書房
Robinson, B. E. & Barret, R. L.　1986　*The developing father*. The Gilford press.
菅野幸恵・岡本依子・八木下暁子・亀井美弥子・川田学・高橋千枝・青木弥生　2000　妊娠期から生後2歳までの縦断的研究からみる親子関係（4）――定性的研究の実際（62）　第64回日本心理学会発表論文集

5章　家族関係のダイナミズムを観る

菅原ますみ（すがわら）

1. フィールドと私

☺素朴な関心

　子どもの育つ姿が見たい。しかも，できるだけたくさんの。そして，そこにどんな発達の法則があるのか知りたい——小さい頃から，動物や植物の発生に心惹かれていた私が大人になってたどり着いた夢である。ヘチマの成長観察だったら，半年ですむ。しかし，人間の一生は，研究者自身の時間と同じだけの長さが必要だ。どうしたら，"生"の姿を見失わずに，子どもの発達を科学として対象化できるのだろうか。

　子どもが育っていくプロセスをつかむためには，その個体のおかれた環境ごと見る必要がある。ブロンフェンブレンナー（Bronfenbrenner, 1979）らの生態学的アプローチを待つまでもなく，発生学では胚発生の段階から環境要因の影響の大きさはすでに周知のことであった。真空パックのような実験室の中で"子どもだけ"を見ても意味はない。当時，発達心理学専攻の修士課程の1年生になったばかりの私は乏しい知識のなかで必死に考えていた。とりあえず，もっとも成長率の大きい乳児を生活場面ごと見てみよう。ほどなく同じ大学の先輩・後輩数名による乳児のコミュニケーション行動の発達に関する共同研究のチャンスにめぐまれて，9人の子どもたちの誕生後2年間にわたる縦断的な家庭観察研究に参加

できることになった。

●最初のフィールド研究で学んだこと

出産後3日目に"初顔合わせ"（新生児の行動特徴を評価するためのブラゼルトン新生児行動評価尺度を病院の新生児室で実施した）をした彼らを，毎月1回家庭訪問し，2歳になるまで追跡させていただいた。お母さんどうしが一卵性双生児で，しかも仲良く同じ年に妊娠・出産した家庭の子どもたち（2人の子どもの大きな違いに，遺伝子と環境のもうひとりの提供者である父親の重要性を深く認識させられた）や，先天性の視覚障害が心配されたお子さんなど，それぞれのドラマに一喜一憂しながら本当に楽しい2年間だった。そこで，もっとも学んだことは，子どもが育つ生活場面のリアリティをふまえつつ，しかし自分の知りたい科学としての問い――私の場合には，人間の行動上の個人差はそのおかれた環境とどのような相互影響関係にあるのか，といったとんでもなく壮大な疑問であるが――に答えていくためには，はっきりとした"方向性"がいる，ということだった。

2年間の参加的な観察による行動記録や質問紙類，お母さんたち（幸運なことに，中学生になるまで交流が続いたお母さんもいる）へのインタビュー記録は膨大な量にのぼった。もちろん，そのどれもが私にとっては宝物のように大切なものであることは確かだ。しかし，当時，そこから科学的知見として私が抽出しえたのは（菅原，1990），ごく小さなものであり（もちろん，個人的には，おおげさにいえば1滴でも"黄金の輝き"に等しい価値を持っているが），生後2年間の驚くべき人間の個性化の発達過程を間近に見た感動を伝えきることはできず，大きなもどかしさが残った。

生まれたばかりの人間にも，たしかに個性はある。"その人らしさ"のテイストは，彼らが出会う環境との相互作用によって，変化もすれば安定化もしていく。それは実際に垣間見たように，個別にとても複雑な過程だが，それでも人類全体としてまったくパターン化しえないほどの多様さではないような気がする――はなはだ心もとない"方向性"ではあるが，そうした発達ルートのパターン化を試みていくために，次の一歩として，最初のフィールド研究で得た子ども側と環境側の"大切な変数たち"の具体的な絡み合いをいろいろな方法論で確かめてみることにした。

1980年代半ばの当時，母子関係論が日本でも活性化した時期で，私たちもご多分にもれず，母子相互作用研究の枠内にいた。しかし，当然のことながら，子どもをとりまく家庭環境を考えたとき，父親やきょうだい，さらに二者関係を超え

た家族全体の関係性も母子関係と同様に重要である。現在，私たちが行っている長期縦断研究（菅原ほか，1999a）では，こうした家族間の複数の関係性と子どもの行動特徴との関連について見ている。ここでは，できるだけたくさんのサンプルについて，質問紙あり，ディープな面接あり，観察あり，といったマルチな方法で当該のテーマにアプローチしようとしている。

　量的な解析から得られた結果を質的なデータでそのリアリティと限界性を見きわめる。反対に，質的な解析で抽出されたものを量的データでどこまで一般化できるのか確かめる。フィールド研究のなかで見えてきた仮説を統制的な研究にも載せてみる。実験室や質問紙調査のなかで浮かび上がった変数間の関係性が，フィールドのなかでも本当に観察しえるのか，"この目" で検証してみる。今の私の当該の研究テーマにとって，そのどちらもが必要で，どちらもがとても "おもしろい" と考えて研究を進めている。次節では，こうした研究スタンスから現在進めている，子どもの発達と家族関係との関連性に関する "擬似的フィールド研究" を紹介させていただきたいと思う。

◆ 2. 夫婦関係・家族関係に関する"擬似的フィールド研究"について

●状況設定

　私たちが続けている継続研究は，対象となる子どもたちの出生前から始まった。妊娠中3回，出産後8回にわたって追跡調査を実施してきている。今回の研究では，対象となっている子どもたちとその両親の間，および両親の間に，どんなコミュニケーションがなされているのか知ることが目的となった。子どもたちはすでに10歳で，小学校の高学年に達している。これまでは，前述のように母子相互作用論の枠内でデータを収集していたために，父親を対象に加えるのは今回が初めてであった。

　できるだけ日常生活場面に近い状況のなかで，しかし数量化も可能なデータを手にしたい。対象は，お父さんとお母さん，それに小学生の子ども。3人の家族がもっとも自然にコミュニケーション可能な場所はどこなのだろう。もちろん，個々の家庭での観察がまず候補にあげられる。しかし，さまざまな理由から，家庭では見たい場面を切り出せないことも多々あることをこれまでの家庭観察から体験していた。たとえば，当該の子どもと両親のコミュニケーションが見たくても，きょうだいやおじいさん，おばあさんが登場して代わりにコミュニケーションの中心になってしまったり，突然の来客があって観察時間の大部分母親が不在だったりするなど，予想外の出来事が起こる。それらも含めて "フィールド観察"

して有効な場合は別だが，今回は三者の関係性を数量化する必要があるので，実質的な三者のコミュニケーションの観察が可能なスタイルを模索することになった。

では，家庭外でも，より"家庭というフィールド"に近い自然な状況をどうしたら設定できるだろうか。研究所や大学の実験室は，やはり建物も雰囲気もかなり家庭とは異なる。予備的に実施した研究所内での家族コミュニケーションの観察では，やはり"実験室"のムードがいっぱいで，くつろいだ家庭の団欒場面には遠いものであった。そこで本調査では，短期間，対象者のアクセスの良い都内の3LDK家具つきマンションの1室を借りて実施してみることにした。リビングルームに加えて3つの独立した部屋もあるので，父親，母親，子どもそれぞれに対する個別の面接も可能だ。きょうだいや祖父母がいっしょに来てくれたとしても，スタッフルームとして割り当てた部屋でゲームやテレビなどで時間を過ごしてもらうこともできる。父親面接の部屋には，ビジネスマン向けの雑誌や灰皿，母親面接の部屋は女性向けのクロス類や『クロワッサン』や『Hanako』などの雑誌を用意して，なるべくくつろげる，ふだんの家庭に近い状況を再現できるように工夫してみた。おやつタイムのためのお菓子や親子用のコップや湯のみ茶碗，スリッパ類の購入にも，妙に熱い研究スタッフの思い入れがこもった。セッティングし終わった室内で実施前の準備が忙しく行われたが，日がたつにつれて"自分の家"のようなリラックス感をスタッフ自身も感じることができてきて，"本番もうまくいくかも"と期待感がふくらんだ。

● 測定変数の選択

今回の研究でもっとも私たちが見たかったのは，これまで研究の中心だった親子という二者関係（dyad）が，父親を含めた三者関係（triad）のなかでどのような位置にあるのかということだった。母子関係という枠内で現象を見るときは，母↔子というひとつの関係性ですむ。ところが，父親要因を考慮したとたん，見なくてはならない家族の関係性は，母↔子，父↔子，母↔父，そして三者全体と，いっきょに4つに増える。これらを，今回はできるだけ似た状況で観察し，同様な尺度で分析をして，家族の関係性がどんな構造を持っているのか考察を試みたいと考えたのである。

さまざまな先行研究にあたった結果，夫婦関係を測定するために開発された行動観察尺度（SSICS：Social support interaction coding system；Bradbery & Parsche, 1994）を改変して，親子（母子・父子）と夫婦の各二者場面に用いることにした。SSICSは，夫婦間でのサポート関係を測定するために開発された尺度で，

悩みを相談し合う場面での両者の言動をコード化し記録していく。これに加え，三者（父・母・子ども）場面を含めたすべての場面に対して，相互作用の雰囲気と活性度を評定する尺度を先行研究（Crnic & Greenberg, 1990）を参考にして開発し（後掲の表5-1参照），録画終了後に評定することにした。リビングルームに2台のビデオカメラ（サイドおよびフロントに設置）を設置し，以下の8場面についての観察を行った。

＜父母子三者の場面＞
　第1場面：作業課題。自宅の間取り図を3人で協力して作成してもらう。用具は，A3白紙と鉛筆・消しゴムを3名分，色鉛筆1箱を用意した。時間は10分間
　第2場面：討論課題。"子どもの将来"に関する自由討論で，時間は同じく10分間

＜夫婦および親子二者場面＞
　夫婦間の援助的相互作用測定尺度（SSICS）の日本語版（菅原ほか，1996）を使用した。夫婦の片方の個人的な悩み事（当該二者間の関係に関する悩みは除く）の相談に対してもう一方がアドバイスをするという課題内容で，10分で役割を交替する。親子については，同尺度の親子版（菅原ほか，1996）を作成して実施した。親子版でも，夫婦版と同様に，子が親にサポートを求めるだけでなく，親も子に悩みを相談して子からのアドバイスを求める場面を設定した。

　　第3および第4場面：SSICSによる夫婦討論。夫から妻への相談場面と妻から夫への相談場面について，各10分ずつ計20分間観察した。
　　第5および第6場面：SSICS親子版による父子討論。父親から子どもへの相談場面と子どもから父親への相談場面について，各5分ずつ計10分間観察した。
　　第7および第8場面：SSICSによる母子討論。母親から子どもへの相談場面と子どもから母親への相談場面について，同じく各5分ずつ計10分間観察。各場面の終了時には，満足度に関する内観報告もアンケートによって測定した。

　所用時間は1家族あたり教示や交替時間を含め1時間30分程度であった。課題の教示と時間がきて役割交替を告げる以外は実験者はリビングルームから退出し，"家族水入らず"（もちろん2台のビデオカメラはまわっているが）の状況でコミュニケーションをとってもらうことにした。

☺いざ，本番

　最初のご家族を"わが家"のようなマンションにお招きしてから約8カ月の間に，週末や夏休み，冬休みを中心に68家族の観察を実施した。どの家族も，対象

となった10歳の子どもがまだ母親の胎内にいた頃から調査をお願いしている。なかには新生児期や幼児期に実際に会った親子も多数含まれていて，研究同意書に上手な漢字でサインを書いてくれる子どもたちの成長した姿を見ることができただけでも，「あの小さかった赤ちゃんたちが……」と感無量な気持ちになる。人の発達を実感し，縦断研究を続けていて良かった，と思える瞬間である。

リラックスできる日常場面に近い状況づくりをめざすとともに，せっかくの調査なので，玄関に家族が到着したところから"1滴ももらさず"測定したいという欲張りな欲求も抑えきれず，今から考えると相当に涙ぐましい努力をしていたように思える。たとえば，初対面場面での家族の行動評定を試みたのだが，出迎えるスタッフを限定し（スタッフ要因を統制しようとしたからである），後ろに控えた2人が笑顔をふりまきつつ家族の行動を観察し，気づかれないようにシートに記入する。家族の誰があいさつをリードするのか，あるいはメンバーそれぞれの発話や微笑などもチェックした。お出迎えとしては少々おおげさ過ぎて違和感があったかもしれない，と反省している。

果たしてこの状況内で，日常に近い家族内の対人関係のダイナミズムを見ることができたのだろうか。本当の意味では，透明人間にでもなってそれぞれの家庭を訪れてみない限り，それを検証することはできない。家庭観察を実施したとしても，観察者という他者が介入し，対象者にすれば"家族関係を見られる"という非日常的な状況にかわりはない。さらに，家族関係はその本質として静止的なものではなく，常にダイナミックに変動する。どんな状況にしろ，私たちが観察することができるのはある断面でしかないのだ。しかし，68の家族についての前述した同じ8つの場面——三者の作業と討論，二者ずつ役割交替しながらの相談場面——を通して見た実感として，そこで繰り広げられる90分間の家族ドラマは驚くほどレンジが広く，しかも"見られている"という緊張した場面だからこそ家族メンバー間の関係性が鮮やかに具現化しているのではないか，という確信に近い予感があった。現在も，そこで感じた予感を形にして，科学的データとして考察に耐えうるものにするために悪戦苦闘を続けている最中である。

レンジの広さとは，平たくいってみれば，"仲良し家族のほのぼのコミュニケーション"から"問題を抱えて苦悩する家族の修羅場的コミュニケーション"まで，本当に多様なコミュニケーションが目の前で展開するのを見た，という意味である。もしも，どの家族も"模範的家族"を演じたとしたら，私たちが観察することのできるコミュニケーションは，ホームドラマでよく見るような紋切り型のものになるはずである。正直にいって，実施前には，「そうはいってもスタッフはたくさんいるし（三者に同時に面接したので，3名の面接スタッフ，教示・司会

進行役の固定スタッフ，きょうだいのケア担当と，常に5〜6名のスタッフがマンションの一室にひしめいていた），ビデオも2台にらんでいるし，よそ行きのコミュニケーションになっても仕方ないかもしれない」と覚悟していた。しかし，実際に私たちが8カ月間に見た90分間の家族の姿は，どんなテレビドラマよりも迫力のあるものだった。人と人との関係性はむしろ偽ることの方が難しいのかもしれない――今回の擬似的フィールド研究で初めて気づかされたことのひとつである。

●家族関係の諸相

こうしてビデオテープに収められた68家族の相互作用場面について，まず初めに評定による質的な分析を行うことにした（菅原ほか，1999b）。各場面での相互作用全体の雰囲気や，メンバー各自の態度，課題に対する取り組みの凝集性，リーダーシップ，メンバー間の関係性に関する評定を2名の観察者が独立に評定を実施した。私の研究室では，来る日も来る日も，再生画面をモニターに映しながら2名のスタッフが組となって黙々と評定シートに向かった。観察データを収集するのももちろん大変だが，本当に根気と熱意が必要なのは，膨大な観察資料から意味ある情報を切り出してくるためのこうした"発掘作業"――質的な評定作業や，行動を記録して数えていく量的な解析――に入ってからだ。ここでは，相互作用全体の雰囲気に関する質的評定の結果をとりあげて紹介したいと思う。

前述した父・母・子三者の相互作用場面（作業場面と討論場面）および夫婦，父子，母子の二者の相互作用場面（相談場面）の計8場面について，表5−1の

◎表◎ 5-1 相互作用全体の雰囲気の主成分分析の結果

項目	三者作業	三者討論	夫→妻	妻→夫	母→子	子→母	父→子	子→父
盛り上がってる	.93	.89	.90	.88	.89	.90	.88	.86
和やかな	.91	.92	.92	.94	.89	.89	.93	.91
あたたかい	.94	.90	.92	.92	.89	.87	.90	.92
張り詰めた*	.79	.84	.73	.76	.80	.73	.75	.75
ほのぼのした	.89	.91	.87	.90	.90	.87	.92	.90
にぎやかな	.83	.84	.71	.70	.80	.77	.75	.75
熱心な	.73	.67	.76	.74	.69	.66	.81	.72
スムーズな	.91	.90	.92	.85	.85	.83	.92	.93
ちぐはぐな*	.87	.83	.83	.71	.76	.76	.80	.86
沈滞した*	.92	.81	.82	.82	.78	.85	.83	.81
さわやかな	.94	.90	.88	.88	.84	.85	.87	.85
説明率（％）	77.2	74.0	71.7	69.0	69.0	67.2	72.6	71.3

（注） *は逆転項目である。
"夫→妻"は，夫が妻に対して自分の悩みを相談する立場で，"妻→夫"は，妻が夫に対して相談する場合であることを表わしている。以下，同様である。

ような11項目に対し2名の評定者が独立に評定を行った（評定段階は，1.まったくあてはまらない～7.非常によくあてはまる，の7段階）。評定者間の一致度をあらわす相関係数は$r=.68～.99$（平均：$r=.81$）であり，2人の評定は大きく違っていることはなかった。

　表5-1に示した11項目について，8つの場面それぞれに主成分分析を行ったところ，すべてで一次元性が確認され，"相互作用の円滑さと活性度"と命名した。11項目の評定値の加算得点を算出し，以降の分析に用いることにした。

　8つの場面の"相互作用の円滑さと活性度"得点と対象者の人口統計学的特徴との関連をみたところ，家庭の年収，両親の学歴，両親の就労時間や職業との間には有意な相関は見られなかった。子どもの属性別に見ると，父子場面の父親から子どもへの相談場面で，女児（30名）の方が男児（35名）よりも有意に高い得点を示した（女児：平均53.57〈標準偏差10.08〉，男児：47.96〈10.31〉，$p<.05$）。父親にとって，相手が女児である方が男児であるよりも話しやすいためか，あるいは普段からコミュニケーションの疎通性がより円滑なためか，女児との方が会話が弾み全体の雰囲気が和やかなものになる傾向が認められている。

　また，子どもの出生順位によっても有意な差が見られた。三者の作業場面（第1子：平均57.00〈標準偏差：9.72〉，第2子以降：50.45〈12.79〉，$p<.05$），および父子場面（父→子：第1子54.12〈9.13〉，第2子以降：49.36〈9.56〉，$p<.05$；子→父：第1子53.71〈8.88〉，第2子以降：47.27〈11.18〉，両方とも$p<.05$）で，子どもが第1子（33名）である方が第2子以降（32名）であるよりも有意に得点が高いことが示された。母子場面でも，子どもから母親への相談場面でも，同様に第1子の方が高得点であった（第1子：54.12〈9.13〉，第2子：49.36〈9.56〉，$p<.05$）。第1子とのコミュニケーションは第2子以降とのコミュニケーションよりも活発で円滑に進む傾向が示されたのである。第2子に対する親のかかわりが幼少期より希薄になりがちなことや，親が知っている子どもの生活に関する情報が第2子の方が少なくて話題に事欠くことになってしまうのかもしれない。第2子である私は，この解析結果を見たとき，「私の写真はお兄ちゃんの半分もない」ことをひがんでいた幼少期のことを妙にはっきりと思い出した。親が意識していなくても，実際のコミュニケーションにまで違いがある，という結果はとても興味深い。

　さて，今回の研究でもっとも私が見たかった家族の関係性の構造についても，ようやく少しずつ結果が得られてきている。父・母・子三者の2場面（作業・討論），夫婦2場面（夫から妻への相談場面，妻から夫への相談場面），母子2場面（同様に，母→子の相談場面・子→母の相談場面），父子2場面（父→子の相談

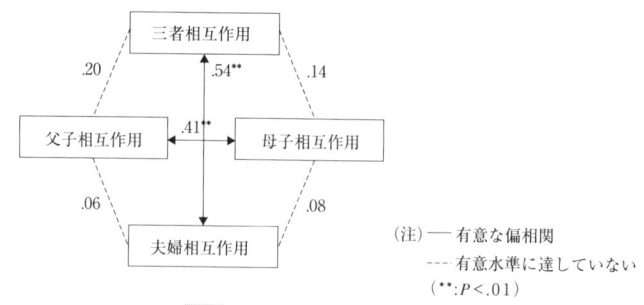

```
                    ┌──────────┐
                    │ 三者相互 │
                    │   作用   │
                    └──────────┘
                .20  .54**  .14
         ┌──────────┐   ┌──────────┐
         │ 父子相互 │.41**│ 母子相互 │
         │   作用   │◄──►│   作用   │
         └──────────┘   └──────────┘
                .06         .08
                    ┌──────────┐
                    │ 夫婦相互 │
                    │   作用   │
                    └──────────┘
```

(注)── 有意な偏相関
　　--- 有意水準に達していない
　　(**:$P<.01$)

図 5-1　相互作用間の関連性

場面・子→父の相談場面）の各々2場面間には強めの相関（$r=.67\sim.85$）が見られたので，それぞれ2場面の得点を加算して三者相互作用，夫婦相互作用，父子相互作用，母子相互作用それぞれの，"相互作用の円滑さと活性度"の総合得点を求めた。この4つの総合得点間の偏相関（他2つを統制したうえでの2つの相互作用間の相関）を求めたところ，図5-1のような結果を得た。

　有意な関連が見られたのは三者相互作用と夫婦の相互作用，そして母子相互作用と父子相互作用で，他の関係間の相関係数は有意な水準に達しなかった。こうした偏相関のパターンから，①家族の"団欒"でどのようなコミュニケーションが出現するかは，メンバー間の二者関係の加算的なものではなく，"夫婦"という大人どうしの関係が大きく影響すること，また，②"家"という入れ物は物理的にはひとつであっても，その中で繰り広げられる対人的コミュニケーションの質は登場人物の関係性によって異なるものが併存している可能性があることが読み取れる。子どもの目から見てみると，お父さんと自分，お母さんと自分とのコミュニケーションのあり方は似ているが，3人がいっしょにいるとき，あるいはお父さんとお母さんだけのやりとりの雰囲気は両親のどちらか一方だけといるときと，ずいぶん違う，という家庭がかなり存在することになる。夫婦が緊張した関係にあれば，それは子どもがいる家族の団欒に持ち込まれ，子どもは親子だけの場面にいるのと同じようにリラックスして振るまうことはできないのかもしれない。

　このことは，実は，観察している最中から強く感じていたことだった。とても仲の良い親子場面が観察された家族であっても，夫婦場面が"厳しい"（会話がなく冷めているか，葛藤が表面化して口論状態になる，など）と，親子3人の場面では，子どもは最初から緊張しているのである。こうしたお父さんとお母さんが同席した状況では何が起こるのか，子どもはすでに小さい頃からよく知っているのだ。だから，三者場面では子どもの背筋はしゃきっと伸びて，なかには両親

の間を取り持って司会役を演じる子どもまでいる。大好きなお父さんとお母さんには仲良くしてほしい——夫婦関係を調整しようとする，こうした子どもたちの"鎹（かすがい）"的行動をこの目で見て，その機能に気づかされたことも今回の研究の大きな成果である。私自身，2人の子どもがいるが，そういえばわが家でも思い当たることがたくさんある。わが家は研究者どうしの夫婦なので，よく研究のことなどで議論をするが，早口でまくしたてる両親の姿が子どもたちには"けんかしている"ように映るらしい。上の8歳の子は「今日学校でね！」と話題を変えようと口をはさむし，下の4歳の子は急に歌い出したりして，それぞれなりに"けんか"を終わらせようと介入してくる。「これなんだ」と，この研究以来，こうした子どもたちの親どうし仲良くしてほしいというけなげなメッセージがよくわかるようになり，とてもいじらしく感じている。

　フィールドに埋め込まれていて，気づかない重要なことがまだまだたくさんある——その小さな断片でも手にしえたときの喜びは，フィールド研究の醍醐味だと思う。心理学は，人間自身が人間という存在を"自己客体化"して，その特徴を認識しようとしている壮大な試みのひとつである。実験もアンケート調査もそしてフィールド観察も，そこに到達するために，使い方さえ適切ならば等しく有効で重要な手段である。しかし，人間の生態に関して"気づかなかったこと"を発見する方法としてのフィールド観察は，飛び抜けて効果的な力を持っている。私自身の研究史はフィールド研究から始まってはいるが，その後はさまざまな方法論をマルチに利用していて，けっしてフィールド研究の専門家ではない。しかし，フィールド研究で得られる研究者の気づきや深い実感は，現象の切り出しや仮説形成，検証といった研究的な機能を持っているだけでなく，研究者自身の"自分の仕事"そのものへの動機づけを高めてくれるものでもあり，いつも大切にしていきたいと考えている。

● ブックガイド

Grotevant, H. D. & Carlson, C. I. 1989 Family assessment : A guide to methods & measures. The Guilford Press. "家族を見る"ためには，いろいろな方法を知っておくことが大切だと思う。観察のための方法も豊富に紹介されている。

Fincham, F. D. 1998 Child development and marital relations. Child development, 69, 543-574. 夫婦関係が子どもの発達にどうかかわってくるかは，比較的新しいテーマである。この論文は，これまでのアメリカを中心とした夫婦関係研究がコンパクトにまとめられていて，今後，子どもの発達との関連をどう研究していったらよいか，その方向性に関するヒントを示してくれている。

● 引用・参考文献

Bradbury, T. N. & Parsche, L. A.　1994　*Social support interaction coding system*. University of

California, unpublished manuscript.
Bronfenbrenner, U. 1979 *The ecology of human development*. Cambridge : Harvard Uuiversity Press.
Crinic, K. A. & Greenberg, M. T. 1990 Minor parenting stress with young children. *Child Development*, 61, 1628-1637.
菅原ますみ 1990 発達初期の行動特徴に関する研究（博士論文）東京都立大学大学院人文科学研究科
菅原ますみほか 1996 *Social support interaction coding system* 日本語版および親子版 国立精神・神経センター精神保健研究所
菅原ますみ・北村俊則・戸田まり・島 悟・佐藤達哉・向井隆代 1999a 子どもの問題行動の発達——Externalizing な問題傾向に関する生後11年間の縦断研究から 発達心理学研究, 10, 32-45.
菅原ますみ・小泉智恵・菅原健介 1999b 児童期の子どもの精神的健康に及ぼす家族関係の影響について——夫婦関係・父子関係・母子関係、そして家族全体の関係性 安田生命社会事業団研究助成論文集, 34. pp. 129-135.

学校というフィールド

「学校」は、かつて誰もが一度は通い、良かれ悪しかれ慣れ親しんだフィールドである。しかしそこからいったん離れてしまった外部者にとっては、あんがい閉ざされて入りにくいことが多い。「学校」は、教師たちにとってはフィールドでもある。教師たちとは違う立場の研究者が、どう関わるのかが問われるフィールドでもある。教師たちだけでは見えにくくなっている事柄を掘り起こすことが、学校や子どもたちの活性化につながっていくだろう。

6章 通園したから見えたこと

高坂　聡
(たかさか　さとし)

1. フィールドと私

　私は修士論文のなかでグロスマンとグロスマン（Grossmann & Grossmann, 1989）を参考に，母親の支持的かかわりと乳児の愛着との関連を調べる調査研究をしていた。ある研究会で修士論文の中間発表を行ったとき，教官や助手，先輩から研究への鋭いコメントがきた。「愛着の形成には，母親のかかわりだけではなく，子どもの気質も影響するだろうが，その点を視野に入れていない」「母親の支持的かかわりという概念そのものがあいまいすぎる」「この測定方法で得られたものは愛着とはいえないのではないかね」などなど。これらのコメントに対して，研究会という状況では黙っているわけにもいかず，必死に答えていたが，それは自分の考えというよりも，先行研究に書かれた説明の繰り返しにすぎないという感じであった。
　そのときに思ったのは，「なんで俺，他人の考えた測定方法のためにこんなにがんばって答えてんだろ？」「その点は俺じゃなくて愛着の概念を考えたボウルビー（Bowlby, J.）に聞いてくれ」。こんなことを思うのは，自分のではなく人の借りもので研究していたからにほかならない。そして他人の研究の正しさを懸命に主張するのはむなしく，どうせ文句（正確には批判的コメント）をいわれるのならば，人の理論ではなく，自分のでいわれたいと強く思った。

また，こうも思った。たしかに愛着の形成には母親のかかわり以外にも育児観や性格，父親との関係，子どもの気質，測定時点の気分なども影響を及ぼすはずである。そのなかで，本当に母親のかかわりこそが子どもの愛着を形成していると，子どもを育てたわけでもない，日常的に乳児に接しているわけでもない自分が自信を持って言い切れるだろうかと。

たとえ思い込みであっても，自分の扱っている現象に影響を及ぼしている要因はこれなんだと確信を持って接したいという思いと，どうせなら稚拙でもいいから自分の理論をつくってみたいという思いから，乳児では日常で頻繁に接近しにくいと考え，対象年齢を引き上げて幼児とし，まずは幼稚園に入って子どもたちとじかに接してみることにした。当時は週5日のペースで幼稚園に通い，運動会や宿泊保育などの行事にもすべて参加した。とにかく現場で見たり聞いたりしたものから，子どもの感情や対人関係について何かをとらえようとした。そうして現場のなかで感じた疑問点や違和感を心理学の研究手法で明らかにするというアプローチをとるようになっていった。

2. スムーズな入園とさりげない観察

◉問題の設定

フィールドへ入る前にどのような目的で，何を観察するのかを確認する。これがあいまいだと見るものすべてが重要に思えて，何を記録してよいのかすら判断できなくなる。このとき，観察する現象は，行動としてとらえられ，ある程度頻度のあるものを選ぶようにした。今回は，幼児の道徳性発達をうながす保育者のかかわりに関する仮説生成を目的として，けんかやしてはいけない行為を子どもがしている場面での保育者の対応を観察した。

◉フィールドを見つける

まずは，観察を許可してくれる幼稚園や保育所（以下，園と略す）を見つけて，依頼に行った。多くの場合，園内会議などでの検討をへて，観察の受け入れが決定するので，その際の資料となるように研究の計画書を作成する。私は，目的と観察対象，観察期間，使用機器，報告方法，連絡先などについて書いている。

今回のように保育者の対応を調べる研究は，保育方法を評価されるのではという保育者自身の不安と気恥ずかしさもあって，協力を得にくくなってしまう。4園で断られた後，以前園内研修の手伝いをした保育園で許可していただいた。こういうことがあるので，普段から講演を引き受けるなどして，現場との関係をつ

くっておくようにするとよいと思う。

☻フィールドエントリー

▶**準備**　観察時の服装は，スウェットシャツにジーンズ，スニーカーというのが私の定番だ。何といっても動きやすいし，子どもと遊んで汗だくになったり，食べ物をこぼされても平気だからだ。今回は，保育者の会話を録音するので，カセットレコーダとそれを入れるウェストポーチ，ピンマイク，カセットテープ，予備の電池などを用意した。

▶**フィールドの把握**　フィールドに入ったら，1日の流れや物品の配置，活動手順などを詳細に記述した。登園，自由遊びなどと小見出しをつけて，活動内容を記入すると1日の流れがわかりやすい。その日の天候と欠席児名も忘れずに記入した。

　そしてフィールドの概略をつかみつつ，子どもたちの名前を覚えていった。子どもとかかわりやすくなるし，記録するときに思い出しやすくもなるから，なるべく早く名前を覚えるようにしている。あらかじめ名簿をもらい，読み方をチェックしておいた。初めて会ったときは，こちらから自己紹介をして相手の名前を教えてもらった。その後は，名札を見て顔と名前を何度も一致させる。そして「遊ぼう」ではなく「遊ぼう，シンヤ君」というように，覚えた名前は会話ですぐ使った。また，何度も名前を聞くと，子どもも嫌がるので，忘れたときはその子の友だちから聞くようにした。

▶**保育者と子どもとの関係づくり**　観察対象である保育者や子どもから信頼されるように努めた。謙虚な気持ちで良い人間関係を持つことが結果として，長期間の観察とさまざまな情報へのアクセスを可能にすると思う。

　① **保育者の心理的バリアを低くする**　発達心理学をやっているなどというと，"子どもの専門家"みたいに誤解されてしまう。そのように思われると，保育していて感じたことや子どもの様子についてざっくばらんに話してもらえなくなる。そうならないように，自分の専門ぐらいしか詳しくないし，先生のように育てる立場からとらえた子どもについてはわかっていないので，私の方こそ教えてほしいとお願いした。加えて，保育方法などを無責任で表面的に批判するつもりはないことも理解してもらった。

　また力仕事やビデオ操作など，保育中手伝えることがあったら率先して行うようにしている。観察させてもらっている感謝の気持ちをあらわせるし，作業中にするちょっとした雑談から親しくなる場合もあるからだ。そして，保育者というのは，基本的に子どもが好きなので，直接研究に関係しなくても，子どものおも

しろい会話や愛らしいしぐさなども記録しておき，保育者といっしょに子どものかわいらしさを楽しむことで関係をつくっていった。

② 子どもに溶け込む　子どもだって素性の知らない者が近くにいると不安になる。観察に入るクラスでは自己紹介の機会もあるが，それ以外のクラスではないので，自分のことを不思議そうに見ている子どもがいたら「俺，たかさかっていうの。よろしく」と簡単でいいから自己紹介した。また，子どもに対しても安易な嘘やごまかしは控えた。「何してんの？」などと聞かれたら，ごまかさず答えられる範囲で答えた（「先生がみんなにどうやってお話してるのか見てるの」程度で十分であろう）。「お昼いっしょに食べよう」などとよく誘われるが，無責任に誰にでも「いいよ」と言っていると，昼時に大変な目にあう。できない約束はしないこととていねいに事情を説明することが大切だと思う。

そして箕浦康子（1999）も指摘しているように，観察者があんまり保育者っぽいと子どもは素顔を見せにくくなる。けんかを調べているときには，たたき合いのけんかを始めてほしいのであるが，観察者を見たとたん，殴ろうと振り上げた拳をヘナヘナと下げてしまわれては困るのである。

保育者とは違うと印象づけるためにも観察当初はなるべく子どもたちと遊ぶようにした。また，「俺にもくれよ」とか「外いこうぜ」などとくだけた口調で話す場合もある（園によっては保育方針と合わない場合もあるので注意）。こういう接し方をすると，元気な男の子だと蹴りを入れてくることもあるが，そんなの気にしていては仕事にならない。いつまでも蹴り続ける子どもというのはいないから，「痛てぇ。蹴るなよ」と軽くかわすようにした。

😀観察

概略をつかんだら，保育者にマイクをつけてもらい観察を開始した。今回は，けんかやしてはいけない行為をしている子どもへの保育者の対応をなるべく自然な状況で調べたいので，場面への参与を必要最小限にとどめる消極的参与者の立場で観察した。したがって，子どもが危険になるなど特別な場合を除いて，基本的に観察中は自分からかかわらないようにした。

保育者の腰にカセットレコーダの入ったウェストポーチを，エプロンの肩ひもにマイクをつけさせてもらった。気の小さい私は頼み事が苦手なのだが，何とか図々しさを絞り出して，笑顔でお願いしている。準備が整ったら，音声だけだと状況がわからないので，保育者の近くで時刻と起こった出来事を書き込んでいった。

▶**自分の気配を感じさせない**　人から見られていると思うと，誰でも普段とは違っ

た行動になってしまう。保育者や子どもが観察者の視線を感じないよう，会話が聞こえる範囲でなるべく離れるようにした。また，保育者や子どもの視界に正面から入らないよう，斜め後ろから近づいて様子をメモをとった。どうしても顔が欲しいときは，正面ではなく横から接近するといいと思う。

▶**観察対象が偏らないようにする**　注意したり叱った場面を観察するのに保育者に張りついていたら，特定の子どもばかりが登場して，観察が偏ってしまった。こうならないよう，行動サンプリングや場面サンプリングをするときは，期間の途中で観察した子どもの数をチェックし，観察期間を延長するなどして，子どもの観察回数のばらつきが大きくならないようにすべきだった。今回は，観察期間を延長したけれど，思うようにデータが集まらなかったので，偏りをなくすためにやむをえず多すぎる子どものデータを削った。

◉分析

　時間がたつとエピソードの細部を思い出せなくなるから，まずは観察したその日のうちにテープからプロトコルを書き起こした。そして，スメタナら（Smetana,1984；Smetana, et al., 1991）を参考にして，保育者が対応した場面を，けんかや他児への身体的・精神的攻撃，作成物の破壊などの〈道徳〉，場面に不適切な行為や習慣・エチケットに反する行為の〈慣習〉，自分が危険になる行為や不衛生な行為の〈自己管理〉の3つに分類した。そして，エピソードの種類ごとにカテゴリーの生起数の違いなどを調べていくことにした。

　3，4日分のデータが集まった時点で，データ収集と並行してカテゴリーづくりを始めた。保育者の発話を文章に分けて，それぞれを1枚の紙片に書きうつす。そして平叙文か疑問文か，命令文かに分け，何を述べているか，聞いているかという観点からまとめて，カテゴリーを作成した。さらに，保育者が何をしようとしているのかという観点から，カテゴリーとは別に発話をオープンコード化してKJ法を用いてまとめていった。

　カテゴリーをつくったり，まとめたりするときは自分の違和感や感じを大切にしている。うまくまとまらなかったり，しっくりこないと感じるときは，分類をやり直した。またカテゴリーの隙間から落ちているものがあるような気がしたら，元のエピソードを何回も読み直すようにした。

　読み返す前には，漫然と読まないように，保育者が何をしようとしているのかという問いと分析途中で出てきた疑問を確認しておいた。また，繰り返し読む合間に先行研究や観察以外のデータ（アンケートやインタビューの結果），研究アイディアのメモ書きなどを参照すると別の視点が見えてくることもある。

次に，カテゴリーをつくるときは，その妥当性を確保しつつ，信頼性を高めるようにした。たとえば，「どうしてそんなことするの」という発話は，理由を聞いているようにも，子どもの行為に暗に不快感をあらわしているとも思える。このような場合は，下がり調子で語尾を伸ばした発音やその発話後にすぐ指示や叙述が続くケースを〈不快表出〉とするなど分類ルールを精緻化したり，代表的分類例をあげるようにした。また，あまり重要でないなら，区別のつけにくいカテゴリーは分けずにまとめてひとつにしてしまう場合もあった。

3. 観察からさぐる保育者の意図

☺しらせる，わからせる，わかってあげる

観察した2人の保育者が何を伝えているのか，何を意図して対応しているのかについて，出てきたカテゴリーやKJ法の結果からまとめて考察した。道徳・慣習・自己管理場面に共通して，保育者は2つの意図を持っていたようだった。第一は，保育者は子どもに何をすべきか知らせようとしていた。これには2種類のやり方がある。ひとつは，子どもの行為を抑止したり指示するなど実際に行動させながら，してはいけないことがらを知らせるやり方である。2つめは，保育者が自分自身の判断を口にしたり，悲しみや嫌悪などの感情をあらわすことによって，子どもの行動の不適切性を指摘し，間接的に子どもの行動をコントロールしようとするやり方である。

第二に，保育者は子どもになぜそうするのかをわからせようとしていた。説明の内容を見てみると，乱暴に扱うとおもちゃが壊れるなど自分の行動が引き起こす不都合な結果を知らせたり，実際に体験させてみたり，身近に感じやすいように昔の失敗例や友だちの例を出しながら説明していた。そのほかに，危険の指摘や他児への迷惑，ルールへの言及などもあった。

ただし，けんかや仲間入りなど子ども間に対立のある道徳場面での対応は異なっていた。そのような場面では保育者は子どもたちが相互理解するための場を設定しようとしていた。そのために，保護者は質問による情報収集を行い，子どもたちがしたことや意向（したかったこと，やりたいこと）を確認していた。そして保育者と子どもたちとで事情を共有できたら，その場を保持し，相手の事情やかわいそうな様子，不公平な状態などを伝えて，子どもたちどうしで事態を解決するよううながしていた。それとともに，適切な交渉方法やルールなども知らせていた。

さらに，子どもどうしで解決できなかった場合は，仲直りの場を設定したり，

対立によるつらい目を保育者が埋める（共感する，代わりに謝る）などして，対人関係のわだかまりをなくそうとしていた。私は，このような和解ができたり，少なくとも保育者にはつらい気持ちをわかってもらえたという経験が，相手にやさしくしようとする寛容な気持ちの生起をうながすのではないかと考えた。

㊂結果を他者と共有するために

▶**フィールドの特徴を把握する**　ある幼稚園で3歳児のおもちゃの取り合いを調べた（高坂，1996）ときに，相手の子どもからおもちゃを遠ざけたり，持って逃げたりしたときにおもちゃの取得率が上がっていた結果から，言葉で交渉しつつもおもちゃを力ずくで取り合っている3歳児では相手に触らせないことが重要であり，そこからおもちゃに触っていたり，持っていたりする状態がその年代の子どもの所有意識に関係しているのではないかと考察した。

ところが，その後いくつかの園を観察して驚いたのは，園によって取り合い場面での子どもの様子が全然違っていたことである。ある幼稚園では，クラスの人数が十数名と少ないためか，取り合いになったらサッサと空いているおもちゃを使い始めるので，本気で取り合っていなかった。また別の保育園では，保育者の介入するタイミングが早く，おもちゃを奪ったり，持って逃げたりする行動がほとんどなかった。私の得た結果というのは，おもちゃに対する子どもの数が多く，けんかがあっても保育者が少し見守っておくような状況があったために観察できたのだった。

この経験から，得られる結果はフィールドによってかなり変わってくるので，自分の得た結果を過大視せず，その結果を生み出しているフィールドの特徴をも把握しなければならないと思うようになった。結果を解釈する手がかりとして使うので，フィールドの紹介はできる限り詳しく書く。今回は，園の便覧やパンフレット，園だよりなどの文書資料やインタビューから園の沿革やその地域の特徴，園の保育計画（教育課程），保育形態などの保育の特徴，保育者の保育歴や保育観などについて調べておいた。

▶**研究で扱った部分を意識する**　現象から自分が切りとった部分ととりこぼした部分を意識し，現場や近接領域における自分の研究の位置について敏感であるようにしたい。3歳児のおもちゃの取り合い場面の方略を分類して，学会発表（高坂，1994）したときに，元保育者という方から，「あなたは子どもの悪いところしか見ていない」というコメントを受けた。子どもが対立する場面だけを切りとって，しかもそこでの行動だけを扱い，子どもがどう思ったかについてとりあげないのでは，対立を引き起こす我を通そうとする気持ちの発生をとうてい理解できな

い。保育においては，この我を通そうとする気持ちがどうして出るのかという点に多くの関心があるのであって，その理解のためには，十分遊び込めているか，子どもが本来持つとされる優しい気持ちが出やすい環境になっているかなどという点と合わせて考えなければならないというのだ。

たしかに，保育現場での扱いを見ているとけんかは脇役という気がする。指導計画ではけんかよりも遊びを主に扱っているし，園だよりでけんかに触れることは少ない。保育者は起こってしまったけんかを利用して，解決方法や思いやりを考えさせることはあっても，そのためだけに保育者がけんかをうながすことはほとんどない。保育ではけんか以上に遊びや生活を重要視しているのである。こうした見方からすれば，そのときの私の研究は，かなり限定された部分を切りとったにすぎないといえよう。

現象をとらえている自分の学問上の視点を相対的に把握するためにも，研究結果を近接領域や現場の実践知の視点から吟味する作業が必要であろう。そのためにも，幼稚園や保育所に入るなら，幼稚園教育要領や保育所保育指針には目を通すようにしている。また保育学や家政学で関連する文献も探してみる。研究結果や考察を親しい保育者に伝え，率直にコメントしてもらう場合もある。

4. 園から離れないわけ

●研究のおもしろさ

フィールドで研究するおもしろさは，なんといっても，まだ研究に切りとられていない生の姿に直接触れることであろう。最初からきれいに切りとっていたら見えていなかった部分に気づき，そこから自分なりの理論をつくり出していくところに楽しさがある。ただしフィールドに行きさえすれば，すぐに理論が見つかるわけではない。フィールドに行き，そこからデータをとりあげ，それを概念化し再度フィールドへ戻るという作業を繰り返す。この循環活動をしているうちに，バラバラに拡散して見えたものがあるとき急転回してまとまってくる。すると，事実をつなぐパターンらしきものが背後から少しだけ浮かんでくるような気がする。この自分で見たもの，調べたもの，考えたものを素材として，頭のなかにある人間観やアイディアを理論というひとつの形にまとめ上げていく作業がフィールド研究の醍醐味ではなかろうか。

●研究の副産物

幼稚園や保育所というフィールドへ入った経験が私に与えた影響といえば，子

どもたちが遊んでいる姿をずっと間近で見ていて，人間にとって遊びは大切だと実感したことであろう．竹馬をできるようになりたいと足の指の皮がベロベロにむけてもやり続けるケンスケや，はさみを使えなくて悔し泣きしているミズホの姿を見ていると，遊びたい，おもしろいことをしたいという気持ちが自分の世界を広げよう，未知の世界に踏み込んでいこうとする凄まじい気迫を生み出していると感じる．

また，自分のやりたい遊びをトコトンやった後，お部屋に戻ってきて，友だちとワイワイやりながら，冷たい麦茶をうまそうに飲んでいる子どもの顔を見てると，こんな楽しそうでいられるのは，たくさん遊んで心身を解放しているからだろうなぁと思うようになった．

自分も何か新しいことに挑戦したい．体力・知力・感性をトコトン使って遊び込み，心身を解放したい（ついでにおいしい麦酒も飲みたい）と痛切に思い，カヌーや自転車を始めたり，環境問題の集会に参加するなど自分の知らなかった世界に顔を出すようになった．コンピュータゲームやカラオケなどの娯楽と違って，自分のペースで新しいことに挑戦し，それができるとまた別のおもしろさを味わえるという経験をしてから，普段の生活でも何か楽しいことを見つけ出そうとする気持ちを持つ機会が増えたと感じる．

●ブックガイド
　友定啓子　1993　幼児の笑いと発達　勁草書房　子どもたちの笑った場面を収集して，笑いの発達とその意味について考察している．観察事例を結びつけるためには，理論の収集もしっかりとしなければならないのがわかる．
　津守　真　1980　保育の体験と思索──子ども世界の探求　大日本図書　子どもの描いた絵や遊ぶ姿などから子どもの内面を探り出そうとしている．過剰解釈かと思うところもあるが，著者の愛情深いまなざしは，子どもの見方を豊かにしてくれる．

●引用・参考文献
　Grossmann, K. E. & Grossmann, K.　1989　Preliminary observations on Japanese infant's behavior in Ainsworth's strange situation. *Annual Report, Reserch and Clinical Center for Child Development*, 11, 1-12.
　箕浦康子　1999　フィールドワークの基礎的スキル　箕浦康子（編著）　フィールドワークの技法と実際──マイクロ・エスノグラフィー入門　ミネルヴァ書房　pp. 21-40.
　Smetana, J. G.　1984　Toddler's social interactions regarding moral and conventional transgressions. *Child development*, 55, 1767-1776.
　Smetana, J. G., Killen, M. & Turiel, E.　1991　Children's reasoning about interpersonal and moral conflicts. *Child development*, 62, 629-644.
　高坂　聡　1994　いざこざ場面における方略の分類　日本発達心理学会第5回大会論文集　p. 288.
　高坂　聡　1996　幼稚園児のいざこざに関する自然観察的研究──おもちゃを取るための方略の分類　発達心理学研究，7（1），62-72.

7章　ぼくが小学校に通うわけ
つくるために知る

奈須　正裕
(なす　まさひろ)

1. フィールドとぼく——小学校しかなかった

　小学校がぼくのフィールドだ。文字通りフィールドで，年間100日近く小学校にいる。学校からの依頼による「講師」という立場での，指導・助言という関わりが多い。
　そんな暮らしをしている人間は，教育心理学者といえどもそう多くはないからだろうか。「どうして小学校をフィールドに選んだのか」という質問をときどき受ける。しかし，この質問にぼくは答えられない。
　「選んだのか」という聞き方をするからには，質問者は，小学校以外にも考えうるフィールドの候補があったということを前提に尋ねているのだろう。しかし，はなからそんなものはぼくにはなかった。あったのは小学校だけである。
　理由は単純にして明快だ。ぼくは心理学者になろうとして，その過程で小学校をフィールドにしてきたのではない。小学校の教師になろうとしたが，いろいろあって断念し，もうひとつの関心事であった心理学を職業に「選んだ」のである。で，何も迷うことなく，何も考えることすらなく，少なくともぼくにとってはあまりに当然のこととして，小学校がそのフィールドなのである。
　つまり，まず小学校というフィールドがあった。そして，あたりまえのこととして，そこで仕事をしてきた。だから，100日近くそこにいる。

仕事をするとはいえ,教師ではないから,それ以外の何らかの専門性を持ち,その専門性において学校に貢献できなければ,そこにいる意味がない。ぼくの場合,それこそが心理学だった。

要するに,小学校の方が先に決まっていて,心理学の方がむしろ後から決まった。ぼくのようなケースは,きっとかなり特殊だろう。その意味であまり参考にならないかもしれない。しかし,ひっくり返して考えてみてくれれば,もしかすると「心理学者にとってフィールドとは何か」「フィールドで仕事をするとはどういうことか」という本書全体の主題に,また別なひとつの景色を付け加えることができるかもしれないとも思うのである。

2. 教育を「つくる」手段としての心理学

◉教育を「つくる」という仕事

では,心理学という専門性を背負って小学校というフィールドに行き,どんな仕事をするのか。教育を「つくる」のである。

学校というところは,教育を,より具体的にいうと教育実践にまつわるさまざまなものを「つくる」ところだ。教師は日々授業をつくり,学校では毎年カリキュラムがつくられる。だから,ぼくもいっしょに授業やカリキュラムをつくる。

それも,つくるための原理を示すといった観念的な水準ではなく,それこそエンピツ握って先生たちといっしょに指導案を書いたり,発泡スチロールをくりぬいて教材をつくったりする。「講師」なのだから,口で指導・助言していればいいと考える人もあるだろうが,先生たちといっしょに手を動かし,作業をともにしたほうが,いろんなことがよく見える。文字通りフィールド・ワーカーなのである。

そして,それを使って実際に実践してもらう。授業は校内の先生たちといっしょに参観し,必要があればビデオその他に記録する。記録したものは,これまた必要に応じて分析し,得られた知見をもとに,また指導案を書いたり,教材を手直ししたりする。

こういった作業の繰り返しである。この作業のなかで,少しでもつくるものの質が向上すればいいと願っている。そうなれば,子どもたちの学びや育ちが,いっそう望ましいものになるだろう。

きわめて単純な発想であり,単調にして地道な日々の繰り返しだが,実のところ,人間の営みの多くはそうなのである。だから,ぼくらもそうするだけだ。

「そんなことをして,おもしろいか」と問う人があるが,これにも答えられな

い。おもしろいからやっているのではないし，おもしろくしようとしているのでもない。そうするしかないし，それで子どもたちの学びや育ちが，ほんの少しではあるがいい方向に向かうことがままあるから，ほかにどうしようなどと考えたこともなく，そうしてきただけだ。まあ，子どもが相手だからおもしろいことにはしょっちゅう出会うが，それは結果であってけっして目的ではない。

　もちろん，つくるのは授業やカリキュラムのほかにもある。学校にかかわるものなら何でもつくってきた。ついには，学校にまつわる一番大きなもの，校舎を建築家や行政と組んでつくる仕事まで請け負っている。

　やはり，大きいものは影響力も大きい。それに校舎のような，いわばインフラが激変すれば，そのうえにのっている授業やカリキュラムもいろいろとつくり変えなければならない。結果的に，つくる作業の規模自体が大きくもあり，作業のあり方自体も抜本的になる。その分，可能性も大きい。

◉心理学を手段にすることの意味

　つくるという仕事は，知ることを目的とした研究という仕事とは，もちろん相容れないわけではないが，次元が異なる。極端に単純化していうならば，いいものをつくるためには，よく知らねばならない。その意味で，つくることから見た場合，知ることはその手段なり道具と見ることができる。

　こういうと，心理学を見下しているように聞こえるかもしれないが，そうではない。手段として，道具として使えるには，よほどしっかりとしていなければならない。教育をつくるという現実の作業に耐えられるだけの強さとしなやかさを持ち合わせなければならないのである。この要求は，抽象論や一般論だけでは残りがちなあいまいさを心理学から除去し，強く鍛えるのに好都合だ。

　つまり，あえて教育をつくる手段という観点から心理学を再検討することで，心理学を鍛えよう，その意味でいっそう学問的な真実にも近づいていけるのではないか，と期待しているのである。心理学という強力な道具を，教育をつくる手段として役立てることで，いい授業やカリキュラムをつくることができるし，結果的に心理学そのものも強くなる。いわば一石二鳥の発想といえよう。

　と同時に，つくるのに有用な方法論や概念なら，何も心理学から生まれたものでなくてもいい。それどころか，いいものをつくるためには心理学だけではとても無理で，教育内容や教育方法，ときには法律や行財政にかかわる知識も必要となってくる。いわゆるマルチメソッドであり，あるいは学際的なアプローチも常に要求されるところである。

　しかし，マルチメソッドといっても，ひとつの確かな依り所というか，いわば

軸足は必要なわけで，ぼくの場合，やはりそれは心理学なのである。心理学を軸足として，いろいろなところにもう一方の足を下ろしていくという感じがあるのだ。軸足が一定の場所にあり，それなりにしっかり地についているからこそ，思い切って重心を移動させられる，というところだろうか。

その意味では，理論研究にせよ実験や調査や観察にせよ，伝統的なくらい伝統的な研究を経験し，身につけておくのは，本気でフィールドに出ようとする者にとって，かえって大事なことではないかと思う。マルチメソッドというけれど，少なくとも最初のメソッドがしっかりしていないと，後のものもあやしくなるのではないか。マルチメソッドとは，いわば「何でもあり」なのだろうが，それはあくまでも「何でも『あり』」なのであって，「何にも『なし』」の思いつき，出たとこ勝負とは全然違うのだと思う。

☻つくることを通して心理学が豊かになる

心理学はつくるための手段だといったが，もちろん心理学の方にも益があるようにしていきたい，少なくとも自分自身の心理学的な洞察が多少なりとも豊かになるようにはしたい，と考えている。

たとえば，ある学校の先生たちと話していて，「もっとのびのび学習させた方が子どもも充実感を感じるだろうし，かえって学びも深まるのではないか」という話が出たとしよう。これ自体は実践経験からくる直感であり，そう明確な根拠を持たない。

しかし心理学では，自己決定が内発的動機づけに促進的にはたらくことは，多くの実証データによって確証されてきたところでもあり，そのメカニズムに関するモデル構成もなされてきた（たとえば，Deci, 1980）。かくして，単元の指導案を書くとき，思いきって子どもの自己選択の機会を従来よりも増やしてみようという判断を，先生たちとの相談の末に行ったりしていくわけである。

もっとも，これだけでは心理学をつくるための手段として利用しているだけであって，心理学そのものはさほど豊かにはならないかもしれない。しかし，自己決定という心理学上の構成概念は，ただちに実践上の手続きにはならない。そこにはいくらかのギャップがあるが，具体的にどんなギャップがあり，具体的にそれをどう埋める可能性がありうるかは，実際にものをつくってみれば至極簡単に明らかとなる。

たとえば，自己決定というが，ならばただ子どもに好き勝手に決めさせればいいのか。そんなことはないだろう。ここでもまた，少しでもいい授業，いい学びが生じるようにと考えていくわけだが，すると，複数の選択肢のいずれもが十分

に魅力的なものとなるよう配慮した方がよさそうだとか，どの選択肢を選んでも単元のねらいに無理なく到達できるような教材づくりを工夫すべきではないか，といった実践上のいわば勘所は，自ずと浮かび上がってくる。

　もっとも，最初はそんなことにすら気づかず，「まずは子どもたちに自由に決めさせよう」などという，後から思えばあまりに稚拙な手法も試してみる。そして，無残に失敗するのである。コースによって子どもの意欲にずいぶんなむらがあるし，知識・理解の定着も今ひとつといった結果が出たりするのだ。こうなると先生方といっしょに頭を抱えて悩むわけだが，そんな失敗のなかから原因を究明し，さらに重要な要因を洗い出していくのである。

　かくして，次の単元ではそこを修正してトライする。このような作業を繰り返すなかで，段々に授業が良くなり，子どもたちの学びが深まる。そして，それを支える条件について，構成概念と実践上の手立ての両方の水準において，より多くのことを知るようになるのである。

　たとえばこの場合なら，自己決定が内発的動機づけ，さらには学習の質に促進的にはたらくのは，準備された選択肢のすべてが，子どもから見ても十分に魅力的であると同時に，どの選択肢のもとでも単元のねらいに無理なく到達できる場合である，といったことが新たに知られるといった具合である。つまり，自己決定といえども，単にその機会を形式的に与えればいいというのではなく，やはり子どもにとって自分が意味のある選択をしたという感覚，つまり自己決定感を喚起するような質のものでなければ功を奏さないということであろう。そしてこれは，デシ（Deci, 1980）の自己決定の考え方とも整合する。

　もっとも，意味のある選択が自己決定の必要条件であるということ自体は，モンティら（Monty et al., 1979）がかなり以前に発見し，理論化している。やはり，そう簡単に新たな心理学の知見を，それも授業をつくることを目的とした活動の副産物として得ようなどという虫のいい話は，うまくいくものではない。

　しかし，ぼくらは全然気にしない。なぜなら，ぼくらがやりたかったのは，あくまでもいい授業をつくることなのであり，しかもそうしようとした結果，モンティらが対連合学習における刺激語の有意味度の高低という手続きを用いて実験室実験で示したのと，構成概念水準では通底する洞察に，それも実践の具体の水準で有効な手立てを携えて到達したのである。そんなとき，ぼくは「心理学もなかなかやるじゃないか」と思うし，何よりも，モンティのいう「意味のある選択」という構成概念がさし示す世界のイメージが，彼自身が示した対連合学習にける刺激語の有意味度以外にも，たとえばこんな形で実際に存在しうることを知ることを通して，いっそう豊かになるのを感じる。そしてそれはやはり，心理学の世

界を，ほんの少しではあるが豊かなものとすることにつながるのではないかと思うのである。

◆シングルケースを積み上げて事実を確定していく

さらには，同様のアプローチ，すなわち魅力的でめあてに無理なく到達できる複数の選択肢のなかから子どもたちがコースを選択できるような単元構成を，他の教科や学年でも，当然行ってみようとする。もちろん，ぼく自身もやってみたいが，それ以上に，その学校の先生たちがやってみたくなるのである。あるいはその実践記録を携えて，同じ単元を別な立地条件なり規模の学校で実践してもらってみたりすることも，まれにではあるがある。

そうすると，何かの拍子でうまくいかないことも起きてくる。するとまた，原因を考え，対処していく。そこで，また新たな何かが見えてくるかもしれない。

もちろん，うまくいくことも多い。何度やってもうまくいくなら，それもどんな学校でも，どんな教科領域でも，ときにはどんな学年でもうまいくなら，それはかなり確実な教育の方法であり，したがってその背後には，心理学的に十分な理由が存在しているはずだ。

これは現象の再現性，安定性の問題であり，現場で日常的にものをつくりながら心理学するというスタイルは，この点においては実に有利である。多様なシングルケースを，いくらでも積み上げることができるのだ。

ちなみに，シングルケースを積み上げて事実を確定するというこの発想は，そもそも心理学の黎明期から採用されてきたものである。いまでこそ多数データの平均値を求めて議論することも多いが，たとえばパブロフ（Pavlov, 1928）は，データから平均値を算出することなど一度もやってはいない。彼の偉大な発見のすべては，まず単一固体で現象を把握し，次にそれを他の固体で反復確認し，徐々に確定していくというアプローチのなかから導き出された。

その意味で，現場でものをつくりながら，そこで得た洞察を，さらにつくり続ける行為のなかでしだいに確定していくというアプローチはけっして特殊なものではない。それはむしろ，すぐれて堅実な科学の方法論のひとつといえるのではないだろうか。もっとも，膨大な時間のかかることは事実であり，多くの人はそんなに待ってはいられないだろう。

しかし，ぼくらは全然気にしない。なぜなら，ぼくらは少なくとも第一義的には，いいものをつくりたいだけだからである。

3. 学校現場との関係の構築

☺心理学者は切望されている

　このところ，「もっと日常的に学校に行きたいし，できればいっしょにそこで何かをつくりたい。またそうなればその成果をリサーチして明らかにしてみたい。さらにはそれを通して，教育心理学への『学』的貢献も果たせれば望外の喜びだ」と考えている人は少なくないようなのである。今これを読んでくださっているあなたも，そのひとりかもしれない。

　ところが，いざとなると躊躇する人が多い。いわく「学校というところはどうにも閉鎖的でお役所的だ。だから，学校でのリサーチは大変，協働して何かをつくるなんてとんでもない」。

　しかし，本当にそうだろうか。近年，生徒指導問題の深刻化はもとより，教育方法やカリキュラムについて現場は一大改革を迫られており，そこでは教育心理学の知識と技術，さらには具体的な協同作業の実施が切望されている。ぼく自身，「いい先生がいたら紹介してほしい」と言われることは日常茶飯である。

　この不可思議な現象の理由について考えたが，どうも問題は，両者が相手とどこでどう知り合ったらいいかを知らないという，意外に素朴な点にあるように思う。しかし，そんな考えようによっては些細な理由から，心理学者と学校現場に疎遠な関係があるとすれば，両者にとって実にもったいないことである。そこで，長年，小学校に通い続けたぼくの経験から，学校現場との密接な関係を構築する具体的な方法について述べることにしよう。

☺公開研に行こう

　まずはとにかくたくさん見ること，そして自分にぴったりくるタイプの学校を探すことだ。いっしょにものをつくろうというのだから，どんな教育をいいと思っているかが，まず明らかとならなければならない。それに，自分自身，心の底からいいと思えるものでないと，協働してつくるなんて仕事はとうていできない。ぴったりくる学校との出会いは，潜在的に思い描いているいい授業，いい子どもの育ちを，現実に可能な姿とのセットでより明晰に自覚することを助けてくれ，協働してつくるものの具体的イメージの参考になる。

　ここで大事なのは，あまり「心理学者でござい」という構えで学校を見ないことだ。少なくとも最初は，心理学者としての「めがね」はおいていった方がいい。そうしてもどこかに心理学者のまなざしは残っているものだし，さらにそれ以外

(親や教師や一般市民や子どもの)の視点をも発動できる可能性が高まり，いっそう多面的に学校の実践を見ることができるからである。
　具体的な手立てとしては，まずは自校の実践研究の成果を外部(主に地域の教員)に公開・発表する集まり(公開研究会，研究発表会，いわゆる公開研)に参加するのがいい。公開研は，無料か，せいぜい数千円の参加費で誰でも(学生も可。大学関係者は概して大歓迎)参加でき，指導案，研究冊子，事後の授業検討会つきで授業が見られ，先生たちとも話ができる。いいことずくめである。
　公開研の情報は教育雑誌や教育新聞，インターネットなどで入手できる。6月，11月，2月がピークなので，まずは年間20校を目標に出かけたい。

◎積極的にかかわりを求める

　そのくらい見ると，気に入った学校がいくつか見つかるだろうから，そこでさらにプッシュ。積極的にかかわりを求め，果敢にアプローチしていきたい。
　まずは，その日のうちに存在感を示しておこう。授業や研究内容に関する質疑応答の場というのがあるから，とりあえず質問をしたり，感想や意見を述べておく。畑違いではないか，などと心配する必要はない。公開研の参加者の大多数は教師だからこそ，大学教師や学生の発言は，かえって重宝がられるのだ。
　さらに，会の終了後，先ほどの発言をめぐって校内の先生と個人的に話をしておくと，万全だろう。もちろん帰り際には，「もっと勉強したいので，またいつか来たいのですが」という話をしておく。相手としては，校長，教頭などの管理職か，実質的な番頭役である教務主任，研究主任が望ましい。
　あるいは，帰ってから率直なところを感想に書き，手紙を送るというのもいいと思う。ホームページやメールアドレスを持つ学校も多いから，それを利用してコンタクトをとる方法も考えていい。
　なお，あなたがすでに大学などで講義を持っているのなら，受講生に実践研究の様子を見せたいとお願いするのも得策だろう。そうなると，普段の日におじゃますることになるし，じっくり先生方と話し合える。さらには，学生の新鮮な目は，研究的な風土のある学校なら間違いなく歓迎される。
　もちろん，引率する以上，学生への指導は重要である。堅いようだが，服装そのほかには具体的な注意をうながす。良い悪いは別にして，学校は形式を結構重視する。逆にいえば，形式を整えさえすれば次の段階，すなわち細かいことにはとらわれず，もっとフランクに付き合える段階に進めるのである。
　そうこうするうちに，学校というところは何らかの実践研究をしているので(また，していない学校ならあなたの研究のフィールドなりパートナーにはなりえな

い)，いろいろと相談されたり，協力を依頼されるものだ。また，こちらとしても専門家として貢献できる場や側面を探し，折を見て持ちかけてもいいだろう。当然，その学校が抱える問題や実状，研究関心が出発点だが，いくらかは自分の研究関心や専門性をブレンドできるし，そうなるよう工夫すればいい。かくして，協同で何かを「つくり」，その成果をリサーチし，その学校の実践的問題の解決ないしはいっそうの充実をはかることができると同時に，「学」的にも意味のある知見を生み出しうる，いい関係が構築していける。

なお，当然だが，学校は研究だけしているわけではない。もちろん，日々の実践が研究と表裏一体で進んでいるのが理想的だが，もっと周辺的で非本質的なことも含めて学校の一日がある。ある程度まで，それも含めてのまるごとを共有しないと，いいパートナーにはなれない。

具体的には，人事や人間関係にまつわること，そこで生じるメンタルな問題へのサポート（少なくとも共感的理解）と，地方教育行政や保護者，地域社会など外部との関係にまつわる諸問題がまずある。公立学校は毎年人が入れ替わるから，正直なところ春は気が重い。

このように，大変といえば大変ではある。しかし，苦労した分だけの喜びもある。学校はこわいところではない。心理学者のみなさん。ぜひ，みんなで学校に行こう。

● ブックガイド
成田幸夫 1987 学校を変える力 ぎょうせい ある公立小学校の改革を，当事者でありながらきわめて冷静に描いたモノグラフ。学校が変わるというのはどういうことかを，鮮明に理解するのに最適。
市川伸一（編） 1999 発達・学習・教育（43人が語る心理学と社会2） ブレーン出版 心理学者が自身の歩みを独白することで，心理学の現状を鳥瞰しようとしたシリーズの第2巻。各研究者なりの，必然性のある独自なフィールドとのかかわりが参考になる。

● 引用・参考文献
Deci, E. L. 1980 *The psychology of self-determination*. D. C. Heath.
Monty, R. A., Geller, E. S., Savage, R.E. & Perlmuter, L.C. 1979 The freedom to choice is not always so choice. *Journal of Experimental Psychology : Human Learning and Memory*, 5, 170-178.
Pavlov, I.P. 1928 *Lectures on conditioned vetlexes*.(W. H. Gantt. Trans.) New York : International.

8章 スクールカウンセリングと研究

伊藤亜矢子（いとうあやこ）

1. フィールドと私

☺はじめに

　私の研究テーマは，学級風土と生徒のメンタルヘルスである。「明るい」「静か」など，学級の持つ個性（学級風土；伊藤・松井，1998）に着目し，それを把握することで，学校や学級を居心地の良いものにする手がかりを得たいと考えている。具体的には中学校をフィールドに，観察・質問紙・面接を組み合わせた調査研究や，調査結果にもとづくコンサルテーション，スクールカウンセラーとしての実践活動を行っている。調査と実践を組み合わせたフィールド研究である。本章では私の限られた経験からだが，中学校現場とのかかわりを中心に，学校現場で研究を行う利点や難しさ，工夫などを述べる。

☺なぜフィールドか

　なぜ現場か。それは「この目で見ないとわからない」と思ったからである。漠然と子どもの臨床を志す学生だった頃，臨床心理学の本を読んでもピンとこなかった。心理面接の場が具体的にどんな場なのか。どんな人が訪れるのか。まったくの初学者には，論文の前提となる基本的なことがらがわからない。それならまず，フィールドに出よう。この目で見てこよう。そう考えて臨床のフィールドに

出かけた。研究も同様だった。たとえば親子関係にしても，隣家の親御さんと自分の親とではすべてが違うように思える。そんな違いを無視して，イエス・ノーで質問紙に答えてもらっても，本質的なことがわかるだろうか？　自分には，それを可能とする質問紙はとてもつくれそうになかった。それならまず，子どもの育ちをこの目で見てこよう。私には，文字から論理的に考えるよりも，自分の体験をもとに考える方が適していた。こうして「この目で見ないとわからない」と思い，臨床の場や保育園などに出かけたのが，フィールドにおもむく始まりだった。

㊀中学校というフィールド
　子どもの臨床という漠然とした志向は，不登校の若者の居場所での実習体験などをへて，学校臨床へと絞られた。不登校の始まりは中学校からが多い。同輩どうしの関係が重要な時期だけに，学校・学級のあり方が友だち関係などを通して生徒の心理に影響するのではないか。対象は中学校にしたいと考えた。
　とはいえ，中学校の敷居は高い。エネルギーにあふれ，それだけに統制のとれにくい中学生を100人，200人と抱える学校である。外部からの侵入にも敷居を高くしなければ，学校の秩序や教育的雰囲気を保てない場合もあろう。個人の家庭に，土足で知らない人に踏み込まれては耐えられないのと似ている。また学校文化という言葉もあるくらい，学校独自の習慣や考え方もある。
　しかし現場を知らなければ研究関心を絞るのも難しい。どうしようか。保健室の養護教諭なら，生徒のメンタルヘルスに詳しいかもしれない。不登校が学校ではどうあらわれてくるのか，学校による差異はあるのか。養護教諭に尋ねてみよう。恩師や知人のつながりで，何人かの養護教諭を紹介してもらえた。保健室を訪問し，その地域や学校・生徒の特徴，そこでの不登校の特徴などを自由に話していただいた。話の最後に，先生と少し親しくなったところで，お友だちの養護教諭を紹介していただいた。この方式だと，友だちの友だちという形でいくらでも訪問を続けられた。最寄り駅からの風景も，廊下ですれ違う子どもの態度や雰囲気も，学校によって想像以上にさまざまだった。風景が違えば住人が違う。住人が違えば，地域から学校に求められるものも違う。生徒の家庭的な背景も違う。そこで生じる問題も当然異なってくる。相談室やクリニックでは見えにくかった，子どもの暮らす街や学校という個人の背後にあることがらが見えてきた。

㊀いざ中学校へ──フィールドへの入り方
　地域・学校という文脈が生徒に影響するなら，生徒個々人の心理と学校環境の

双方を視野に入れて臨床活動を考えたい。双方をつなぐ場のひとつは学級である。そう考えて，学級風土と生徒のメンタルヘルスというテーマが浮かんだ。

「友だちの友だち方式」を使えば，学校訪問は意外とスムースだった。敷居の高い学校に参入するには，先生との個人的なつながりが大きい。学級での調査なら，養護教諭でなく学級担任との関係が必要になる。大学に研修で来られる先生方や友人知人を始まりに，「友だちの友だち方式」で「つて」をつくり，調査協力校を得た。

友だちの友だち方式だけでなく，教育委員会や校長先生など，いわばトップダウン式の現場探しも行った。しかし私の乏しい経験だが，実際に生徒と接する先生方とのつながりの方が管理職の先生とのつながりよりも，調査を円滑に運んでくれる場合が多いようだった。とくに，研究テーマやあるいは教育現場での実践研究そのものに関心を寄せてくださる先生と出会えれば最高である。後述のように，学校現場での研究は，先生方との共同という面が大きい。現場の先生から得る研究上の示唆は貴重である。また継続的な研究も共同研究なら行いやすい。ただし，友だちの友だちか，トップダウンかは，地域の教育風土にも左右される。地域の実状によって，トップダウンの方が，先生方が安心して研究に協力して下さる場合もあった。学校現場は地域と切り離せない。地域や学校の事情をふまえ，先生方と良い関係をつくることが研究の第一歩だと思う。

2. 学級風土研究のプロセス

●学級風土調査の始まり——調査開始の留意点

さあ学級の何に焦点を当てようか。学級は教科学習だけの場ではなく，生活の場である。たとえば，机に座っていればよい授業時間より，昼食時間や休み時間を誰とどう過ごすかが中学生の頃の私には重要だった。学級の雰囲気によって教室での行動や気持ちは微妙に変化すると思う。しかし学級風土というべき各学級の特徴が，実際にあるのだろうか。それをどうとらえたらよいのか。ここでも「この目で見ないとわからない」と思った。どのような顔の子どもたちが，どんな様子で教室にいるのか。それが見えないと，学級風土も生徒のメンタルヘルスも，質問紙だけの把握では的確かどうかおぼつかない。そこでまず学校に出かけ，観察や面接を質問紙と組み合わせて，探索的研究を行うことにした。

協力校は，先に述べた個人的つながりから得た。また研究計画は，現場の事情を優先してできる範囲での実施とした。良い学校環境をと考えて始めた研究である。現場に迷惑をおかけしては本末転倒であり，無理はお願いできないと考えた。

学術雑誌に見る研究は，すっきりとした研究計画が実施されている。けれど実際に学校現場に行くと，たとえば多忙な先生方全員に面接時間を頂戴するのも難しい。対象中学2年生8学級のうち，学級観察と生徒面接は5学級，教師面接は2学級の実施となった。そんな変則的な計画で，研究というに足る調査ができるのか。力不足もあり，不安を抱えての実施となったが，学校現場や先生方との関係を大事にしたかったので，現場優先の計画とした。

学校現場での研究は，現場の実状を熟知したうえで計画を練る必要がある。現場の都合で譲歩することを想定し，最低限行いたいこと，できれば行うことなど，段階を設けて研究計画を用意する方法もある。しかし現場の事情を知らなければ，そうした手だてもとれない。学校見学や学校に関する文献・新聞記事等を通して，学校現場の事情を少しでも多く知ることが現場に出る際には役立つ。私の場合，保健室見学や教職にある知人からの情報も手がかりになった。また協力校を紹介してくれた知人が，現場との橋渡しとして現場の本音を伝えてくれたことは一番の助けだった。初めての調査では，身近な調査経験者に相談し，忌憚なく現場の意見を伝えてくれる仲介者を得ることも大切かと思う。

● 最初の学級風土研究

学級風土というべきクラスの個性はあるのか。実際に中学校に出かけると，そんな疑問は吹き飛んだ。昼食時の学級観察では，一歩クラスに足を踏み入れるだけで，隣のクラスとはまったく違った雰囲気が感じられた。各班がまるでひとつの家族のように，こぢんまりと肩を寄せ合い仲良く昼食をとる学級。騒然とエネルギーにあふれ，乱雑に机を寄せて勝手気ままな様子で昼食をとる学級。子どもたちへの面接でも，「団結力がある」「やればできるのにまとまらない」「心から楽しめない」など，さまざまな学級の個性が語られた。教師面接の結果と合わせると，教師の指導と学級の個性にも一致が見られた。家族のようなまとまりのあった学級では，教師主導で班活動を中心とした練り上げられた学級経営が行われていた。勝手気ままな様子の学級では，生徒に任せる方針で教師の強い介入は行われず，生徒面接でも，学級のまとまりのなさを歯がゆく思う生徒から，強いリーダーシップを教師に求める声があった。生徒の「学校への意欲」は前者の学級で高く，後者で低かった。また意外にも，双方とも生徒の感じるストレスは低くなかった。意欲が高くストレスが低いもっともメンタルヘルスが良好の学級は，友だちのような若い担任のもとで生徒が自然な自己開示をしていた第3の学級だった（渡邉・塩谷，1992～1994；塩谷・渡邉，1992～1994）。

このように，中学校現場におもむくことで，学級風土がありありと存在するこ

とや，それが生徒のメンタルヘルスと無関係ではないことを具体的に把握できた。次には，生徒面接から得た学級を描写する生徒の言葉や，教師の指導や個性が学級風土と関連することをヒントに，学級風土を把握する質問紙の作成を始めた（伊藤，1999）。観察・面接から得た5つの学級事例を弁別する項目を，生徒の言葉や観察結果をもとに作成した。その際，教師が風土に与える影響を考えて教師像をとらえる項目もつくった。

◉私の変化

ところが，この教師像をとらえる質問項目がトラブルの種だった。

生徒にとって居心地良い学校・学級環境を考えたい。だから，生徒の視点から学級や教師の姿をとらえたい。生徒の思いを代弁することで，現場の改革に役立てるのではないか。当初は単純にそう考えていた。作成した質問紙も，生徒の実感に即した表現で教師像をとらえることを狙った。生徒の教師評は遠慮がない。「担任の先生は，うるさいのに怒らない」「遠い存在だ」「差別する」など，質問項目も生々しい表現が含まれた。教師からすれば，そういう言葉で生徒から評価されるのだからたまらない。質問紙の実施には，職員会議で議論が重ねられ，調査可否の結論が二転三転する場合もあった。また教師面接時に，「教師が裸にされる」「人権侵害だ」と生々しく抵抗感が語られたりもした。さらには，「このクラスは騒がしい」という項目が教師のプライドを傷つけると削除されたり，いざ観察という段階で突然「聞いていない」と強い反対があがり，調査当日に突然，計画変更を余儀なくされたりもした。

研究を行う側だけに立てば，これから学校現場は固くて困るということになるかもしれない。実際先生のなかからも，こういう質問紙に耐えられる現場になることが必要との声もあった。しかし，学校に出入りし，先生方の多忙さや，エネルギーにあふれた生徒たちを御すことの大変さを間近に見れば，先生方の微妙な心理も実感として理解できる。その立場に立てば抵抗感も当然と思われた。

実は，学校に入り先生方と交流することで，私自身も変化していた。

生徒でなく調査者として，しかも複数の学校とかかわると，自分の生徒としての狭い学校体験からは見えなかったものが見えてくる。たとえば教師面接では，中学生の頃の自分が想像していた以上に，先生方から個々の生徒が見えていることがわかった。鳥瞰図的な視点といおうか，学級を統括する教師だからこそ見える生徒への理解が伝わってきた。同時に，学級経営の行き詰まりに苦悩する先生の率直な心情や，学級経営の背景にある信条など，生徒の立場からは想像し難かった先生方の生の姿に出会い，教師の職場としての学校が見えてきた。

先に述べたように，私は当初，生徒の立場から生徒の心情を先生方に訴えたいと単純に考えていた。しかし必要なのは，まるで教師を生徒の敵のように位置づけて，生徒の心情を代弁することではなかった。生徒の気持ちがわかっていてもすれ違う。たとえばそれを解決するのに必要なのは，一方的な代弁ではなく，むしろ生徒と教師の各々から見えるものを，双方に橋渡しする方が有益である。生徒だけでなく教師にとっても良い環境を考えなければ問題解決にはつながらない。学校現場で役立つ研究とするには，まず先生方に受け入れられるものでなければ始まらない。そう思い直し，教師像に関する項目はほぼすべてを削除した。先生方の心情を無視した訳ではなかったが，生徒の代弁と思うあまり，そこに思いが至らず失敗だった。現場に出て先生方と交流することで，勝手な思い込みが是正され，現場に必要とされることを現場から少しずつ学んだ。

3. 学級風土研究の成果

● スクールカウンセラーとして

こうして学校臨床をめざし，まずは研究の形で中学校とかかわった。しかし，単発の調査では継続的に現場とかかわることが難しい。現場での実践を体験しないと研究が実践に役立つかもとらえにくい。折よく文部省のスクールカウンセラー事業が開始され，カウンセラーとして中学校と継続的にかかわることができた。

全国いっせいの事業開始であり，私にも学校での臨床には経験がなく，まさに手探りの実践だった。そのなかで意外にも手がかりとなったのは，先に述べた調査を通しての中学校とのかかわりや学級風土という視点だった（伊藤，1998）。

たとえば，調査打ち合わせの電話ひとつも，10分休みや昼休みのわずかな間隙を狙う必要があり，先生方にとっては数分が貴重であること。地域や学校によって，必要とされる指導や可能な実践に違いがあること。生徒の立場にだけ立ち教師を敵のように思うのは見当違いなこと。調査で知ったそれらを踏まえると，学校の実状を無視した実践はありえず，生徒や学校に寄与する実践には，地域や学校全体への理解や，先生方との協力関係が肝心だと思えた。

こうした認識をふまえて先生方とお話することで，活動当初の学校との調整が円滑に進んだ。たとえば初顔合わせで校長先生は「なぜ，うちの学校にカウンセラーが来るのか」ととまどいを表明された。管理職として学校を守る姿勢が感じられ，信頼できる先生と思えた。後日，臨床実践の検討会で指導者の先生から，「そこで校長の無理解と怒る人もいる。そうしなかったのが円滑な活動への岐路

だったのでは」と指摘された。そう言われて気づいたが，もし調査研究の経験がなければ，カウンセラーの立場だけに立って怒っていたかもしれない。調査経験が手がかりとなって学校の実状に合わせた活動を先生方と考えることができた（伊藤，1996）。その後は生徒や先生が積極的にカウンセラーを活用してくださり実践が自然と展開した。また実践のなかで，昼食時の学級訪問を行い，学級風土の視点をもとに学級の特徴を把握して，それをコンサルテーションに生かす試みもできた。こうして直接間接に，調査経験が実践に役立った。

●実践による調査研究の展開——先生方との協働

さらに，実践を行うことで，調査研究自体も展開した。学級風土をとらえてどうするのか。それが役立つのか。調査にあたってそんな悩みもあった。スクールカウンセラーとして先生方と協働して個別事例の解決にあたるなかで，先生方が求めていることや，こちらから現場に還元できる点が見えてきた。一方的な調査の形でいわばデータを take するかかわりでなく，教育の専門家である教師と心理の専門性を持つスクールカウンセラーが知恵を出し合う give and take の関係ができた。その関係を背景に学級風土調査の話をすると，「若い先生の研修に使える」「学級編成から卒業までの学級の変化をこれで確かめたい」など，先生方が興味を持って質問紙の活用法を提案された。また，他校で調査を行う際も，調査結果から推察される今後の見通しや対応策などを調査結果に加えてフィードバックするなど，実践経験にもとづいて現場への還元を少しずつ行えた。現場への還元があれば，先生方も興味を持ってくださる。「クラスの実態が出ていておもしろい」「男女別に集計したらどうか」「この先生はいつもこんなクラスになる」など，現場の先生ならではの助言をいただけた。さらに，質問紙結果をもとに学級経営の工夫を先生方と考えるなど，コンサルテーション的な質問紙の利用も開始できた。

こうして先生方との協働により，学級風土をとらえてその先どうするかとの悩みが解消した。質問紙を洗練し（伊藤・松井，2001），それを媒体としたコンサルテーションを行うなど，実践と調査を結びつけた今後の研究方針を見出せた。

●論文を書くうえでの難しさ

現場の先生に助けられた実践研究だが，それを論文の形に整理するにはまた別の難しさもあった。ひとつは，個別事例を論文にする難しさであり，もうひとつは，先生方との協働を研究者側がいわば一方向的に論文化する難しさである。

第一の点に関しては，臨床心理学の分野では個別事例を論文にすることは普通

のことである。手本となる事例論文もいくらでもある。しかし自分の実践，しかも相談室やクリニック内での面接過程ではなく，学校現場に出かけての実践である。実践の渦中には，その場その場での対応に追われ，自分の実践を対象化することが難しい。臨床心理の専門家が集まる事例検討会に実践の過程を提出し，スーパーバイザーや参加者の視点から事例を見直してもらうことで，他の実践との違いがしだいに見えてきた。学校全体への介入という視点から，生徒ひとりひとりの事例ではなくA中学校での実践全体をひとつの事例と考えたいこと，学級風土研究が下敷きになっていることなどが，自分の実践の特徴だった。実践の背後にある自分の視点を明確にできれば，その具体例として個別事例を他者と共有できる。私にとっては困難な課題だが，場面がありありと具体的に伝わる記述と，それを通して伝えたい視点・理論を明確に打ち出すことが，個別事例共有のひとつの工夫かと思う。

　第二の難しさは，第一の点以上に難しく現在も悩むところである。カウンセリングは生徒や先生との協働作業である。また，先に述べたように，学級風土研究も先生方との協働で展開してきた。先生方とはあくまで対等に，教育のプロと心理の専門教育を受けた者という，相互に異なる専門性を持つ者どうしとして信頼関係を築いてきたのである。それが研究論文にまとめる段になると，どうしても研究者の視点で実践の過程や学級を対象化することになる。すると先生方との関係も，対等な関係から，研究者と研究対象という関係へ傾く。誇張していえば，論文を書くことで，培ってきた信頼関係やこちらの先生方への思いや尊敬とは別の次元の関係が，一方的に生じてしまうように感じられる。

　そこでせめてもの努力として，学校全体の責任者である校長先生だけでなく，直接論文に登場していただく先生方全員に原稿を読んでいただいた。それにより少しでも先生方に論文執筆に参加していただきたかった。登場する生徒にも，学術雑誌への投稿を説明し許可を願った。そうするなかで，反対に先生や生徒の方から論文にするようすすめられたり，論文の完成を自分のことのように喜んでいただく場面があった。これは非常にありがたかった。先生や生徒の側からも研究の推進を期待されておれば，論文上のレトリックとして多少対等でない表現が生じても，それは先生方や生徒との関係を壊すものではなく，形式的なことと感じられる。論文にすること自体が，協働作業の一環，すなわち研究者の側の役割分担として位置づけることができるように思う。

　先生や生徒の生活の場である学校現場に入り込み，半分はその場の一員となりながら研究を行うとき，現実場面での生徒や先生との関係と，研究といういわば研究者の視点・枠組みにもとづく世界での関係と，2つの関係が生じてしまう。

両者にどう折り合いをつけるかは,学校現場での研究に共通する課題かもしれない。中学校現場でフィールド研究を行う野坂祐子 (2000) も,対象化しようと距離をとるのではなく,むしろ関係に飛び込むことで,研究としても意味のある情報が得られることを指摘している。私のなかでも結論はまだ出ないが,学校現場としっかりとした関係をつくり,教師や生徒からも論文化を望まれるような研究を行うことが,このジレンマを解決する方法かもしれない。

4. 学校現場のおもしろさ

現場に出るのはとにかくおもしろい。ひとりひとり違う子どもたちの感性,何気なく語られる先生方の教育観。日々生きている人間だからこその厚みと迫力である。すぐには研究に直結しなくても,現場は実践や研究を考えるヒントにあふれている。あふれすぎて焦点を定める難しさが大きいかもしれない。思いもしないことに出会えるのが現場である。また先生方は仕事をし子育てをし生きてきた先輩たちでもある。研究上だけでなく,個人として生きる支えになる出会いもある。

とはいえ学校現場に出るのは難しい。先生方は恐ろしく忙しいし,何が現場の迷惑かわからない。時間的なことも含めこちらの柔軟さや工夫が求められる。その意味では試行錯誤できる若さもチャンスかもしれない。学校現場での研究は,まだこれから工夫のなされる分野だと思う。現場に還元できる研究をめざして,give and take の関係を継続的に維持できるよう私も試行錯誤したい。

● ブックガイド
近藤邦夫著 1994 教師と子どもの関係づくり——学校の臨床心理学 東京大学出版会 学校現場に寄与する臨床心理学のあり方を提言したものだが,臨床的な視点からの教師-生徒関係研究や,臨床活動を行ううえでの学校という場の独自性などについて,基本的な考え方を理解するうえで必読の書。
下山晴彦著 1997 臨床心理学研究の理論と実際——スチューデント・アパシー研究を例として 東京大学出版会 心理臨床という「現場」での実践を通して,モデルの抽出や臨床的な妥当性を検討する「実践型研究」を,新しい研究モデルとして提案するもの。実践型の現場研究技法の解説としても読める。

● 引用・参考文献
伊藤亜矢子 1996 ナナカマドの街の小さな学校との出会い 大塚義孝(編) スクールカウンセラーの実際(こころの科学増刊) 日本評論社 pp.76-79.
伊藤亜矢子 1998 学校という「場」の風土に着目した学校臨床心理士の2年間の活動過程 心理臨床学研究, 15, 656-670.
伊藤亜矢子 1999 学級風土質問紙作成の試み——学級風土を捉える尺度の帰納的な抽出 コミュニティ心理学研究, 2, 104-118.
伊藤亜矢子・松井 仁 1998 学級風土研究の意義 コミュニティ心理学研究, 2, 56-66.

伊藤亜矢子・松井　仁　2001　学級風土質問紙の作成　教育心理学研究，49（印刷中）
野坂祐子　2000　フィールドでサバイブするジェンダー実践——中学生の"エロ事例"とともにフィールド解釈研究会（編）　Inter-Field, 1, 17-27.
塩谷祥子・渡邉亜矢子　1992～1994　中学生のメンタルヘルスと学級風土(2)(4)(6)　日本教育心理学会第34～36回総会発表論文集，446, 479, 196.
渡邉亜矢子・塩谷祥子　1992～1994　中学生のメンタルヘルスと学級風土(1)(3)(5)　日本教育心理学会第34～36回総会発表論文集，445, 478, 195.

福祉というフィールド

「福祉」は、ボランティアの精神を尊重しつつ、人と人とがじかに助けあっているフィールドである。しかし「高齢者」「障害者」「被災者」などからは、研究者として関わることをむしろ拒絶されることもある。「福祉」は、自分自身の在り方が真っ先に問われるフィールドでもある。自分がいつ助けられる側にまわるかもしれないのであるし、けっして他人事として片づけられない問題をたくさん孕んでいるだろう。

9章 高齢者「介護」の情報
地域をたずねる

川野 健治
(かわの けんじ)

1. フィールドと私

●文化と心理，共同研究，そして介護保険

インフォーマントが，席を離れた瞬間，
「川野さん，何を聞こうとしてます？」と同行したK氏。
「え，うーん，いちおう病院についてとか……」
「あ，そうなんですか……」
「……（あれ，なんかまずいかな……）」
「……」

　現在，私たちは10人でチームを組んで，北関東のある町で聞き取り調査をしている（川野ほか，2000）。このチームはもともと医療・健康・福祉をテーマにすえた研究会のメンバーで，今は2000（平成12）年4月に導入された介護保険制度に焦点を当てて研究を進めている。この制度が人々の生活にどのように浸透しているのか。そして，家庭において介護という関係性が発生したとき，被介護者となる高齢者と介護者に，この新しい制度はどのように影響を与えるのか。さらにその実態を支える社会・文化・心理的要因とは何か。このあたりが研究の目的といえる。そしてこのような新しい，そして複合した要因を理解するには，フィールドでの実際の様子を知るしかない……。

と，いえなくもない。しかし実をいうと，このフィールド研究を始めたのは綿密な計算にもとづくものではない。どちらかというと，「なりゆき」（石井，1995）である。

そもそもこの研究会は，1999（平成11）年の春，私と文化人類学者の余語琢磨（現自治医科短大）が別件で打ち合わせをしていたときに端を発する。お互い新たに医療に関連した組織に勤務することになり，機会があれば協力して仕事をしよう，などとコーヒーを飲みながら話していた。その折にこの町のうわさも出てきて，伝統的城下町であること，歴史のある祭りが維持されていることなどが話されたと思う。その年の夏には，彼が企画した「観光人類学」の実習に同行して祭りを見に行った。これが，私がこの町を訪れた最初の機会である。小さな町にもかかわらず盛大な，印象深い祭りを楽しみながら，その一方では実習のお手伝い？を（少しだけ）することで町の人と接触し，何人かの知人＝コネもできた。

一方同じ頃，お互いが知り合いに声をかけ「医療文化心理研究会？」が発足した。文化人類学と心理学，それぞれの視点から医療周辺に関する理論や研究例を紹介し合うことから始めたが，議論のポイントは双方の理論，方法，視点を理解すること，そして2つのディシプリンがいかに有効に協力し合えるかを探ることにあった。しかし，これがなかなか困難な作業だったのである。もちろん，お互いの紹介する内容は興味深いのだが，どうすれば文化人類学と心理学が有機的に結びついて「人」の理解が深まるのかが見えてこない。これは抽象論ではなく，具体的に生活している人とその場において共同研究に取り組んでみないとらちがあかない，と思い始めたのがこの年の終わり頃である。そして，ちょうど「介護保険制度導入」直前だった。この新しいしくみが，伝統的な文化を維持しているコミュニティの人々に取り込まれ，利用されていく様子。これを観察することは，私たちの研究会にとって有効な取り組みであり，また基礎的，応用的に意味のある研究になると思われた。そしてその対象地域として，先の町はなかなか適した特性を備えていたのである。

こうして今回のフィールド研究はスタートした。キーワードは，文化と心理，共同研究，介護保険，そしてフィールド研究とならべることができる。しかし，文化人類学，心理学（さらに社会学のメンバーもいる）と異なるディシプリンを背景とした私たちは，研究会のみならずときには現場でもお互いの動きや発言の違いに，一瞬「あれっ？」と思うことがある。冒頭の例のように。

● 2つのフィールド研究の経験

ところで，私が高齢者に関するテーマで長期的に特定のフィールドにかかわる

のは，これが2度目である。最初のフィールドは，5年ほど前に通っていた，神奈川県にある特別養護老人ホーム（以後，特養）である（川野ほか，1998；川野，1999）。このときは今回とは異なり，むしろ「狙って入った」といってもよい。すでに，全国の施設職員を対象にサンプリング調査の準備が進んでおり，そのデータから「東京近郊の」「職員のストレスの少ない」施設として選ばれたのがこの特養であった。職員のストレスは利用者であるお年寄りとの「関係性」が鍵になるのではないかと考え，両者の相互交渉を見たいと思った私は食事介助のシーンの分析を思いつき，プロジェクトとは少し離れたスタンスで研究する機会を得たのである。

　ここでの経験は，私にとって非常に大きなものであった。結局，今回のフィールドについても，この最初の経験と比較しながら理解し，動いている部分があるように思う。そこで本章でも，最初の特養での経験と比較しながら，今回のフィールド研究を紹介したい。

2. フィールドの居心地

⊜特養の研究者という自己定義

　まず，私の特養での経験を見通せるようにいくつかのポイントを提示しよう。ただそれがきわめて個人的なものであることは，お断りしておく。

　私がフィールドとした特養に入るまでには，比較的周到な手続きをふんだといえる。この研究プロジェクトの根幹は，同じプロジェクトに参加していた上司，先輩の方々のマネジメントに依っていた。プロジェクトは全国の特養への調査を実施する前に全国社会福祉協議会で相談にのってもらい，その承認を得てから各特養に調査依頼を出した。調査実施後は結果を各施設にフィードバックし，その結果から特徴的な施設をいくつか選択して訪問し，さらに2施設に絞り込んで詳細な調査を実施した。私自身の研究への協力を依頼したのはそのうちの1施設である。もちろんプロジェクト研究，私自身の研究ともに，所属機関の倫理委員会の審査をへてから公印のある調査協力依頼書を対象施設に提出していた。

　ところで当時は気づいていなかったことだが，このように幾重にも手続きをふんで入ったことで，そのたびに私の立場は何重にも定義され，結果的にフィールドでの私のあり方は「研究者役割」そのものになっていた。たとえば施設職員との普段のかかわりにおいて，研究者・専門家という枠組みで受け答えをしてしまう。また，自由に動くというよりは，施設の責任者やプロジェクト責任者の許可を得る必要をいつも頭の片隅においていた。これらは必ずしも研究活動にマイナ

スに作用するとは限らない。しかし、このような制約は研究活動に影響しうる要因として認識されていることが望ましいだろう。特養に限らず、福祉関連施設には目標があり、そのための職員側の組織、またプログラムやスケジュールがある。研究者、専門家という役割は、このような文脈によく適合する（協力者あるいは批判者として）。その反面、現場に埋め込まれた多様な文脈を見落としかねない。「このような問題があるんですけどどう思いますか」「そうですね、その場合は……」というやりとりによって構築される関係性のなかには見出せない理解、たとえばボランティアのようにかかわることで初めて至る理解もあるはずである。たとえば、私の指導していた学生がこの特養でボランティアをさせてもらっていたときの日誌にこんな内容がある。

> 「秋祭りに使うビニールテープを切る作業が終わり、何をしていいかわからなくなってうろうろしていたところ、『テレビをみているだけの人でも、話し好きの人はいるから、こちらから話しかけたり、クラブもあるからそれに参加してみたりしてください』、と教わった。何をしていいかわからなかったけれど、そういう時は入所者の方々と話をしたりすればいいのだと感じた。もっと、そういうところに気を配ってボランティアをしたいと思った」。

たぶんこの学生と私とでは、この後特養での身の処し方はかなり違ったものになっただろう。

一方、施設のお年寄りとのかかわりにおいては、この多重な自己定義はあまり影響していなかったように思う。むしろお年寄りから、「外からの人」としての意味を付与されることが特徴的かもしれない。たとえば、まだ施設には十分馴染んでいないお年寄り、あるいはたとえば痴呆のある状態を示しているお年寄りにとっては、私は「外の手がかり」である。「帰宅」あるいは「捨てられた」という連想に結びつく可能性もある。

「連れて帰ってくれよ」という訴えに対して、私に何が答えられるだろう。これは初めのうちは苦しい場面である。また、逆のニュアンスもある。「若い人がくるとクラブでお年寄りが張り切るよ」と寮母さんに教えてもらった。ボランティアの学生も言う。「ある入居者のおじいさんが文句を言ってたそうですよ。『ここは、ばあさんばっかりだ』って」（笑）。

それからもうひとつ大事なことなのだが、福祉施設、少なくとも特養は、頻繁な調査に協力しいくつもの研修を受け入れているということがある。「いつも同じような質問紙に答えなくちゃいけないでしょ」という問いには、責任を持って答えたい。その意味で結果のフィードバックは非常に重要なのだが、この点でも私は及第点ではない。

㊂なれなれしいお客

　このようなフィールドへの入り方を経験した私にとって，現在進めている町でのフィールド研究は，初めかなり勝手が違うものだった。最初に祭りの見物に行ったときイニシアチブをとった文化人類学者の余語は，彼に言わせれば「鼻に任せて」，町にいる人々に声をかけ，重要人物に出会った。翌年，いよいよ介護保険に焦点を当てながら，医療・健康・福祉に関する聞き取りを始めるうえでは，この人は重要な情報ネットワークのキーパーソンとなったのである。

　この町へのアプローチはこれだけではない。伝統的な祭りを維持しているこの町の文化，あるいはそれを支えている社会構造こそがこの町の特徴であり，介護保険制度を受け入れていくプロセスにおいてもこの特徴が影響する可能性があると考えた私たちは，研究会のうちの2人を祭りの主たる担い手である「若衆」として受け入れてもらい，祭りの準備，本番においてコミュニティのあり様を参与観察する機会を得た。一方，フォーマルな窓口も利用した。町役場の健康福祉課を訪ねて聞き取りを行い，保健婦を紹介してもらった。その保健婦からは実際に介護している家庭のうち，聞き取りに応じてくれる家庭を紹介してもらっている。あるいは町の社会福祉協議会や特養，在宅介護支援センターへの訪問調査なども行っている。ただし，これらの多様なアプローチがとられたのは必要性より私たちの方針の混乱を反映しているためで，効率の良いものではない。

　このようなフィールドエントリーが，先の特養のものとはまったく違ったものであることはご理解いただけると思う。結果として，私自身は自分の立場に縛られるということは今のところない。それはアプローチの多様さから自分をきちんと定義しえていないことに加え，特養での経験，つまり自分で自分の動きを狭めてしまったことへの反省もある。さらに，特養の目標，組織，プログラムなどによって人工的に整えられた「フィールドの文脈」の一貫性が，今回のフィールドでは見出せないということもある。このような一貫性のある文脈は，研究者・専門家という自己定義をより明確に意識させる機会を提供するのである。いずれにせよ，こうして私は一生懸命研究者の役割を演じる代わりに，ちょっとなれなれしい客のように，インフォーマントの居間に上がりこみお茶をすすっているのである。このようにフィールドと一口にいっても，施設と町では規模も成り立ちも機能もまったく違う。考えてみればごく当たり前のことである。

　ところで，なれなれしいとはいえ客にもそれなりのお行儀はある。約束の時間に遅れないように訪問する。自分の興味ばかりで話を進めるのではなく，ましてや紋切り型の質問攻めにするのは控える。出してもらった茶器の片づけを手伝う（これはもちろん，状況しだい）。あるときは手土産をもち，また後日お礼状を

書くかお礼の品を送ることも忘れない。研究者の心得というより，まったくのところ，気をつかってお付き合いをしているというだけのことである。

ただ，文化人類学側のメンバーと比べ，心理学側のメンバーにはこのようなお作法があまり上手くない人がいるようだ。かくいう私がチームで一番下手かもしれない。正直に言おう。どうもこの「文化人類学的作法」は，楽ではあるがじれったいのである。無駄が多すぎるような気がする。「ええーい，聞きたいことははっきり聞いたらどうだ」と心のなかでつっこみを入れてしまう。また，聞き取りの場所をこちらがイニシアチブをとって整えるということは極力しないため（そんな客はいない），難しい状況になることもある。たとえば，介護者の話を聞きたいときに，被介護者であるお年寄りも同席している居間に通されてしまうことがある。この傍観者効果は大きいだろう。あるいは，別の家族が急に帰ってきて話に加わったり，飛びこんできた子どもたちと遊びながらということもある。面接室に来てもらって，インタビューをするのとは勝手が違う。

しかし考えてみると，私たちが見ようとしている「介護」は，このように暮らすお年寄りとその家族のなかに成立しているのである。介護という文脈，福祉という視点も，この実際の生活にとってはごく一部にすぎない。そうであるならば，聞きたいこと，見ようとしていることだけにこだわることにメリットがあるのかどうか，その判断を下すのは早すぎるだろう。こんな例がある。私たちのメンバーのひとりは，保健婦に紹介していただいてある介護家庭を訪問した。70代の男性は脳梗塞で倒れ，当初よりは回復したものの現在でも四肢の一部に麻痺が残り，デイサービスを利用している。しかし，その主たる介護者である妻は聞き取りのなかで，「今は介護はやっていない」と繰り返し述べていたという。介護という特別なことは何もしていない，という意味らしい。「介護」を見つけに行った私たちが，反省をうながされる瞬間である。

3. フィールドの感触

●介護戦略

このようにして，私たちのフィールド研究はまだ手探りの状態で進んでいる。緒についたばかりで，成果とよべるものはまだほとんどない。まだチームのなかでも足並みが揃っていないので，必ずしも合意された視点ではないのだが，それでもここで私の感触のようなものを少し紹介しておきたい。

波平恵美子（1994）は，病気に対する治療体系が複数存在する場合，人々がどのような要素を考慮し，それぞれの要素にどの程度の比重を与えて治療の予測を

立てて行動するのか，つまり「治療戦略」を決定するのかという問題が生じてくるとして，次の4つの要素をあげている。①人々の疾病観念，②治療手段へのアクセス難易度，③過去における治療効果，④症状が与える日常生活への影響。ただしこの考察は，主に伝統的医療体系が成立している社会に現代医療が導入されたような場合，たとえば日本のような工業先進国が，発展途上国に対して海外医療援助を行った場合の，バイオメディスンにもとづく現代医療が急速に普及していく状況を想定したものである。では，たとえば現代の日本の社会においては「治療戦略」の決定は問題にならないか，といえばそうではない。宗教との関連が指摘された事件もあるし，末期医療や臓器移植の問題，癌の告知の是非なども，背景にある患者の「治療戦略」を無視できない問題である。

　一方，厳密には医療に分類できるかどうか不明だが，少なくとも同様の問題状況としてとらえられるのが高齢者介護の問題ではないだろうか。たとえば同一県内の市町村を比較すると，介護保険制度が導入される以前，1996（平成8）年度の実績で高齢者デイサービスやショートステイの年間のべ利用日数に最大で約100倍に及ぶ格差が生じている。ここにはその地域内の医療・福祉機関の質，交通・経済などの地政学的条件，家族関係，病気や社会資源の利用についての知識，地域共同体の慣習・圧力など多様な要素が影響していると推測されよう。この「介護」の「戦略」の決定の仕方を明らかにすることで，応用的な知見を得ることができる。つまり，もし介護戦略が，被介護者の健康やＱＯＬを向上させるのに不適切に，いわば非合理的に選択されることがあるのだとしたら，その要因を明らかにすることは，まず介護者・被介護者にとって，次におそらく長期的にみれば介護保険制度を担う自治体にとっても有用ではないだろうか。

　ただしここでは，さらにその前段階，つまり人々がどのように介護にかかわる情報を手に入れ，そして記憶し説明するのかに絞って検討する。それをここでは，情報の編集（松岡，2000）の仕方とよぶことにしよう。

❏介護情報の編集

　「自分が小さい頃は他の所（＝病院）に母が連れていってくれたけど，そこがやめてしまったので。子どもは（今は）Ａ医院というすぐ近くの所へ連れていきます。家族はたいがいそうです。（同居している義理の）父たちだけが違う病院，ちょっと車で時間がかかるんですけど，昔から違う病院に行っています。糖尿の気があるので。入退院とかもやっていたので，（その病院なら）とまどったりしないので。Ａ医院は子どもが生まれてからですよね……。最初は（義理の）父の所（＝病院）にも行ってたりしたんですけどね，近いところじゃないとやっぱり何かあってすぐ行けないから。（Ａ医院は）他の奥さん方から行っているって聞いて，最初は違う小児科

にも行ったんだけど何となくあてにならなくて」。

　たとえばこれは，夫の実家に義理の両親と同居している地元出身の20代の主婦が，行きつけの病院について語ってくれた内容である。ここで見られる，病院に関する情報ソースは，①小さい頃の自分の経験，②他の家族メンバー，③近隣の主婦の3種類である。他の聞き取りの結果からみても，頻繁に通う病院に関しては，家族などごく身近な人から聞き及んでいることが多い。一方，ひとつの医院を選択する基準としては①よく知っている，②近い，③（その治療が）信用できる，という点が上記の説明には含まれている。

　しかし，これが産婦人科の選択となるとやや様子は異なる。下は別の20代の主婦の説明である。

> 「（長男の出産は）B産婦人科。友だちがBで出産したときお見舞いに行ったことがあって，きれいだなと思って。その子のお姉ちゃんが，やっぱりBで出産したので，その子もBになったんだと思いますよ。下の子（の出産）のときは，C産婦人科でした」。
> 「どうして病院を変えられたのですか？」
> 「ちょっとー（笑），あんまりー先生とか看護婦さんが（笑），で結構Cはみなさん（＝よく交流している他の主婦）の評判がいいし，だいたいCの方が多いんじゃないですか，行ってるの。すごくいいっていいますよ，みんな。実際，先生もいいし，看護婦さんとか（助）産婦さんも一生懸命やってもらって……」。

　産婦人科については，頻繁に通う小児科などに比べると情報ソースの種類が少なく，とくに家族が情報を持っている保証はない。そこで，近い世代の知人ネットワークが頼りとなる。結果的に判断基準も「きれい」というように必ずしも本質的でないものだけになる可能性が高い。このように，同じ医療情報でもその流通の仕方，また編集のされ方は異なっている。その原因は病態の違いにあるといえるが，それに関連して同居家族，同世代知人ネットワークの構造といった地域特性が，編集された「治療戦略」には組み込まれているといえるだろう。

　これらと比較して，介護情報の編集にはどのような特徴があるだろうか。当然のことながら，上のような若い世代の主婦は，介護に関する情報をほとんど知らない。知っていたとしても，

> 「（義理の）母が（夫方の）おばあちゃんを実際みるにあたって調べてくるらしく，ちょこっとそういう話になるんですけど，私なんか実際みないから，まだわからない」。

という具合に，間接的な入手，そして理解になっているのである（図9-1）。

　そこで，実際に主たる介護者となっている人たちの説明を見てみよう。まず，

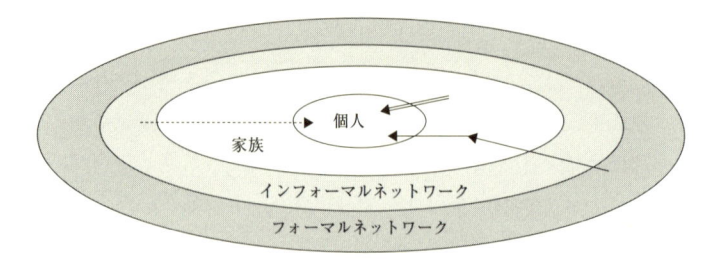

◎図◎ 9-1　20代主婦の保健・医療・福祉情報の主な経路

　　　　　　　　　　　　　　　←―――　介護の情報
　　　　　　　　　　　　　　　←┄┄┄　産院の情報
　　　　　　　　　　　　　　　←━━━　風邪などの治療の情報

　介護に関する社会資源に関する評判は，「施設に入れるのは抵抗があった」「老人ホームに入れたら早く死んでしまったという話を聞いたことがある」「施設だとその時間だけの介護になる」というように，批判的なものも多い。あるいは逆に「自宅での介護は退院して家に帰ってくるという意味で当然」というように，オルタナティブとしての自宅介護への肯定的な評価もある。しかし，実際にはこのような評価をしている介護者の家族でも，「デイサービスに行っている間，介護者もストレス発散ができるので良い」「（被介護者は）風呂好きでふれあいを楽しみにしている」というように，社会資源を（部分的に）導入しているのである。

　この2つをつないでいるのが，情報ソースとしての専門家である。「施設は抵抗があったが，（医者に）ひとりじゃ無理でしょ，と言われた」「老人ホームに勤務している教え子に一度来てみなよといわれたので行ってみる気になった」「ヘルパー（現在はケアマネージャー）にきてもらって，いろいろなことを教えてもらった」。つまり，介護戦略の判断基準は，この専門性に代替されているのである。さらに，このような評価の転換は別にしても，一般に介護戦略の初期的な情報は専門家，あるいはそれに準ずるフォーマルネットワークから得ているようである。「回覧版」「広報」「ホームドクター」「顔見知りのヘルパー」「自分が民生委員をやっていた」「夫が役場勤めなので」など，厳密にいうと「よく見知った専門家」という情報ソースが機能していると思われる。

　このように，この町における介護戦略をめぐる情報の編集は，ここで「①マイナス評価→②（身近な）専門家による転換→③部分的導入」という形式を持つものと仮定しておく。そしてそれぞれには，この町の社会・文化的特性が関連している可能性がある。たとえば①や③には三世代同居というネットワーク構造，あるいはその背景にある祭りの維持やそれに絡まるであろう世代継承性やイエ意識

が，②には町のスケール（が大きすぎないこと）を反映して，専門家が身近なネットワーク内にいるというネットワークの交絡状況がかかわっているのかもしれない。しかし，仮説の検証や詳細な分析は，別の機会に譲ることにしたい。

4. 介護戦略の視点からの高齢者

　一般的に見れば，介護保険制度の導入によって介護をめぐる社会資源を導入する可能性が，各家庭において高まったのだろう。このことは，それまで「家族でみるのが当然」という暗黙の了解のなかにあった介護を社会化し，その結果被介護者の身体を社会化する（市野川，2000）可能性を高めたということである。個々の家族・個人にとって家を，身体を「他者」にさらすことにどのような意味があるのだろうか。心理学者として介護のテーマにかかわるとき，逆説的であるが「介護」の視点だけにとらわれないよう留意したいと考えている。家族，個人にとっての介護のリアリティは，「介護」の視点からは見えないのかもしれないのだから。

●**ブックガイド**
　太田喜久子　1994　痴呆老人と介護者との家庭における相互作用の特徴――痴呆性老人の「確かさ」へのこだわりに焦点を当てて　日本看護科学会誌，14, 118-126．グラウンデッドセオリーアプローチを用い，介護における関係性について検討している，看護学者による研究論文。読んで実感できるという点で魅力的であり，質的研究の可能性を感じさせてくれる。
　グループなごん（編）　1995　日本人の老後　昌文社　　100ケースのインタビュー集。研究を始める前に，イメージをつかむために100人の高齢者に会っておくのは不可能なので，その代わりに。ただし，あくまで二次的資料であり，やや古いという印象はある。

●**引用・参考文献**
　石井宏典　1995　文脈のなかで人と人が語りあう方法をもとめて　南　博文・やまだようこ（編）　老いることの意味（講座生涯発達心理学5）　金子書房
　市野川容孝　2000　ケアの社会化をめぐって　現代思想，28（4），114-125．
　川野健治　1999　介護における行為の協調関係について――食事介助場面の検討　川野健治・圓岡偉男・余語琢磨（編）　間主観性の人間科学　言叢社
　川野健治・岡本依子・宇良千秋・矢冨直美　1998　特別養護老人ホームでの食事介助とその成立要件　早稲田大学人間科学研究，10, 75-86．
　川野健治・余語琢磨・小堀哲郎・高崎文子・木内　明・村田敦郎・青木弥生・小野寺涼子・梅崎高行　2000　高齢者保健・医療・福祉情報のフローをめぐる地域文化と利用者意識　日本心理学会第64回大会発表論文集
　松岡正剛　2000　知の編集術　講談社現代新書
　波平恵美子　1994　医療人類学入門　朝日新聞社

10章　「障害」をもつ人たちへのアプローチ

能智　正博
(のうち　まさひろ)

1. フィールドと私

　12年ほど前の私は，研究活動の一環として，あるリハビリテーション病院で脳損傷患者の神経心理学的検査や訓練を行っていた。患者さんの症状の特徴を明らかにしていくという作業自体にはパズルを解くようなおもしろさがあった。けれども，そうした検査や訓練が彼らをより深く理解するのに役立っているという実感はどうしても得られなかった。
　——この検査は患者さんの日常生活を反映しているのだろうか？
　——この訓練は患者さんの日常生活にとって何の役に立つのだろうか？
　——患者さんが求めているのはもっと別のことではないだろうか？
　こういった疑問を解消するひとつの方向は，より「正確」な，つまり，彼らの実生活のニーズを反映するような評価や訓練を工夫することであろう。実際，一部の神経心理学者は，脳損傷の日常生活への影響をいっそう的確に反映する「外的妥当性」の高い検査法を開発しようとしているらしかった（たとえば，Tuper & Cicerone, 1990）。しかしながら，私が求めていたのはその方向とも違っているように思われた。
　当時はうまく言葉にできなかったのだが，私は，医療専門チームの一員として脳損傷者を治療したり指導したりするよりもむしろ，もっと日常的な文脈のなか

で彼らにどのようにかかわっていけばいいのかということが知りたかったのだと思う。渡辺恒夫（1994）によれば，心理学における人間理解の仕方は3つに分かれるという。自然科学的な法則的説明をめざす三人称的なものと，具体的な「あなた」の行為の了解をめざす二人称的なものと，ほかでもないこの「私」の意識経験を記述的に理解しようとする一人称的なものがそれである。神経心理学は，明らかに三人称的理解を目標としており，客観的対象として脳損傷者の行動を説明することをめざす。私が実際の脳損傷患者とかかわるなかで薄々感じていたのは，心理臨床やリハビリテーションの現場において必要とされる人間理解と，そうした三人称的な人間理解との微妙なズレであった。

　それからしばらくして，たまたま北米の大学のリハビリテーション・カウンセリングというプログラムに籍をおくことになった私は，そこで一種のフィールド研究に出会うことになる。そのプログラムには伝統的な心理学的研究法以外にも，他の人文系の学問分野に由来する質的な研究法のコースが用意されていた。面接と観察を中心的技法として「障害者」の生活世界を記述し直すというアプローチは，いわゆる客観的手法をずっと学んできた私にはとても新鮮に思われた。対象とする人々の言葉に耳を傾け，また，その日常活動を見つめることで彼らの体験を内側から記述すること――それによって彼らをより「二人称的」に理解し直すことができるのではないか。そう思うと，目の前が少し開けてきたような気がした。

　私が研究の対象として選択したのは頭部外傷者であった。「頭部外傷」は，外部からの衝撃に起因する脳損傷のことであり，「脳外傷」ともよばれている。選択の理由は，慢性期の頭部外傷者に対する心理・社会的なリハビリテーションの必要が叫ばれていたにもかかわらず，彼らの主観的な世界を理解するための研究が進んでいなかったためである。研究のなかで私は，半構造化面接と参与観察を通じて頭部外傷体験の特徴を取り出し，頭部外傷者がどのようなニーズを持っているのかといった点を検討していった。

　その後も私は，「障害者」とかかわりながらのフィールド研究を継続し，試行錯誤を繰り返して現在に至っている。以下では私自身の体験も参照しつつ，「障害者」にかかわるフィールド研究の実際について，その留意点を述べてみたい。

2. より豊かなデータを得るために

　ここでは，「障害者」の生きる世界を対象とした研究を開始し，進めていく際に研究者が直面しやすい問題を2つとりあげる。ひとつは，ラポール（信頼関係）

の構築の問題である。フィールド研究は研究者と研究対象者との関係のあり方によって影響を受けることが多いが，研究者が「健常者」で対象者が「障害者」の場合には特別の配慮や注意が必要になるかもしれない。次いで，データ収集時におけるそのほかの留意点にも触れておきたい。フィールド研究では面接を通じて発話データを収集することがよくあるが，障害の特徴によってはしばしばデータ収集が妨げられる。障害をもっている人々からより豊かなデータを得るためには，研究者は個々のテクニカルな問題を解決してゆくことも必要だろう。

☺ラポールの確立

　研究者が「健常者」である場合，一般社会における「健常者」と「障害者」の力関係が研究の場に持ち込まれ，それがラポールの構築を妨害することがある。障害を持っている人のなかには，健常者を中心とする一般社会において嫌な思いをしてきた人もいれば，医者などの専門家に対して不信感を抱くようになった人もいる（たとえば日本臨床心理学会，1985）。もともと研究活動には，研究者が安全な場所から対象を一方的に観察するというイメージが伴うが，社会のなかにおける「健常者－障害者」の関係がそのイメージに重なると，対象者が研究者に対して拒否感を示すこともありうる。私の直接経験ではないが，「自分たちをモルモットにするのか」と言われて，研究への協力を拒否された大学院生の話を耳にしたこともある。相手に対する相応の配慮に欠ける場合の反発は当然といってもよい。

　また，障害を持つ人が研究者を管理者や援助者のような存在と見なして，きわめて限定的な形でしか研究者とかかわらない場合も考えられる。たとえば，長い間施設の中で過ごしてきた知的障害者は研究者を施設の職員と同一視してしまい，質問しても紋切り型の回答しか返してこないという体験が報告されている（Biklen & Moseley,1988：Booth & Booth, 1996）。管理者である職員にほめられそうなことばかり口にしたり，あるいは，「正しい」ことを言わなくてはならないと萎縮したりするというわけである。

　ラポール形成のためには，フィールド研究における「研究する－される」という関係が，研究対象者のそれまで経験してきた「健常者－障害者」関係とは異なっているということをわかってもらわねばならないだろう。そのためにはまず，対象者を対等な個人として尊重するという態度が必要になる。それまでに障害者に接する機会が比較的少なかった研究者の場合，我知らず，健常者社会の価値観や先入観を研究の場に持ち込んでしまうかもしれない。たとえば，障害とはかかわりのない部分にまで虚弱なイメージを投影して，むやみに援助的になってしま

うというのもその1例である。重複障害児のフィールド研究で知られるグード（Goode, 1994）は，障害者について研究者自身が抱いている思い込みを事前に洗い出しておくことを強く勧めている。そうすることによって，先入観からいくらか自由になることができるからである。そのうえで，できるだけ頻繁に顔を合わせる機会をつくったり，雑談のなかで共通点を見出していったり，また友人や知人として無理せずにできる程度の援助を行ったりしながら，お互いがお互いに慣れていく時間を持つようにするとよい。

　私の場合，施設やサポートグループのボランティアという立場で対象者に接し始めたので，わりと自然な形で対象者と顔見知りになることができたと思う。こうしたかかわり方の場合，施設の職員と同一視される危険はあるが，私に関してはほとんどそういうことはなかった。その理由は単純で，私は日本人の顔立ちという点でも英語の拙さという点でも職員とは明らかに違っていたし，はっきり言って援助の実務に関しては全く無能であったからである。また，同じ「言語障害者」として共感を持ってくれた人もいたようだ。フィールドでは，このように一見短所と見える研究者の特性もプラスに転化することがある。研究者は結局，研究者である以前の自分自身も含めて，自分自身のさまざまな特性を最大限に利用しながら対象となっている人にかかわっていけるだけなのである。

● 面接データの収集

　言語，認知，知能などいわゆる高次機能の障害を持つ人に面接を行って発話データを収集する場合には，一般的な面接とは異なる配慮や工夫が必要になる。私の研究の場合，重度の言語障害がある頭部外傷者を被面接者とすることはなかったが，それでも次のようなやりとりを体験することは一度ならずあった。

　　面接者：そのリハビリテーション病院でどんな訓練を受けましたか？
　　被面接者：……忘れました。
　　面接者：たとえば，言語の訓練なんかやりましたか？
　　被面接者：はい，やりました，やりました。
　　面接者：何か印象に残っていることはありますか？
　　被面接者：……とくにないです。

もちろん，その人があるトピックについてだけあまり話をしないのなら，話をしないということがひとつのデータとなるだろう。しかし，すべてのトピックについてこのような調子だとしたら話は別である。

　非常に限られた応答しかできない原因のひとつに記憶の障害がある。後天性の脳損傷者は，損傷後忘れっぽくなっていることが多いし，また先天性の重度の知

的障害者では,過去を過去として報告できないことがある。過去のある時点における経験や現時点から見た過去経験の意味を知りたい場合には,記憶の問題をなるべく回避する方法を工夫しなければならない。たとえば,面接時における想起を促進する方法として,何らかの言語的／非言語的手がかりを利用してみることができる。被面接者の家族や親しい人から背景となる情報を前もって聞いておいたり,想起の助けとなりそうな写真や品物を借りておき,それを被面接者に提示していくのである。また,新しい情報の定着が悪いため,被面接者が質問された内容をすぐ忘れたり,また自分の言ったことを忘れて同じ話を何度も反復したりすることもある。それを防ぐためには,たとえば,面接途中に折りに触れてそれまでの要約を行うことで,被面接者が話のコンテクストを見失わないように援助することができる(Lewington, 1993)。

　知的障害などによって理解や応答の能力に制限がある研究対象者に関しては,質問の仕方を工夫していかなければならない。まず,語彙,文の長さなど質問の形式や,口頭言語・文字言語といったコミュニケーションのモードを,その被面接者に適したものにしておく。ビクレンとモズレー(Biklen & Moseley, 1988)は,「なぜ,どのように」といった〈開かれた質問〉を急に投げかけるのではなく,それを「はい／いいえ」などで答えられる〈閉ざされた質問〉に分割しながら面接した方がよいと指摘している。もっとも,〈閉ざされた質問〉は面接者の恣意が入りやすいので,質問内容は慎重に準備しなければならない。対象者を自然なコンテクストのなかで観察したうえで,彼らにとって意味のあるような質問を用意するといった配慮も必要であろう。

　豊かなデータを引き出すためには,さらに,面接の場での臨機応変な対処も面接者に要求される。ブースとブース(Booth & Booth, 1996)は,被面接者が沈黙してしまった場合に,その意味を探るという作業が必要になると述べている。彼らによると沈黙には「表現を秘めた沈黙」と「閉ざされた沈黙」の2種類がある。前者の場合には,その場でさまざまな推測を行ってより答えやすい形の質問を投げかけてみることによって,被面接者の自分探索を援助することがで可能であるという。

　そのほか,面接の際の工夫については,障害者に対するカウンセリングやガイダンスに関する文献が参考になる(たとえばKemp, 1992 ; Lewington, 1993)。そこでは,彼らの体験や感情を探ったり意志を確認したりするための技法が障害のタイプに応じていくつか紹介されており,そうした技法はフィールド研究における面接にも適用可能であろう。

3. 研究をまとめていくために

　研究の進行にともなってデータが整理・分析され，最終的には研究をまとめる段階に移行していく。この過程を通じて研究者はさまざまな〈対話〉を行う。ひとつにはもちろん研究者とデータとの対話である。そのやり方は単一ではないが，私がこれまでに用いてきたのは，「グラウンディッドセオリー法」(grounded theory method) とよばれる方法である。グラウンディッドセオリーとは，先行の理論をあてはめてつくられたものではなく，データから帰納的に抽出された，いわば「地に足のついた (grounded)」理論をいう (Glaser & Strauss, 1967)。また，もうひとつの〈対話〉として，分析の結果をもとに研究者と研究対象者がさらに対話していくということがある。その対話は新たなデータをもたらすことになるが，同時に，その対話を通じて研究者はフィールドから離れる準備を行う。ここでは，私の頭部外傷者研究に触れながらそうした〈対話〉の内容を紹介する。

●データとの対話

　質的データの分析には，人と出会ってその人と知り合いになっていくプロセスと共通する部分がある。私たちは，対面的なやりとりを通じて新しく出会った人のさまざまな言動を受け取りながら，「こういう人なのかな」という仮説をつくっては壊し，つくっては壊す。そのうちに，言葉にするかどうかは別にして，「こういう人みたいだな」というある種の了解がやってくる。質的データの分析でも，データとの対話を通じてそういった「ある種の了解」へ到達しようとするプロセスが体験される。グラウンディッドセオリー法ではデータをカテゴリーに分けて整理してゆくのだが，整理を何度かやり直していくなかで，全体をまとめることになる役割を果たす「中核カテゴリー」を見出す。

　私の頭部外傷者研究において最終的に中核カテゴリーとして浮かび上がってきたのは，「自己喪失感 (loss of self)」であった。この中核カテゴリーを用いてデータ全体を再構成した場合，自己喪失感は，互いに関係し合っている4つのサブ・カテゴリーに分かれた。それぞれについて簡単に定義だけ示しておこう。

(1) Loss of self-history（自己史の喪失）：現在の自分の状態を，記憶をもとにストーリーとして構成できないこと。
(2) Opaque self（不透明な自己）：自分の意志と行為のつながりに自信が持てなくなり，自分が自分自身の主体であるという感覚が失われること。
(3) Labeled self（レッテルづけられた自己）：自分について他人から投げかけら

れるイメージに対して違和感を持ち,他人から理解されてないと感じること。
(4) Devalued self（価値低下のある自分）：あるべき自己像と現実の自己像とのズレによって,自分の価値が低下していると感じられること。

頭部外傷者が「自分が失われた」と感じ,そのように発言することはまれではないが,内容はこのように一枚岩ではないのである。

なお,この分類は1997年に学位論文（Nochi, 1997a）を提出した段階で確定したものであるが,それ以前に何度か改訂されている。たとえば1996年の未発表レポートでは,(1)と(2)が"Loss of self-knowledge（自己に関する知識の喪失）"としてひとつに融合しており,このレポートにもとづく雑誌論文ではその区分が使われている（Nochi, 1998a）。このようにデータの分析結果は,それまでに得られたカテゴリーを用いて新たなデータを解釈し,また新たなデータに応じてカテゴリーを練り直すといった対話のなかで変化していく。ときには,カテゴリーが安定せず絶望的になることもある。しかしこれは,私たちの他者理解において完全な理解がありえないのと同じことだと思えばよい。日常的な対人関係のなかでも,長いつき合いのなかで了解の内容が突然,あるいは徐々に変化を被ることは往々にしてある。そしてその変化のなかで,その人についての了解は少しずつ広がり,また,深まってくるものである。

さて,グラウンディッドセオリー法では,現象を時間軸に沿って変化する〈プロセス〉として対象を記述することが多いのだが,私の場合も各サブ・カテゴリーに含まれるプロセス的な要因を整理していった。すなわち,それぞれの自己喪失感の体験が生じる前提条件や帰結,また,それを克服しようとするストラテジーなどを特徴づけたわけである。それらをひとつひとつ詳しく説明するとかなり長いモノグラフになってしまうので,雑誌論文などの形で発表する場合には,部分的に焦点を当ててまとめていくことになる。分析の詳細や焦点の当て方について興味のある読者は,文献の方を参照していただければ幸いである（Nochi, 1997b, 1998a, 1998b；能智, 2000）。

●研究対象者との対話

データとの対話においてあらわれてきたテーマは,それを研究対象者にフィードバックしていくことで,彼らとの間に新たな対話を生みだすきっかけともなる。フィードバックの方法としては,論文の原稿としてまとめられたものをそのまま手渡すというやり方があるが,それが常に適切だとは限らない。たとえば,何らかの認知障害を持つ今回のような研究対象者に,かなり長い文章を読ませるのはあまりにも酷と言える。私の場合は,研究がまとまってきた時点で研究対象

者を招き，報告会を開いた。その会では，OHPなどによる視覚的な提示も併用しながら口頭で結果を発表し，その後，筆記（質問紙と自由記述）あるいは口頭で感想や疑問点を返してもらった。これは，質的研究の結果の「信用性（trustworthiness）」を示すために行われる「メンバーチェック」とよばれる手続きに対応している（Lincoln & Guba, 1985）。分析の結果を研究対象者に示して，彼らの経験を適切に表現しているかどうか検討してもらうというわけである。

ただし，こうした単純なメンバーチェックが，信用性の確認手続きとして妥当なものかという点には議論も多い。たとえば，彼らの反応がネガティブだからといって，その研究が無意味だと結論されるわけではない。研究者の解釈が対象者の提示したい姿と矛盾した結果として，否定的な感想が多くなることもありうるからである。また逆に，研究者と研究対象者のラポールが確立しているときには，礼儀として肯定的な反応が返ってくるかもしれない。実際，私の成果報告に対する研究対象者たちのリアクションは実に好意的なものであった。しかしそれで喜んでばかりもいられない。メンバーチェックを結果の信用性の確認手続きとするためには，単なる結果の提示ではなく，それをもとにして話し合いをしてもらうなど別の工夫も必要になるだろう（Mactavish et al., 2000）。

研究結果のフィードバックはまた，もっと単純に，フィールドを去るための準備としても役立つと思われる。馴れ親しんだフィールドから離れるのは，研究者－被研究者のラポールが強固であればあるほど，それほど容易なことではない（Taylor, 1991）。そこで生きている人と完全に縁を切ってしまうという意味ではないにしても，以後はそれまでほど頻繁に会えなくなるはずだからである。フィールドから離れるやり方は研究者によってさまざまなのだろうが，自分がそこで学んだことをフィードバックすることもその一部に位置づけることができる。参加者・協力者の方々に対する感謝の言葉とともに研究の成果をフィールドに返していくことで，自分のなかで気持ちの整理がつくかもしれない。また，それは同時に，研究対象者にも研究が終わりに近づいていることを知らせ，心構えをしてもらうことにもなる。研究者が突然いなくなってしまうと，長い付き合いのあった対象者の人々は，見捨てられたような気持ちになるかもしれない。研究フィールドに悪い影響を残さないように努めることも，フィールド研究者にとって必要な配慮のひとつであろう。

5. 結びに代えて――フィールド研究の副産物

　フィールドにおける質的研究に手を染めて，足かけ10年近くの時が過ぎよう

としている。冒頭で述べた，伝統的な心理学研究の「三人称的な理解」を乗り越えるという当初の希望は果たされたのだろうか，と自問してみる。私のこれまでに発表した研究成果は三人称的に記述されており，語りの聞き手としての私や解釈者としての私は，あまり表だってそこに表現されてはいない。データのタイプやデータ収集・分析の方法の他は，あまり変わっていないようにも見えるかもしれない。しかしながら，成果を報告する文章には現れないところで「三人称的な理解」からはみ出し，そのはみ出た部分を支えにしてリサーチを続けていると言えるのではないかとも思う。いろいろと問題をかかえてはいるものの，少なくとも，私は今リサーチすることが楽しい。

　その楽しさは，ひとつには，フィールド研究を通じて人や世界の見え方が変わってくることを実感できる点と関係している。従来の心理学研究では，人間行動は客観的に記述され，因果関係という枠組みで説明されてきた。いかに複雑なメカニズムがそこに見出されようと，メカニズムである限り人間は平板に見えてくる。そう言えば，そういう平板な人間理解の枠組みが，実際に人間を平板なものにしてしまうと危惧した論者もいた(たとえばKoch, 1981)。それに対してフィールド研究では，対象となる人々を意味としてとらえ，言葉によって記述していくことが多い。流行の言葉を使うなら，そこでは人々の言動は様々な読みを許容する〈テキスト〉とみなされ，一義的で「正確」な解明をめざすというのではなく，より深い読みが追究される。

　私の障害者研究で提示された読みが深いかどうかはともかく（まだまだだよな，やっぱり），そのような態度で対象に接していくとき，彼らは常に新たな解釈や理解の余地を残しながら，深みのある存在として研究者の前に現れるだろう。実際私は，障害をもつ方々にお会いして日常活動に参加させてもらったりお話を聞かせてもらったりしながら，時には驚き，時には感嘆してきた。そういった印象深い体験のひとつひとつを常に研究成果にまで持ち運ぶことができるとは限らないのだが，できなかったときでも，私のなかに残っていくものが確かにある。それをあえて言葉にするならば，他者に対する憧れや畏れの感覚である。私達の生きている世界をより豊かなものとして体験させてくれるのは，こうした感覚にほかならない。そしてそれは，フィールドで過ごすときのみならず，フィールドから出たあとの私の日常生活も支えてくれているような気がする。フィールド研究はそんなふうに，世界や他者をより豊穣なものとして私たちの前に開示する，ひとつの入り口なのである。

●ブックガイド

　Erving Goffman 1963　石黒　毅（訳）　1987　スティグマの社会学　せりか書房　障害者も含めネガティブなラベルを社会から与えられた人たちが，どのように自己の意味と価値とを維持しようとしているか，豊富な事例をもとに示した古典的著作。

　Robert Murphy 1987　辻　信一（訳）　1997　ボディ・サイレント　新宿書房　筆者は文化人類学者。進行性の神経疾患のために自分の身体がしだいに動かなくなっていく過程を克明に記録し，その状態で生きるという体験の意味を深く考察している。

●引用・参考文献

　Biklen, S. K. & Moseley, C. R.　1988　"Are you retarded?" "No, I'm Catholic": Qualitative methods in the study of people with severe handicaps. *Journal of the Association for persons with severe handicaps*, 13, 155-162.

　Booth, T. & Booth, W.　1996　Sound of silence: Narrative research with inarticulate subjects. *Disability & Society*, 11, 55-69.

　Glaser, B. G. & Strauss, A. L.　1967　後藤　隆他（訳）　1996　データ対話型理論の発見　新曜社

　Goode, D.　1994　*A world without words: The social construction of children with born deaf and blind*. Temple University Press.

　Kemp, A. D.　1992　Counseling center psychologists in neuropsychology: Counseling neuropsychology. *Counseling Psychologist*, 20, 571-604.

　Koch, S.　1981　Psychology and its human clientele: Beneficiaries or victims? In R. A. Kasschan & F. S. Kassel (Eds.), *Psychology and Society: In search of symbiosis*. New York: Holt, Rinehart, & Winston.

　Larson, P. C.　1992　Neuropsychological counseling in hospital settings. *Counseling Psychologist*, 20, 556-570.

　Lewington, P. J.　1993　Counseling survivors of traumatic brain injury. *Canadian Journal of Counseling*, 27 (4), 274-288.

　Lincoln, Y. & Guba, E.　1985　*Naturalistic inquiry*. Beverly Hills.

　Mactavish, J. B., Mahon, M. J. & Lutfiyya, Z. M.　2000　"I can speak for myself": Involving individuals with intellectual disabilities as research participants. *Mental Retardation*, 38, 216-227.

　日本臨床心理学会（編）　1985　心理治療を問う　現代書館

　Nochi, M.　1997a Loss of self: A narrative study on people with traumatic brain injuries. Ph. D. Dissertation for the Graduate School of Syracuse University.

　Nochi, M.　1997b Dealing with the 'void': Traumatic brain injury as a story. *Disability & Society*, 12, 533-555.

　Nochi, M.　1998a "Loss of self" in the narratives of people with traumatic brain injuries: A qualitative analysis. *Social Science and Medicine*, 46, 869-878.

　Nochi, M.　1998b Struggling with the labeled self: People with traumatic brain injuries in social settings. *Qualitative Health Research*, 8, 665-681.

　能智正博　2000　頭部外傷者という〈物語〉／頭部外傷という〈物語〉やまだようこ（編）　人生を物語る1──生成のライフストーリー　ミネルヴァ書房　pp.183-211.

　Taylor, S. J.　1991　Leaving the field: Research, relationship, and responsibilities. In W. B. Shaffir & R. A. Stebbins (Eds.), *Experiencing fieldwork: An inside view of qualitative research*. Newbury Park, pp. 238-247.

　Tupper, D. E. & Cicerone, K. D.(Eds.)　1990　*The neuropsychology of everyday life: Assessment and basic competencies*. Kluwer Academic.

　渡辺恒夫　1994　心理学のメタサイエンス──序説　心理学評論, 37, 164-191.

11章　被災者のメンタルヘルス

藤森　和美
<small>ふじもり　かずみ</small>

1. フィールドと私

☺北海道南西沖地震を体験したことから始まった

　1993年の北海道南西沖地震が発生するまで，私は災害研究についてまったく触れたこともなく，また自分が取り組むことなど考えてみたこともなかった。振り返っても，身近に大きな自然災害が起きた体験もなかったように思う。つまり，当時たまたま被災地に近い函館に在住していたことが，ひとつのきっかけであったといえる。災害をテレビ画面で見ているのとは異なる生々しい感覚が身体にも心にも焼きつく。

　近いといっても函館の家で被災地をテレビから眺めているのと，災害現地を訪れたときの肌で感じる感覚の違いは大きい。「災害は，現場で起きているのだ。会議室で起きてるんじゃない！」といえばいいのかもしれない。その感覚を言葉で表現できるほどの筆力を持っていないのが残念でならない。そこで，なるべく自分の体験を忠実になぞってみることにするので，その視線を共有していただければ，少しでも理解していただけるかもしれない。

　北海道南西沖地震の大きな地震の揺れは，函館でも感じることができた。地震は夜の10時過ぎ，揺れの最中はしばらく身動きがとれず，俊敏な避難行動もとれなかった。ただ家の中で，大きなゆっくりとした揺れが収まるのを待っていた。

その時間が長く感じたことはいうまでもない。あまりにも無防備で，危機時において緊急的な避難行動などとれないものであると実感した。

私は，地震のあった翌日に奥尻島の対岸の江差という街において，講演の仕事が入っており，電話も不通状態のなか講演企画者と連絡がとれず，不安な気持ちのまま出かけるしかなかった。緊張のなか車を走らせ山道をくぐりやっと着いた江差の街には，自衛隊の黒いトラックや救急車が何台も連なっていた。そこには，人命がかかわる大きな災害が起きたと知るに十分な緊迫感が満ちていた。何か場違いな所に来てしまったという不安な気持ちに襲われ，講演中止を確かめると早々に函館に引き返した。

人命を失うような大きな災害と心理学，この段階ではその関係はまだつながっていなかった。しかし，数日が過ぎ，深刻な被害状況が明らかになり，ラジオからは安否確認の放送が絶え間なく流れるのを聞いているなかで，自分の過去に体験した喪失体験がよみがえった。愛着の対象を失うことの衝撃とつらさは人の心を粉々に砕いてしまう。被災遺族の混乱や苦しさを思うと，何か支援の手だてはないかと模索していくことになった。

● 災害時の心理的支援活動開始までの厚い壁

何か心理的支援をしたいと考えても，物理的にも，人的にも資源は少なく孤立状態は続いた。ひとりで支援を開始したとしても，その継続性や安定性は不確かであった。また，そのような支援を提供することが，果たして望まれているかどうかもわからない。しかも，大学病院の臨床経験が長くカウンセリング室の外に出て地域に出て活動するアウト・リーチの経験の少ない自分に，島の生活者の感覚がつかめるかどうか不安は募るばかりであった。

さらに，当初は行政との連携を試みたが，思うような活動は始まらなかった。心理的支援活動の主旨を伝えても，十分に理解してもらえなかったと感じている。行政の災害支援に，被災者の心理的支援のプログラムは組まれていない。先例のない，決められていないことに緊急に取り組むことは，行政のもっとも苦手とすることかもしれない。そのため窓口でたらい回し，あるいは「慎重に検討させていただく」という返事が返ってくるのみであった。今だからいえることだが「検討する」という行政用語は「実行しない」という意味だと，後になって知らされた。まるで笑い話である。素直に「検討中」の結果を，首を長くして待っていた時間がもったいなかった。

これが，大学の医学部精神科の主任教授で医局員を大勢引き連れた部隊なら，あるいは心理学でも名の通った貫禄のある大学教授であれば，もう少し何とかな

ったのではと考えないわけではなかった。まだ30代半ばの，一臨床心理士が歯が立たないことに取り組んだといえるかもしれない。自分が，逆の行政側の立場なら果たして心が動いたかということも素直に考えた。

ただ考えながらも，その間何もしなかったわけではない。地域でそのような提言を行った以上，何もしないという無責任なことはできないものだ。これは，心理臨床家としての信頼にかかわることだと自分に言い聞かせ，何かできることからと考えぬいた。個人としてできることは限られている。けれども，言い出した以上何かを実行する。それが活動の原点となった。さまざまな講演や研修の依頼がくるたびに自らテーマを「災害」「危機管理」「トラウマ（心的外傷）」「悲嘆を乗り越える」などに絞り，被災者の精神健康への心理的支援の必要性を話し続けた。

☺『災害を体験した子どもたち――こころの理解とケア』ができるまで

函館に暮らして3年半，その間に築いたネットワークを通じて何とかひとつの形あるものをつくった。それが災害を体験した子どもの心の健康状態を知るためのパンフレットである。

災害後の精神保健活動に関する欧米の論文を取り寄せて読み，奥尻島の小学校や中学校を訪問し子どもたちの様子を聞いて回った。すると文化を超えて，子どもたちが災害という恐怖体験の後に示す反応は驚くほど類似していた。その反応に，教員や保護者はとまどいを隠せなかった。

それがきっかけとなり生まれたのが，図11-1に示した『災害を体験した子どもたち――こころの理解とケア』である（藤森ほか，1995a）。見本や参考になる資料は，日本のどこを探しても見当たらなかった。まさに一から手づくりのパンフレットである。挿し絵は，北海道教育大学の美術専攻の学生に描いてもらった。印刷費用も自己負担だった。2000部のパンフレットは，こうして世に出たのだ。できあがったパンフレットを被災地の教育委員会に持ち込み，寄付させてい

図 11-1 被災した子どもの心を知るためのパンフレット

ただいた。小学校や中学校の学校関係者や保護者に配布されたのは，7月の地震から4カ月が過ぎた11月のことであった。

一方，すでに成人用のパンフレットの企画案は北海道の中央行政機関に提出してあったが，それが現実にできるものかどうか判断がつかない状況であった。ところが『災害を体験した子どもたち——こころの理解とケア』が，新聞で取り上げられると間もなく，成人用パンフレットの印刷が終わったと数部が北海道庁から送付されてきた。カラー印刷の上質なもので，イラストもプロの手による美しい出来映えだった。それができあがるまでの内情はいまだに明らかになっていないが，マスコミの力は意外に大きいのかもしれない。

「時間がかかりすぎた」という後悔は教訓となり，阪神・淡路大震災で活かされることになる。阪神・淡路大震災の発生から徹夜の作業で地震から2週間後には，教員用の危機介入ハンドブック（1500部）が刷り上がり，それを函館からリュックサックに背負い，直接兵庫県教育委員会に届けることができた（藤森，1997）。これも今だからいえる裏話だが，兵庫県教育委員会には同意を得ていない行動であった。同意を得ようと思うと，上層部の判断を待たなければならない。それではまた時間がかかる。「とにかく届けます」というスタンスで迫った。乱暴な話であるが，災害の混乱時では致し方なかった。

2. 災害フィールドで傷つけないために，傷つかないために

● 心理的支援のあとから被災者の精神健康に関する研究が始まった

行政とのやりとりで，被災者の精神健康に関するわが国における先行研究のないことは，ある意味で致命的であることがわかっていた。客観的なデータの提示が求められても，出すことができなかったのである。たしかに「説得力に乏しい」と批判されても仕方がなかったのかもしれない。しかし，まだ被災者の生活もままならない状況で，現地調査をすることは非常にためらわれた。

奥尻島に行き，現地の知り合いもなく青苗地区の仮設住宅が建設された地域を歩くにも，「自分たちが何をしようとしているか理解してもらえるだろうか」「被災者の感情を傷つけないか」「よそ者扱いされるのでは」「自分の被害程度が軽いことは，悪いことだ」という不安や罪悪感がこみ上げてきて，仮設住宅の周辺を何時間もぐるぐると歩いて帰ってきたこともあった。

手がかりを得たのは，知人の父親が被害の大きかった青苗地区の地区会長をしていることを知ってからだ。現地での調査の実現性はみるみる明るくなった。すぐに会長である父親を紹介してもらい，電話連絡をし，現地での面会へと事態は

急速に進展した。青苗の地区会長は，たいへん温厚で誠実な人柄の方で，自宅が全壊していながらも被災者の支援活動に奔走していた。調査の意図や今までの活動を説明し地域住民の理解を得て，仮設住宅の調査を快く承諾してもらうまでの道のりは，初めての体験であったが幸運が重なったといえる。あきらめずにいて良かったと思わずにはいられなかった。被災住民の精神健康が問題となれば，その支援を提言することが可能になる途が開かれた。

　被災者の方が，自分の恐怖体験やつらく悲しい話，将来への不安などを話し出すと１時間などあっという間に過ぎていく。そうするなかで，被災者宅や仮設住宅で，単なる訪問者である私に食事をすすめてくれる。仲間として認められるための儀式のようなものだ。とにかく食べた。見たこともない食べ物もあったが「美味しい」と喜び，どんなに満腹でも食べ続けた。ともに食事をすることは，歓迎のしるしなのである。ご飯の「おかわり」は必須条件だ。帰りには，生干しイカやするめ，取れたての魚を土産にありがたく頂戴する。これが，毎日３件，４件と続く。そうやって顔を覚えてもらうのだ。文化人類学者の知人が北極圏に住むイヌイットの研究に出かけ，現地で最高の歓迎であるアザラシの生肉をすすめられた話を思い出しながらのフィールドワークであった。

●被災した大人の精神健康

　それまで被災者の精神健康の研究がなかったわけではない。災害後の被災者の精神健康に関する研究は，下記の２つの流れが認められる。

　まず第一の流れは，1982年３月に起きた北海道の浦河沖地震から１カ月後に実施された東京大学新聞研究所「災害と情報」研究班（1982）および広瀬弘忠（1984）の研究，同年７月の長崎大水害から４カ月後に実施された東京大学新聞研究所「災害と情報」研究班（1984）の研究，そして1983年10月に発生した三宅島雄山噴火災害から１年９カ月後に実施された窪田暁子（1987）の研究などであり，これらの研究では災害が被災者の精神健康に悪影響を及ぼすことは少なく，被災者の約１割にすぎないという結果が示されている。これらの災害では，被災者は仮設住宅への移転はしていない。

　次に第二の流れは，1991年６月に長崎県島原半島で発生した普賢岳噴火災害から６カ月後に実施された長崎県島原保健所の研究，1993年に発生した北海道南西沖地震から10カ月後に実施された研究（藤森ほか，1995ｂ），そして1995年１月の阪神・淡路大震災から１年後に実施された研究（田中ほか，1997）などであり，これらの研究はいずれも被災者の６割以上が精神障害を有するおそれのあるハイリスク者と判定されており，災害から６カ月が経過した時点においても被災者が

精神的に危険な健康状態にあることを指摘している。

　藤森立男（1998）は，被災者の精神健康の評価に関して上記のように著しく異なる研究結果が提出されている要因として，以下の2点を提案した。

▶コミュニティに及ぼす影響の範囲　　グリーン（Green, 1982）は，災害がコミュニティを崩壊させるほど大規模な被害を及ぼしているかどうかによって災害を3種類に大別し，「中心的災害」「中間的災害」「周辺的災害」に分類している。「中心的災害」とは大規模な地震や洪水などのように，コミュニティ全体が物理的・組織的な被害を受け，被災者数が被害を受けなかった人数を大きく上回る災害のことである。このため，コミュニティ内の被災者は相互に助け合うことがほとんどできず，被災者は見知らぬ環境へ移動し仮設住宅などで生活しなければならなくなる。「周辺的災害」とは航空機事故やナイトクラブ火災などのように，偶然同じ場所に居合わせることによって災害に遭遇するが，生存者は物理的環境や社会的支援ネットワークが損なわれていないそれぞれのコミュニティへ帰ることができる。また，「中間的災害」とは工場爆発や炭坑落盤事故などの災害を意味しており，コミュニティ内のある特定の集団の人々が被災するものの，そのコミュニティ内には被害を受けなかった多くの人々がおり，物理的環境（家屋や近隣）には変化がない。

　これら3種類の災害のなかで，「中心的災害」はコミュニティ全体に物理的・組織的ダメージを与えるだけでなく，近隣からの支援を受けることができず，金銭的問題，住居問題，職場環境などに関して長期にわたって影響を及ぼし，それらの結果として，被災者の精神健康にも長期的な影響を与え続けることが予測される。北海道南西沖地震や阪神・淡路大震災などに関する研究はこの「中心的災

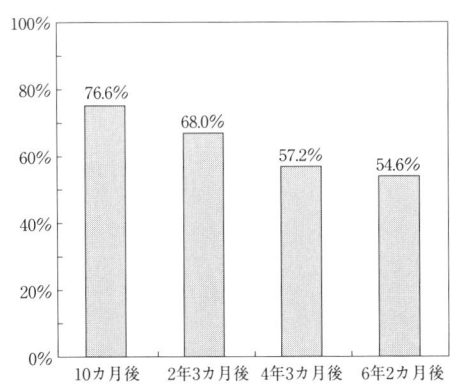

◎図◎　11-2　北海道南西沖地震におけるハイリスク者の比率の推移

（10カ月後：76.6%，2年3カ月後：68.0%，4年3カ月後：57.2%，6年2カ月後：54.6%）

害」を扱っており，浦河沖地震や長崎大水害などに関する研究は「中心的災害」を扱っていないと考えられる。

先に述べたように，私は心理的支援活動を開始してから調査研究に入った。あれほどの大きなダメージを受けたならば，むしろそのストレスは長期化しても不思議ではないという確信は正しかった。

初回の調査は北海道南西沖地震から10カ月が過ぎていた。案の定，精神健康調査票（ＧＨＱ28）の結果は，非器質性の精神障害のおそれがあるハイリスク者が被災者の76.6％を占めるという，今までの被災者の精神健康における研究にはない結果が抽出された（藤森，1998）。現在までに，4回の現地調査を実施し，図11－2のような結果が得られている（藤森ほか，2000）。時間経過とともにハイリスク者の割合が低下してきているが，一般成人のなかでのハイリスク者の割合14％という数字にはほど遠い（中川ほか，1985）。

●調査内容の吟味

被災者を対象とした調査は，心理学の分野や研究者の関心によってその目的は多様である。しかし，行政の実施する調査でない限り対象者のサンプリングに偏りが生じることは避けがたい。

被災者の精神健康の研究も，例外ではない。被調査者にあたる被災者の年齢の幅は広く，留置法や郵送法での回収率の流動は大きい。調査内容は，調査の目的を明確にし対象者への負担を考慮し，質問項目を最小限に絞り込むことによって厳選されていった。被災者の精神健康の測定尺度には，上記で述べたようにＧＨＱを用いた。これはゴールドバーグ（Goldberg, 1972）がイギリスにおいて開発し，非器質性・非精神病性の精神障害のおそれがあるかどうかを判別するためのスクリーニング検査として開発された60項目からなる検査法である。その後，ゴールドバーグとヒラー（Goldberg & Hillier, 1979）は探索的因子分析を用いて検討を加え，短縮版として30項目版と28項目版を作成し，検査のスクリーニング性の観点から28項目版の有効性を高く評価している。

わが国では中川泰彬・大坊郁夫（1985）が日本人向けに標準化する研究を実施し，日本版ＧＨＱ（60，30，28項目版）を開発している。このほか，短縮版としては20項目版と12項目版が作成されている。福西（1990）は日本版ＧＨＱ（60，30，28，20，12項目版）のスクリーニング性を比較検討し，28項目版の全体誤区分率がもっとも低値であることを報告している。このことは，28項目版が精神健康のスクリーニング検査としてもっとも優れていることを示している。これらの理由から，本研究では被災者の精神健康を評価するための測定尺度としてＧＨＱ

の28項目版を使用した。なお，GHQ28の下位尺度であるうつ状態を測定する項目のなかに，原文 "Found that the idea of taking your own life kept coming into your mind?" の邦訳として「自殺しようと考えたことが……」という項目がある。実際の調査では，被災者に「自殺」というキーワードを提示することは差し控えた方がよいと判断し，その項目を「死のうと考えたことが……」という表現に一部修正して使用している。

調査研究にともなう労力は大きい。ゆえに研究者は，その労力に見合った結果を得ようとして欲ばった質問紙を作成する傾向にある。目的によるのであろうが，私は精神健康に焦点を当てるため，あえて標準化された質問項目を使用した。研究としての独自性の評価は下がるかもしれないが，疫学的な意味合いを持つ調査の宿命と判断した結果である。

3. 災害フィールド研究の難しさ

阪神・淡路大震災でのフィールドでの研究は，学問の領域を問わず社会的にも大きな問題となった。被災者に対する配慮が足りないなどの批判もあり，学会レベルで倫理基準やデータの共有などが議論になった。しかし，どれもあまり具体的，実際的ではないと感じている。私が体験したり感じた問題点をいくつかあげてみたいと思う。

●研究者のなわばり意識

「なわばり意識」とはあまり心地良い表現ではないが，実際には存在する。北海道南西沖地震で，直後から多くの研究者が現地調査に入っていることに対して，被災者が迷惑しているのではないかという疑念を抱いたのは事実だ。阪神・淡路大震災で，現地の研究者が，全国から集まった研究者に批判的だった気持ちは，すでに体験していたもので大きな驚きはなかった。奥尻の経験があったゆえにデータ収集に奔走するつもりなどもうとうなかった。

しかし，思った以上に風当たりは強かった。現地の心理学の研究者からは「心理的支援の情報など必要ない」と言われたこともあったし，医学の研究者からは「被災者に苦労をかける調査は，すべて心理学の研究者が行っている」と面と向かって批判されたこともあった。ストレスに関する調査内容は，他の理科・工学系などの学問でも調査しているのだが，すべて心理学者が行っているように見えたらしい。

阪神・淡路大震災のとき，上司の依頼で神戸の地域保健医療に携わる精神医学

系の教授を訪問したところ，たまたまその部屋に居合わせた内科教授に「何しに来た，研究費でも持ってきたのか。心理は，調査ばかりして被災者に貢献を何もしない。我々は，寝ないで被災者の健康を守っている」と頭ごなしに怒鳴られた。

被災者の気持ちを理解しているつもりでも，こうあからさまに拒否されることはけっして気持ちの良いことではない。それほど被災地の研究者，臨床の実務家らは怒りに満ちていた。本来なら自分たちが動くところ，外部からの支援者は侵入者に見え，地元が荒らされるという感情を持ったに違いない。

災害を体験するということは，こういう状態に陥ることである。普段はたとえ知的で洗練されている人々でも，災害を体験すると内側にある激しい怒りの感情を駆り立てられてしまうものだ。

それゆえに，災害フィールドでの研究は被災者の気持ちを十分理解するよう努力し，熟考し，準備しておかねばならないと思う。準備しているつもりでも，いざ体験するとかなりの衝撃を受けることも知っておいてもらいたい。

☻ 研究の有効性の議論

調査の内容は，いかに被災者に貢献するかという議論が各種の心理学の学会で続いた。これも結論が出ない問題だろうと正直いって頭を抱える。どの研究者も，自分の研究は有効であると信じているからこそ，調査に入るのである。いったい誰が「この調査は有効または有効でない」と判断するのか。なかには「役に立たない研究は，してはいけないのか」と言い出す人もいる。

さらに「現状を調査しないで，問題が抽出できるのか」「むりやり調査しているわけではない。被災者の協力を得ている」という意見もある。行政が調査をコントロールしようとしたこともあると聞いた。しかし「研究の自由が，行政機関に抑圧されていいのか」という反論があった。政治的圧力に研究がねじ曲げられることは，好ましいことではない。

災害の混乱時に，どう動くかは個々の研究者の判断力と価値観に委ねられている。それにしても阪神・淡路大震災では，にわかに「災害心理学者」が増えたのに正直驚いた。みんなそれまで隠れていたのだろうか。かくいう私も，その歴史は浅い。何事にも始まりはあり，それをどう継続していくかは研究者の信念であり使命なのかもしれない。

☻ データの優先性と共有性

災害フィールドでの研究は，どうしても共同研究という形をとることが多い。たとえば精神医学と心理学（臨床，社会，災害など），また指導教授と部下や学

生らと手を組むこともあるだろう。その結果，調査の質問内容が膨大になることもある。また，研究費の捻出具合も微妙に調査内容に影響するかもしれない。研究を始める前にデータの優先性と共有性をあらかじめよく話し合い，どのようなまとめ方や発表をするのか，その後の支援をどうするかなど決めておかないと，後でもめるもとである。

　問題は，研究者間だけにとどまらない。阪神・淡路大震災でのことである。ある心理学の若手研究者は，指導教官の紹介で仮設住宅でのボランティアにデータの配布と回収を依頼した。もちろん当初は，その研究者自身が自ら現地入りしたが，回収の作業は時間がかかるためボランティアのリーダーにその作業を依頼をした。ところが，そこで大きな問題が生じた。ボランティアは，仮設住宅に住む被災者のかなり個人的な情報を保有しているうえに，精神健康の情報を手に入れてしまったのである。精神健康のデータは研究者のもとに送られたが，すべてコピーされてボランティアの手元に情報は残っていた。そして，ボランティアリーダーは結果を分析し，ボランティア活動の有効性，または行政に対する被災者支援の働きかけの効果として利用していった。もともとその調査用紙は版権のある有料のものであったが，容易に印刷されてボランティアによって調査は繰り返し実施された。研究者が当初に研究の「説明」と「契約」をしなかった結果だ。私はその事実をたまたま知らされ，ボランティアリーダーにいく度となく説得をし注意をうながしたが，理解してもらえなかった。研究者にとっては，当たり前のことでも一般の人々には理解しがたいことであることが身にしみた。個人情報の問題，版権の問題，利用のされ方など思いもよらぬ方向で，問題は生じる。

◉研究結果のフィードバック

　調査を行った場合，その結果のフィードバックは大変重要な作業である。結果を，わかりやすく説明した書面を配布することも一案であろう。また講演会などを開き，結果を協力者に報告する手段もある。

　ボランティアに参加する場合もあるだろう。現地で活動するボランティアは，専門家の支援を求めている場合が多い。ところが，これも勢いだけで引き受けるのは危険だ。ボランティアのなかには，仕事をやめ没頭している人もいる。やめなくても仕事と同レベルになっている人もいる。大学や仕事をやめた人たち，家族を顧みず人生をかけて，何かに憑かれたようにボランティアに熱中している人たちに大勢出会った。その人たちに，自分たち同様にエネルギーを注いでほしいと求められても，通常の業務がある場合かなり負担が大きくなる。できることとできないことの，自己決定が求められる。つい研究者は，社会に直接的に貢献を

することで自分の研究価値とのバランスをとろうとするが，けっして安易に考えてはいけないと思う。

4. 被災者研究のすすめ

◉災害研究を行うための心の準備

　自分の体験した災害におけるフィールド研究の一端を紹介させていただいた。本来，研究そのものについてのことを書かなければならないところ，研究に至るまでの経過に大幅な量がさかれたことにご理解をいただければうれしく感じる。

　まだまだ災害研究を通じて体験したことは山ほどあるが，その一端を絞り出してみた。どれをとっても大学生を対象に調査していたときには，体験できないことであった。また，通常の臨床面接とも異なる枠組みを試行錯誤のうえ組み直して，被災者遺族の面接も行い交流を重ねた。その交流は，現在も続いている。災害研究は，非常に根気のいる作業だ。あきらめないで続けていく，そこに新たな問題が見えてくるように思える。災害という危険で悲惨な場面に出ていくことは，代理受傷といって，自分自身が傷つくことが予想される。過去にトラウマ(心的外傷)を体験した人には，再びそのトラウマがよみがえる心配もある。

　とくに被災遺族や，被害により心身に大きな痛手を受けた人々と対峙すると，研究能力より臨床能力が問われる。生身でそのつらさを受け取る覚悟がなく，表面的な対応ですませようとするなら，それは被災者をさらに傷つけることになる。もちろん完全な支援者を望み，被災者のすべてを引き受けようとすることは，かえって危険であるが，自分の力量を見きわめることが求められる。

◉研究者自身のストレス・マネージメント

　もし災害研究に取り組むならば，信頼がおけて，お互いに話のできる仲間がいた方がよい。幸いにも，私は災害を通じて多くの有能で誠実な研究者や臨床の実務家と知り合うことができ，互いに胸の内を話せる関係が持てた。これらの人々に出会わなければ活動や研究が継続できたかどうか疑問である。あるときは，欧米の論文を読み，またいっしょに外国まで研修に出かけた。それぞれ専門分野はばらばらだが，底辺に共通したものが流れていたのだろう。勉強ばかりでなく，食事をしたり，お酒を飲んだり，そこでの情報交換や自己開示がどれほど助けになったかと思う。

　フィールドで活動するということは，それだけ多くのエネルギーを消耗する。そこに，仲間が新たなエネルギーを注入してくれることがありがたいのである。

研究者が自分のストレスを軽減する方法を何らかの形で確保しておくことが望ましい。
　今後，どのような研究者がこの分野で活躍してくれるか楽しみだ。新たな研究の視点や切り口も欲している。いや，その出現を心から熱望しているといった方が正しいだろう。

● ブックガイド
藤森和美（編著）　1999　子どものトラウマと心のケア　誠信書房　災害，虐待，いじめなど，子どもが体験するトラウマについて紹介した本。子どものトラウマ反応や精神健康の問題の実証的研究などがわかりやすく紹介され，同時にケアの方法も理解できる。
中根允文・飛鳥井望（編）藤森和美（編著）　2000　臨床精神医学講座Ｓ６　外傷後ストレス障害（ＰＴＳＤ）　中山書店　ＰＴＳＤ（外傷後ストレス障害）について，歴史的背景，診断基準の総論から，治療やフィールド研究にいたる各論まで幅広く網羅されている。研究論文が多くレビューされており便利な一冊である。

● 引用・参考文献
藤森和美　1997　災害フィールドにおける臨床心理学的アプローチの実際　心理臨床，10（3），159-165.
藤森和美（編）　1999　子どものトラウマと心のケア　子どもにとってトラウマとは　誠信書房
藤森和美　2000　「津波災害」臨床精神医学講座Ｓ６　中根允文・飛鳥井望（編）　外傷後ストレス障害（PTSD）　中山書店
藤森和美・藤森立男　1995a　心のケアと災害心理学　芸文社
藤森和美・藤森立男　1995b　北海道南西沖地震の被災者のメンタルヘルス　保健の科学，37（10），689-695.
藤森立男　1998　長期化する精神健康の問題と自然災害――北海道南西沖地震の被災者　性格心理学研究，7（1），11-21.
藤森立男・藤森和美　2000　自然災害が被災者の精神健康に及ぼす長期的影響　災害の被災者の精神的回復過程に寄与する諸要因の研究　平成9年度～11年度文部省科学研究費補助金（基盤研究（B）（1））研究成果報告書，1-23.
福西勇夫　1990　日本版 General Health Questionnaire（GHQ）の cut-off point 心理臨床，3（3），228-234.
Goldberg, D. P.　1972　The detection of psychiatric illness by questionnaire. *Maudsley Monographs*, p. 21.
Goldberg, D. P. & Hillier, V. F.　1979　A scaled version of the General health questionnaire. *Psychological Medicine*, 9, 139-145.
Green, B. L.　1982　Assessing levels of psychological impairment follow disaster : Consideration of actual and methodological dimensions. *The Journal of Nervous and Mental Disease*, 170 (9), 544-552.
広瀬弘忠　1984　生存のための災害学　新曜社
窪田暁子　1987　災害後の生活再建――昭和58年三宅島噴火後の阿古地区における生活　再建調査東京都立大学人文学報，194，123-167.
黒田　勲　1986　航空機における緊急状況下の人間の心理と行動　社会心理学研究，1（2），4-11.
長崎島原保健所　1994　雲仙普賢岳災害活動記録　pp. 55-89.
中川泰彬・大坊郁夫　1985　日本版 GHQ 精神健康調査票手引　日本文化科学社
Raphael, B.　1986　石丸　正（訳）　1989　災害の襲うとき――カタストロフィ-の精神医学　みずず書房
田中　優・高木　修　1997　阪神・淡路大震災による遠隔地仮設住宅における被災者の研究

(1)──地震から1年後の被災者の身体的・精神的健康状態　実験社会心理学研究, 37(1), 76-84.
東京大学新聞研究所「災害と情報」研究班　1982　1982年浦河沖地震と住民の対応　pp. 14-82.
東京大学新聞研究所「災害と情報」研究班　1984　「1982年7月長崎水害」における住民の対応　pp.1-100.

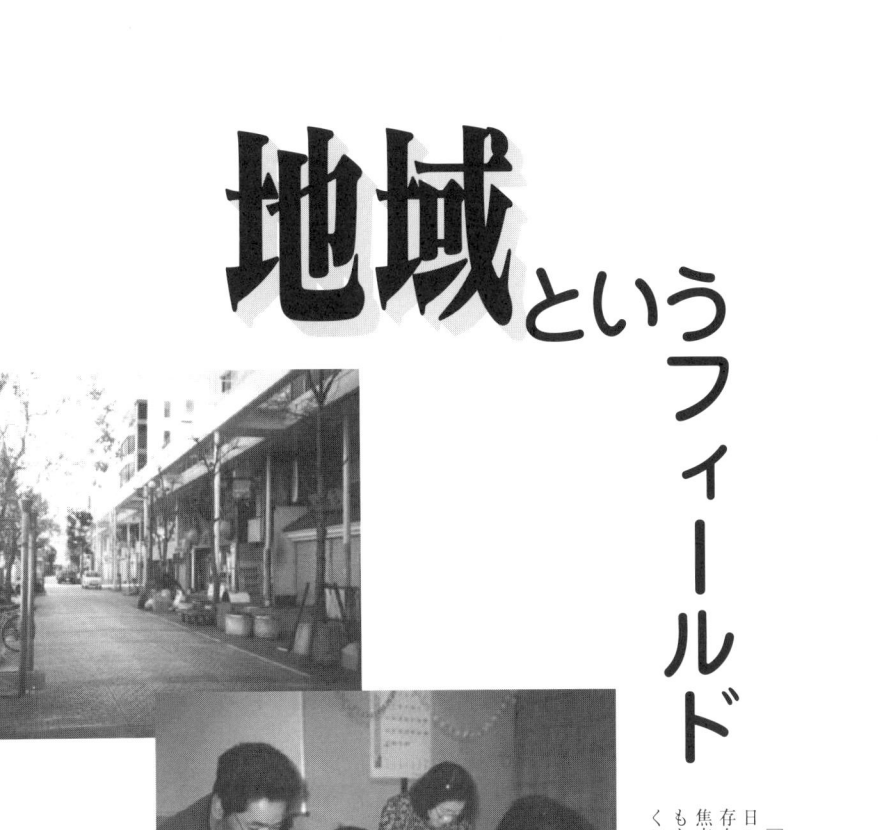

地域というフィールド

「地域」は、好むと好まざるとにかかわらず、私たちが埋め込まれながら、日々そこで生活しているフィールドである。しかし現代の日本などでは、その存在感が大きく薄れつつあると繰り返し言われる。「地域」は、そこにあえて焦点を当てることによって、次の時代の共同体を模索するためのフィールドでもある。私たちは時代が変わっても、地域の共同体とまったく無縁で生きていくことはできないだろう。

12章　語りの風景をひらく
戦中期ダバオ移民の体験を聞く

石井　宏典
いしい　ひろのり

1．フィールドと私

　ここでは，沖縄本島北部に位置する備瀬という名の集落の出身者たちを対象とした研究の実際を紹介することで，ライフストーリー研究の魅力を伝えてみたい。これら一連の研究では，修士論文のための調査を起点として10年をこえる付き合いのなかで，私が聞くことになったそれぞれの移動と定着の物語を考察の中心にすえている。

　当初，このシマ（沖縄では集落をこうよぶ）から日本本土に移動した人たちにのみ向けられた私の関心は，訪問の回数を重ねるなかでしだいに国の外へと広がり，やがてこのシマを離れたすべての人びとに向けられるようになった。かれらの人生の語りをそれぞれ固有の時空のなかに位置づけながら，その移動と定着の過程をできるだけこまやかにたどってみたいと考えた。

　シマの人たちの足跡をたどることは必然的に，シマとの往復を繰り返しながら各地を渡り歩くという移動のフィールドワークをうながした。その結果，大阪，那覇，南米ペルーのリマ，そしてフィリピン・ミンダナオ島のダバオなどに足を運ぶことになった。シマの人たちが出稼ぎ移民として各地に渡りはじめてからすでに70年余りの歳月が流れているため，それぞれの土地に当時の風景を探すのはたやすい作業ではなかったけれど，とにかくかれらが生きた場所に身をおいて

みたかった。そして，こうした往復運動を続けているうちに，同じく移動の時代を生きている自分という存在をとらえ返すようになっていった。

大阪に移動した備瀬出身者たちのなかでもっとも集中的に話を聞いたのは，メッキ工場を興して多くの同郷者を抱えた高良善吉(たからぜんきち)さんだった。研究の第一歩は，彼の語りを中心に，備瀬出身者によるメッキ業の展開を跡づけ，備瀬同志会と名づけられた同郷人組織について考察することだった（石井，1993）。大阪での調査をひと区切りつけてからも備瀬には何度か足を運んでいた。しかし，次の一歩がなかなか踏み出せなかった。そんなとき，国境を越える旅に導いてくれたのは，ここで紹介することになる具志堅(ぐしけんみのる) 実さんだった。戦前19歳でフィリピンのダバオに渡った彼は，日本の敗戦でシマに引き戻されるまで15年間麻農園で働いた。引き揚げ後まもなくして那覇に居を移すと，いくつもの職をへて米軍住宅の庭師という職業にたどり着く。そして60歳代の半ばに，年老いた両親をみるためにシマに戻ってきた。私が彼の語りに初めて耳を傾けたのは今から12年前，彼が80歳を迎える頃だった。

彼との出会いから〈語り-聞く〉という相互行為がゆるやかに流れるようになるまでの過程について，「語りあう」という表現を手がかりに記述したことがある（石井，1995；南，1995）。このことばには，〈語り-聞く〉という共同行為によって展開していく風景を並んで眺める，というような意味合いが込められている。ただ，生まれ落ちた時代状況もこれまで歩んできた経緯も異なる相手との間ですぐに語りあう関係が成立するわけではない。まず何より，お互いの気心を知り合うための機会と時間が必要だろうし，そのうえで聞き手の側にも語りの風景を支え広げようとする姿勢と工夫が求められるだろう。

そこで次節では，実さんがダバオ時代のことを語ったいくつかの場面を引用しながら，3つの手がかり——同行者の声，史料，地図——を彼の語りと重ねることで，その語りの風景をより表情豊かなものへとひらいていくための工夫について紹介したい。

2. 語りの風景をひらくための工夫

●経緯——同行者の声と重ねる

1920年代末に20名あまりの備瀬青年が一群となってダバオを目指したのは，第一次世界大戦景気をきっかけに急展開をみせていた日本人経営の麻農園で働くためだった。しかし，かれらの到着後まもなくして世界恐慌の影響がダバオの麻市場にも波及する。不況のため，半年間働いた個人経営の麻農園で賃金不払いの目

にあった実さんたち5人の備瀬人は，確実な収入を確保するために太田興業会社に移った。日本人のダバオ進出を象徴するこの会社の直営耕地には，次々と備瀬の人たちが集まってきた。そのひとりだった渡口彦一氏は自分史のなかで，当時の様子を次のように描いている。

　「昭和6年2月には，ビヤオ耕地という所へ行った。……ビヤオ耕地では，幸い申し合わせたように備瀬出身者ばかりが集まり，コンパネーロ（麻の挽き分けをする請負グループ）を組むことになった。久し振りに顔を合わせたふるさと備瀬の仲間には，独特の連帯感があり，互いの心の中に何かしら温かいものが流れ込むような心地さえした。……同郷のよしみか，このときのコンパネーロは，互いに助け合い，いたわり励まし合い，そのチームワークぶりは，最たるものであった」。
　「昭和4年に移民した備瀬の仲間たちは，ほとんどがラサ島（の鉱山──引用者註）帰りの者で，……21名程であったと記憶している。遠い外地で，万一病気にかかり入院でもした場合には多額の金がかかるということもあり，私たち昭和4年に移民したラサ島仲間は，相互扶助の目的で尚美会という親睦模合（頼母子講の，沖縄での呼び名──引用者註）をはじめることにした。日時は，毎月第三日曜日と決め，メンバーは，結局，近くで働いていて出席可能な者ばかり15名ということになった。金額は3ペソ，現在の金ならば3万円位に相当するであろう。当時の私たちにとって，高額の模合金ではあったが，月に一度，郷里の仲間と共に尚美会を持つことの楽しみにはかえられない，という程の楽しい集いであった」。

　このくだりを私が朗読してから，「尚美会」のことを実さんに聞いた。約15年に及ぶダバオ時代のうち初期の数年を共にした同郷人の声に呼応するかのように彼は語り出した。

　石井：尚美会はどういう活動をしてたの？
　実：ぼくら，なんでこれを創ったかと（いうと），あっち行ったらさ，ぼくらの先輩が，金持ちがあんまりいないわけさ。
　石井：あ，備瀬の人でね？
　実：うん。そうするから，いざ病気にもなったら。これ会費出おったよ，尚美会で金もあったよ。積み立てしておってさ，いざ病気になったときには，この会の金を利用して病院に行く考えでこういう会を創った目的さ。……病気（になって）金がなければどうすることもできんだろう。この尚美会の会費というの自分らのだから，いつでもあるわけさ，会費だから。……それで元気に仕事ができるようになったら，またこの金を返さなければいかんよ。
　石井：じっさいにこの積み立てたお金を病気のときに使った人いるわけ？
　実：おるよ，みんな。ぼくらも使ったよ。これ使わなけりゃ損だのに，みんなが会費出してるから。いちばんぼくが使った。いちばんぼくが病気しおったよ，誰よりも〔笑〕。
　石井：どういう病気したの？

実：ぼくはあんまり，マラリア罹ってみたりね。もうしょっちゅう病院入りおったよぉ。体格は弱いから。あまり健康でなかったよ，あっち行ってたときは。ぼく病院に行っておったよ，誰よりも。
　石井：そのミンタル病院？
　実：うん，〔笑いながら〕あっちに入院してね，死ぬと思ったよ，1回。
　石井：どういう病気だったの？
　実：なんかマラリアみたいような，病気でね，2週間ぐらい入院した。もうなんべんも行くよ，あっち行ったよ，しょっちゅう。ちょっと無理な仕事したらすぐ風邪ひいたり，なにかれしてからね，仕事が無理であったわけさ，あんまり無理な仕事するから病気になりやすい，疲れが。そうするからしょっちゅう病院ばかり歩いておったわけさ〔笑〕，体格もないから。また，ぼくらにはあっちの仕事無理であったよ，石井さん。ぼくは初めからやりたくなかったさ，あんまり大きなもの扱うから。これはたいへんだなぁと思って。仕事はきついからね，（夜）10時までやるんだからね，朝4時から，ぶっ通し。……恥ずかしかったよ，しじゅう病院ばかり行って。あっちで入院したのぼくが初めてだのに。行ってじきに何カ月間か，すぐマラリア罹ってね，入院したよ，1回は。いやであったよ。病院いうても（麻）山から遠いからね，ハァー，ただここ（備瀬）みたいように，本部，渡久地行くぐらいではないよ，あっちの病院。

☺関係──史料と重ねる

　実：フィリピン人というのはね，沖縄ということ，あんまり認識がないわけ，わからなかったよ。そしてね，沖縄人とよ，内地人とね（区別して），沖縄の人ね，ひじょうに野蛮人と思ったわけさ，このフィリピン人が。日本人ではないと思っておったよ。はじめから沖縄は。……こいつら，初めからわかっておった，沖縄ということ。それでぼくらに「ユー，オキナワなぁ？」とすぐそういったよ。「なんで，ぼくらジャパンだよ」というたら，「へぇー」。
　こいつらが沖縄はもうぜんぜん日本人と思わんのに。すぐ聞きおったよ，「あんたどこの人。沖縄か，内地の人か」と。「ジャパンの人か」といって〔笑〕，おかしかったよ。……ぼくらが，「なんでオキナワ（と聞くか）。なにがオキナワといってジャパンの人と違うか」とぼくいうたからね，「ううん，違いはしないが，オキナワは日本でないだろうが」といっておったよ。「ジャパンでない」といっておったよ。そうして，ぼくらがひじょうに教えおったよ。「学校の先生に聞きなさい，ぼくらに聞くより，おまえらのね，ハイスクールの先生に」。

　日本人移民が流入する以前のダバオ地域には，大きく分けて3種の文化集団が存在していた。バゴボ族やマノボ族など精霊崇拝の少数種族，モロ族などのイスラム教徒，そして北方の島々から移民してきたクリスチャン・フィリピノで，それぞれが文化伝播の波を代表しており，新しい波が古い波を順次駆逐するという経過をたどった（鶴見，1987）。クリスチャン・フィリピノの進出にはもちろん，

スペインや米国という植民地主義勢力の存在が絡んでいた。一方，1920年代末に急増したダバオの日本人のうち半数以上が沖縄県人だったが，日本国内における本土と沖縄との差別関係が移民社会にまで持ち込まれていた。しかもこの差別関係はフィリピン側にも知れわたっていた。上の語りはこのあたりのニュアンスを伝えている。

　実さんがダバオに渡る2年前の1927年には，日本領事館ダバオ分館の副領事が外務大臣宛てに送った沖縄県人についての報告書が県人社会に大きな波紋を投げかけている。ここに沖縄出身者に対する本土側のまなざしの質を見て取ることができるので，「ダバオに於ける沖縄県移民の長所及び短所欠点」と題するこの報告書とそれに対する県人会の抗議を紹介してみよう（村山，1929）。

　　沖縄県移民の長所
　　人跡未踏の地を開墾して，常人の為し得ざる難事を遂行し，粗衣粗食に甘んじ，陋屋を意とせず，堅忍不抜の勇邁心を以て専ら業務に精進するが其特色とも謂ふべく，ダバオ今日の繁栄を誘致したる，旧県人の努力は何人も否むこと能はざるべし。
　　而も県内居住に比し，生活容易にして物質的恩恵多きに起因するためか，屡々他県人に付て見るが如き，若干の貯蓄を手にして，直に帰国するが如きことなく，永住的決心強きは其長所なり。
　　熱帯気候に堪え農民として最良の素質を有し，蓄財の精神に富み，朴訥にして敬神の念強く，上長を敬ふの美徳あり。
　　沖縄県移民の短所欠点
　　粗衣粗食に甘んずるの長所は，同時に其最大なる短所にして，労働に没入するの結果は，土地の風俗習慣を軽視するの結果となり，比律賓人より侮蔑せられ，「オキナワ」又は「オートロ，ハポン」（特種日本人）と称して，内地人と異なれるものの如く，感想を懐かしめつつあるは，目下の実状なり。
　　一，他県人に比し，文化の程度劣等なり／二，ローカル，カラー濃厚なり／三，豚小屋式家屋に群居し，蛮族と毫も撰ぶ所なきもの多きは，比人の軽侮を招くの因をなす／四，婦人にして居常浴衣着に，細紐を胸高に締むるものあり，観る者をして，自堕落さと女の嗜を欠くるやを疑はしむ／五，同郷相隣むの情あるも，他県人との協力性少なし／…（中略）…／十一，片仮名，平仮名をも読了し得ざる普通学の素養欠如せるもの多し／十二，婦人の教養最も劣等なり。

　報告書のなかの「比律賓人」「比人」はクリスチャン・フィリピノ，そして「蛮族」はバゴボ族などの少数種族にほぼ対応するとみてよいだろう。この報告書にダバオ沖縄県人会は猛烈に反発し，即座に副領事宛てに抗議文を送っている。そこでは全項目に対して逐一反論をおこなっているが，なかでも第三項目に対する抗議の語調がもっとも激しい。県人会側の怒りの主因は，つまるところ，「われら日本国民」である沖縄県人がバゴボ族など「未開の蛮族」と同列に扱われたという点にあった。

ただ，このやりとりから沖縄の人たちと少数種族との関係をよむこともできる。つまり「蛮族と毫も撰ぶ所なきもの多き」とするこの報告書を素直によめば，いくつかの資料が指摘しているとおり，本土出身者に比べてバゴボ族とより打ち解けていた沖縄初期移民の姿が浮かび上がってくる。そして県人会の抗議文には，その距離を限りなく遠ざけて自らを「日本国民」の側に位置づけようと腐心する姿勢がみえる。というのも，「日本国民」というカテゴリーには，「文明人」というイメージが重ねられていたからだ。その背景には，欧米の「文明」諸国をモデルに植民地主義国家への道を邁進する日本が，自らの「文明」度を証明するために，吸収した植民地域に「野蛮」を見い出し，かつ創り出していったという流れがあった。「普通語」を使うことを目指さざるをえなかった沖縄県人たちもまた，この暴力的な二分法に巻き込まれ，自らを「日本＝文明」の側におくことでしだいにバゴボ族たちを「野蛮」の側に封じ込めていった。
　こうした文脈のなかに位置づけてはじめて，「外国に出稼ぎするのは，親のため，国のため」と歌い，バゴボ族を「蛮人」とよび，さらにはフィリピン人全体を「土人」「三等国民」と言い放たなければならなかった彼の姿が理解できる。

◉場所——地図と重ねる

　太田興業の耕地でしばらく働いて金を貯めた実さんは，26歳のとき，帰郷する備瀬の人から麻農園を譲り受けて自営者の道を歩み出している。その土地は，「米領フィリピン群島ミンダナオ島ダバオ市マラゴス耕地」にあった。
　この「マラゴス」という集落名を地図の上で初めて確認したのは，古川義三『ダバオ開拓記』(1956)の巻末に収められた「ダバオに於ける在留日本人中心地々図」(図12-1)によってだった。古川は，ダバオの日本人社会において太田興業と並び称せられた古川拓殖会社を興した人物である。この地図には「日本人会」「邦人小学校」「邦人墓地」「太田興業」「古川拓殖」などの邦人社会のシンボルが地名とともに記されており，日本人のつながりが網目状に奥地へ勢力を伸ばしていく様子をうかがうことができる。いわば，日本という共同性の伸張を地図という形にして誇示したものともいえる。
　そして，ダバオの市街地と各耕地を結ぶ太線で描かれた幹線道路を内陸へたどっていくと，地図の北西あたりに「マラゴス」という地名を見つけることができる。語りのなかに繰り返し出てくるこの土地の名は，彼にとって，呼び寄せた結婚相手と共に麻栽培を営んだ場所であり，その妻の遺骨が眠る場所でもある。

　実：（移民していた当時）フィリピンの金がね，60ペソ送ったら，日本に送金し

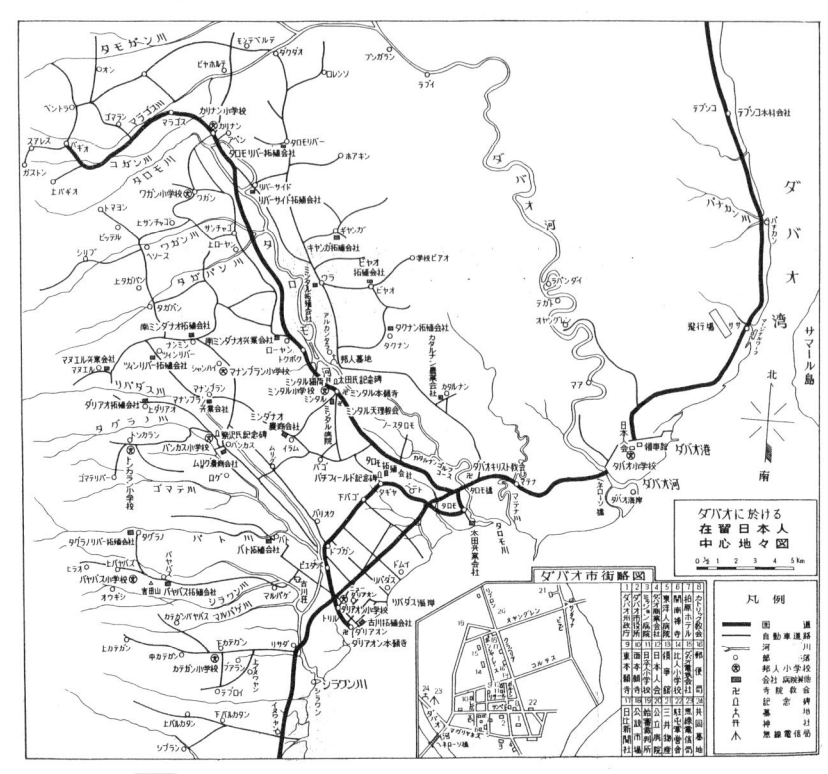

◎図◎ 12-1　ダバオに於ける在留日本人中心地々図（古川，1956）

たらね，日本の100円になりおった。フィリピンの金は，ペソは値打ちはないさ，ドルのようにね。そうするからね，60ペソ送ったら日本人の100円に相当したよ。
石井：おじさんも親元に送金したの？
　実：うん。……送金しなければ（嫁さん呼べなかった）。嫁さんあっちに呼んだからね。
石井：あー呼び寄せしたの。
　実：呼び寄せした。そんときにもだいぶ金かかったさ。
石井：お嫁さんはここの人，備瀬の人でしょ？
　実：うん。……みつといいおった。あれ昭和17年でね，フィリピンで亡くなったよ。戦争の真っ最中に。それでまだフィリピンの墓場においてあるんだよ，遺骨は。……マラゴースで亡くなったから。……そうするからぼくはフィリピンに行きたいんだ，まず。だが，あんまり行った人がいないわけよ，あっちまで。あっち正式な墓場なのに，フィリピン人の。それ苦労してるよ，ぼく。行ったらわかるよ，墓場はなにも動かしもしない，外人は。なおさら迷信信じるからね，墓場なんか触りもしない。……あっちの日本人の墓参りした（人たちが）毎年あるというがね，ある

◆PartⅡ◆フィールド研究の現場

んだがね，ぼくらがおったところまでは行かないんだよぉ。だいぶダバオから遠いから。このミンタルとかね，この近いところはみんな行ってるさ。ダバオから近いところは。ちょっとダバオからぼくらのおったところまで車で2時間もかかるからね。

「先妻の墓参に行きたい」。これがフィリピン体験を語るときの彼の口癖だった。自分の家のあった場所はドリアンの大木が目印だという。

　実：ミンダナオ島行ってみたいさ。……あっち行ってみたいさ。あんまりね，ぼくみたいにね，あっちに行く人がおればね，とっても行きやすいんだ。……自分が目的地まで行かなければ，ただミンダナオ島ダバオまで行くんであったらぼくはぜんぜん行かんよ，金費やして。ダバオ行って一応手続きしてからね，向こうの憲兵が付き添い，一緒であったらできるわけさ。治安がほんとにまだ回復していないから。あっちの憲兵が保証してからさ，そして憲兵と一緒であったら行けるさ，墓参りだからといって。……墓参といっては，ぼくは行けると思うがね。もうとっても行ってみたい，どんななってるか。自分の家であった所（道から）近いんだのに。すごい，ただ近いからさ，すぐ自分の家であった所，見えるんだのに，道から。そして，大きなね，ドリアンの果物の木があるよ。

　これらのことばを手がかりに，1998年の夏，私はこのマラゴスの地に立った。しかし，かつては墓地だったという場所はヤシ林に変わっていた。そこで手を合わせた。初めに私が様子を見に行き，墓参が可能なら彼といっしょに再訪するという約束を交わしていた。だからダバオから無事に帰還すると，当地の様子や日本からの墓参団がマラゴスまで足を延ばしていることなどを彼に報告した。ただその後の実さんは，「もうあんたが行ってきてくれたから」と，マラゴス行きについては口にしなくなった。

3．＜語り－聞く＞過程を編む

　語りの風景をひらくための工夫は，もちろん前節で紹介した点に限らないが，私自身の聞く作業を振り返ってみるとこの3つの手がかりにはいつもお世話になった。

　テクストのなかで中心にとりあげるのがたとえひとりの語りでも，共通の状況を生きてきた人たちへの聞きとりを重ねるという作業は欠かせない。ここで紹介したように自分史という形で残された声と出会うこともある。そして，いくつかの声を重ねることでそれらが共鳴し合う物語が聞こえてくる。大阪の備瀬出身者たちを対象にした「『同志会』という共同の物語」という論文では，備瀬同志会

というふるさと会は他郷で刺激された同郷性によって支えられているだけでなく、それを基盤としながらメッキ業という共通の職業を媒介にして編まれてきた共同性によっても強く支えられていることを、出身者の語りを重ねることで描き出そうとした（石井，2000）。

語りの舞台となる歴史状況を生きていない聞き手にとって、その当時の雰囲気を残すさまざまな史料にあたり読み解くことは、あえて強調するまでもない当然のことだろう。先にとりあげた例では、「沖縄」というカテゴリーに付与された意味合いが「日本」や「バゴボ族」といった他のカテゴリーに込められた意味と相互に絡み合っていることを、語りと史料を重ねることで浮き彫りにした。移動を契機として、人は「他者」と「自分」とを分ける新たな線引きに巻き込まれてしまう。「語られる共同性」という論文では、他者の類型化は潜在的に自己の類型化を含み込んでいること、そして備瀬出身者たちがさまざまな「他者」との出会いのなかで準備してきた複数の共同性を具体的な状況下で柔軟に切り替えながら生きていることを指摘した（石井，1997）。

そして、語り手にとって意味ある場所に立った後で話を聞くと、2人の前に語りの風景が一気に広がることがある。実際にその場所に立つことが難しい場合には、当時の地図や写真を間に挟んで話を聞くことをすすめたい。それらを媒介にすることで両者が語りあう関係が生まれやすいからだ。このあたりのことについて、先にあげた論文のなかで、「並ぶ関係」という鍵概念（やまだ，1987）を援用しながら考察した（石井，2000）。

いま紹介したそれぞれのテクストのなかに編み込まれたライフストーリーは、インタビュー場面でのやりとりを活かした形で提示されることが多い。このようなスタイルを採用することで、ライフストーリーを単線的な形にまとめてしまうことを避け、インタビュー場面で振る舞う語り手と聞き手という2人の主体の声を残そうとした。そこには、両者のかけあいをそのまま文字に起こすことで語りの風景が生み出されるその動的なプロセスを伝えるというねらいが込められている。流れる会話をそのまま文字で表現することは不可能だが、できるかぎりその流れを止めないようにと心がけた。また、テープに記録された会話を文字に起こす作業は、相互行為の過程を対象化し反省的にとらえ返すことでもあった。

4. 語り、聞くことは世代間をつなぐこと

「あんたがた、一度も戦争にあたってみないんだからね」と繰り返し前置きしながらも、フィリピンでの戦争体験を語り続けてくれた実さん。私もまた、彼の

ことばを懸命に受けとめようとしてきた。

　しかし，生まれ落ちた時代状況もこれまで生きてきた境遇も異なる者どうしの間で〈語り－聞く〉という共同作業がいつもよどみなく流れるとはかぎらない。ときには，2人の間に険しい亀裂が走っていることに気づかされる。その裂け目に戸惑いながらも，それぞれが語り手と聞き手という役割を担い，引き受けつづけること。そうして，目の前に横たわる亀裂にささやかな橋を掛けていく。聞き手が，語り手にとって意味ある場所に身をおくこと，生活の現場を少しでも共にすること，関連資料を丹念に読み込んだうえで問いを投げかけること，そして両者のあいだの差異だけでなく共通性にも目を向けること，これらはすべて，2人の前に語りの風景を広げるための工夫といえるだろう。

　自分自身の体験を伝えようとする語り手，その語りに耳を傾けそこから何かを受け継ごうとする聞き手。人は，どこから来たのかを知れば，どこへ行くのかも見えてくる。もちろん，前の世代の歩みをそのまま引き継げばよいというのではないだろう。まず，語りの風景をひらく作業をとおしてかれらの足跡をこまやかにたどり，そしてその苦難の歩みから学ぶこと。そうした作業を重ねていくなかでおのずから，後に続く世代が歩むべき道筋が照らし出されてくるのではないだろうか。

　最後に，本章を閉じるにあたってひとつの思いを添えておきたい。
　どうやら私の研究は，集落（シマ）という単位にこだわってきたようだ。からだに馴染んだ景色，しぜんに身についた土地のことば，顔の見える付き合い，そして限りある環境のなかで手と手を合わせる共同作業。急速に失われつつある世界への単なる郷愁なのだろうか。鍵となるのは，具体的な物事を前に並ぶという姿勢を重ねるなかで生まれるつながり。風通しのよい共同性に支えられた個性，そんな関係を可能にする適当なまとまりを模索しながら，シマという関係がいまも気になっている。

● **ブックガイド**

　中野卓・桜井厚（編）　1995　ライフヒストリーの社会学　弘文堂　本書は，ライフヒストリー研究再興のきっかけをつくった『口述の生活史』（中野卓編著，1977，御茶の水書房）以後の展開をふまえ，方法論をめぐる諸課題に取り組んだ8つの論考から成る。とくに，インタビュー場面からライフヒストリーが構成される過程についての検討が充実している。
　やまだようこ　1987　ことばの前のことば――ことばが生まれるすじみち1　新曜社　ことばは，ひとり外界と対立して獲得するものではなく，身近な相手と並んで同じものを見るという関係のなかから生まれる。だからこそ，並ぶ関係は語りの風景がひらかれる基礎となる。なお，「生成」という鍵概念は，『人生を物語る――生成のライフストーリー』（やまだようこ編著，2000，ミネルヴァ書房）へと引き継がれている。

● 引用・参考文献

古川義三　1956　ダバオ開拓記　古川拓殖株式会社
石井宏典　1993　職業的社会化過程における「故郷」の機能――生活史法による沖縄本島一集落出身者の事例研究，社会心理学研究，8（1），9-20.
石井宏典　1995　文脈のなかで人と人とが語りあう方法を求めて　南　博文・やまだようこ（編）　老いることの意味　金子書房　pp. 213-234.
石井宏典　1997　語られる共同性――ライフストーリーをよむ　茂呂雄二（編）　対話と知　新曜社　pp. 175-202.
石井宏典　2000　「同志会」という共同の物語――沖縄のある集落出身者たちの並ぶ場所　やまだようこ（編）　人生を物語る　ミネルヴァ書房　pp. 113-142.
南　博文　1995　人生を「物語る」ことの意味　南　博文・やまだようこ（編）　老いることの意味　金子書房　pp. 235-238.
村山明徳　1929　比律賓概要と沖縄縣人　ダバオ時報社
鶴見良行　1987　バナナと日本人　岩波書店
やまだようこ　1987　ことばの前のことば　新曜社
やまだようこ　2000　人生を物語ることの意味　やまだようこ（編）　人生を物語る　ミネルヴァ書房　pp. 1-38.

13章　過疎地域の活性化
鳥取県智頭町における人間科学のフィールドワーク

河原　利和

1．フィールドと私

☺ローカルな共同的実践

　私は，主に，中山間地域や過疎地域，地方の中小都市などの地域計画や都市計画に携わる地域プランナー（企画・計画を立案する者）である。地域プランナーが計画策定などに取り組むためには，フィールドワークを行うことが不可欠である。本章では，杉万俊夫（2000）が提唱する「人間科学のフィールドワーク」の方法論をもとに，私が深く関与している鳥取県智頭町の地域づくり，とりわけ，1997年以来，同町で展開されている集落単位の活性化運動──「ゼロ分のイチ村おこし運動」について紹介する。

　人間科学のフィールドワークは，研究者（フィールドワーカー）と当事者（フィールドの人々）による共同的実践として進行する。共同的実践は，特定の時期（時代）に，特定の場所で，特定の人々によって行われる。もちろん，時期の長い短い，場所の広い狭い，人々の多い少ないはさまざまであるが，人間科学の知識は，基本的に限定された時期と場所における限定された人々による共同的実践，つまり，ローカル（局所的）な共同的実践のなかから生まれる。まず，智頭町というローカルな場所について，そこに私が参入した経緯と現在の立場について述べておこう。

◉智頭町の概略

　鳥取県智頭町は，典型的な中山間地の過疎地域である。鳥取県の東南部に位置し，西と南は岡山県に隣接する。周囲は1000m級の中国山地の山々が連なり，その山峡を縫って流れる川が智頭で合流し，千代川（せんだいがわ）となり日本海に注いでいる。面積は224.61k㎡，その約93％を山林が占めて，江戸時代から杉の植林が盛んであった。しかし，1960年（昭和35年）代に著しく進行した農山村から都市への人口流出に加え，折からの林業不況も重なり，町の活力は著しく低下していった。この結果，1955年（昭和30年）には，1万4643人あった町の人口は，2000年（平成12年）8月1日現在では，9744人に減少。高齢化率も約28．1％と全国平均を大きく上回る。なお，智頭町は，1914年（大正3年）に町制を施行し，1935年（昭和10年）山形，那岐（なぎ），土師（はじ）と合併し，さらに翌1936年（11年）には富沢（とみざわ），1954年（昭和29年）に山郷（やまさと）の旧村を合併し，現在に至っている。それらの旧町村は現在でも6つの地区として，なごりをとどめている。各地区には，だいたい10から25くらいの集落がある。ひとつの集落は数十戸の世帯からなる。

　智頭町の活性化運動は，前橋登志行（まえばしとしゆき）（当時48歳，製材所経営）と寺谷篤（てらたにあつし）（当時36歳，特定郵便局長）という持ち味を異にする2人が偶然に出会ったこと（1984年（昭和59年））に始まる。2人の出会いは，寺谷が杉板はがきの制作業者を求めて，前橋宅を訪問した時から始まる。初めての出会いから1週間ほど，寺谷は，連日仕事そっちのけで，前橋宅を訪れ，2人は自らの人生や智頭町の現状と未来について語り合った。その語りのなかから，ごく一握りの資産家や有力者に牛耳られるまま，新しい試みのいっさいを拒絶する旧態依然たる地域の体質に対する不満，そして，この体質を何とか打破しなければならないという熱い思いを共有していった。

　1985年（昭和60年）に，2人は杉名刺の開発に乗り出した。また，杉名刺に続いて，杉の香りはがきを開発・商品化した。1986年（昭和61年）には，同じ杉を利用した木のはがき，木づくり絵本などの商品を送り出した。前橋と寺谷，および，2人に協力する少数の人たちは，1987年（昭和62年）から89年（平成元年）の3年間，「木づくり遊便」コンテストや智頭杉「日本の家」設計コンテスト，そして「杉の木村」ログハウス群建設など智頭杉の高付加価値化を軸とするイベ

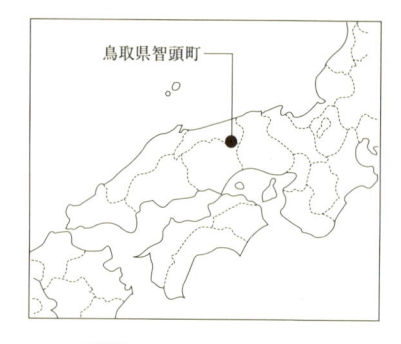

◎図◎ 13-1　智頭町の位置

地域というフィールド

(注) 四角で囲んだ名称が集落である。

◎図◎ 13-2　智頭町の地区と「ゼロ分のイチ村おこし運動」の参加集落

ントや事業を次々に実現していった。私が，智頭杉「日本の家」設計コンテストに応募し，幸いにもグランプリに選ばれたのが，彼らとの出会いだった。

そのようななか，1988年（昭和63年），前橋と寺谷を中心とする，約30名が「智頭町活性化プロジェクト集団（Chizu Creative Project Team：略称 CCPT）を結成した。この頃に岡田憲夫（当時41歳，鳥取大学工学部教授）が，この活動にかかわりを持つようになったことにより，「杉の木村」ログハウス群建設以降のCCPTの活動は，そのウエイトを物づくりから人づくりへと移行させた。とりわけ，異文化や学問・科学とのふれあいによる人づくりが精力的に行われた（この10年間の経緯については，杉万，2000を参照）。

以上のような約10年間にわたる活性化運動の実績は，かなり広範な人々の認めるところとなった。その後，CCPTは，あたかも変幻自在の軟体動物のように，地域コミュニティのひだのなかにしみ込み，そして，岩をもうがって伸びる木の根のように，縦割り行政システムの壁を突き崩し，そのなかに浸透していった。町行政へと浸透するなかで，「ひまわりシステム」（郵便屋さんが，役場，病院・医院，農協などの協力を得て，ひとり暮らしのお年寄りへの在宅福祉サービス。〔日本・地域と科学の出会い館編，1977〕を参照）や次に紹介する日本「ゼロ分のイチ村おこし運動（以下「ゼロイチ運動」）」の施策が誕生した。

㊂「ゼロ分のイチ村おこし運動」と私の立場

　行政のバックアップのもとに集落の住民が立ち上がる。自らが住む集落を見つめ，将来のビジョンを描き，その実現に自ら汗をかこうじゃないか——これが「ゼロイチ運動」の目的である。「ゼロイチ運動」は，重みを失いつつある集落の復権であり，閉鎖的・保守的・依存的な旧態依然とした村社会の変革を意図している。町の活性化は集落の活性化からという視点に立って，「これからもこの集落に住もう，どうせ住むなら豊かで楽しい村がいい」を理念とする。この地に住み，共に生き，人生を共に育んでいくことの価値を問う運動である。

　ゼロ分のイチという標語は，0から1，つまり，無から有への無限の跳躍を意味している。この運動では，智頭町内の各集落がそれぞれの特色をひとつだけ掘り起こし，外の社会に開くことによって，村の誇り（宝）づくりを推進する。この運動は，1996年を助走期間として，1997年から本格スタート。1997年度には7集落が進んで手をあげた。1998年度には2集落，1999年度には1集落，2000年度には4集落，合計14集落が立ち上がっている（河原，1977；岡田ほか，2000）。本格的な地方分権社会と市町村合併を見据えた住民自治の能力を育成するための社会システムの創造ともいえる。

　私は，1988年（昭和63年）の智頭杉「日本の家」設計コンテストを機に，CCPTの活性化運動に外部者として参入した。その後1996年（平成8年）には，智頭町役場から「ゼロイチ運動」の企画・計画立案とそのアドバイスを依頼され，約1年間，行政職員や住民のキーパーソンらと共に，本運動の立ち上げ期にかかわった。さらに，1998年（平成10年）7月から2000年（平成12年）6月までの2年間は，智頭町に居を構え，役場の助っ人として，役場に席をおき外部者でもあり内部者でもある両方のスタンスで智頭町の地域づくりに携わった。

　私は，役場の各課を超えた内部，そして，役場の内部と外部の「インターフェース（異なる性質のものを結びつける）」，「コーディネーター・アドバイザー（総合的な調整を図り助言を与える）」，「プランナー・プレイヤー（政策・企画・計画立案とその実行を行う）」的な役割を果たした。また，町づくりビジョンの策定などと共に，「ゼロイチ運動」に，とくに力を入れてコミットした。なお，私のような立場で過疎町村の役場に席をおいた（おいている）地域プランナーは，自ら知るところ国内に数名しかいないと思う。地域プランナーが外部から役場（行政）に受けいれてもらうためには，まず，首長が外部の地域プランナーの意義と必要性（役割，立場など）を充分に認識していることが不可欠である。

2. 目的と価値観

　実践には必ず目的がある。また，実践は必ず何らかの価値観を前提にしている。そうであれば，研究者と当事者の共同的実践のなかから生まれる人間科学の知識にも，何らかの目的・価値観が前提になっているはずである。さらにいえば，人間科学の知識は，その知識の前提となっている目的や価値を共有する人々の実践にとってこそ，意味ある知識である。

　したがって，ある人間科学の知識を使うということは，その知識の発信者と目的や価値を共有していくことを意味する。それだけに，人間科学の知識をつくり出す研究者も，人間科学の知識を使おうとする人々も，自らの目的や価値観を問い続けることが必要である。当事者も，研究者も，自覚することなく，特定の目的や価値観に縛られていることが多い。そのような場合，当事者や研究者に，自分を縛っている目的や価値観を気づかせることも人間科学の役割である。

　「ゼロイチ運動」は，集落単位の運動である。しかし，各集落がまったく自由に行う運動ではない。そこには，共通の理念と手続きなどが企画書に定められている。この企画書に目的などが，5本の柱にまとめられている。

(1) 村の誇り（宝）の創造：村の特色を一つだけ掘り起こし，誇りある村づくりを行う。
(2) 住民自治：自分たちが主役になって，自らの一歩によって村をおこす。
(3) 計画策定：ある程度長期的視点で，村の行く末を考え，村の未来計画を立てる。そして，その村なりの特色ある事業を計画し，実行する。
(4) 国内外との交流：村の誇りをつくるために，意図的に外の社会と交流を行う。
(5) 地域経営：生活や地域文化の再評価を行い，村に付加価値をつける。

　これらの5本の柱は，次のように組み立てられることができる。まず，「村の誇り（宝）の創造」，これが「ゼロイチ運動」の目的である。この目的に向かって，行政任せではなく，住民自らが能動的に「計画策定」する。具体的には，集落の生活や文化を「地域経営」の観点から，しかも，「国内外との交流」を考えながらとらえ直していく。それを通じて，「住民自治」の姿勢を育んでいく。この理念や5本の柱の根底には，「自主的な共同作業」に取り組むこと，そして，住民自らによる進路の「主体的な選択・決定」と「自己の責任」の価値が前提になっている。

　私は，当初，押しつけと思えるここまで詳細な計画書の様式や規約や運営要綱

などのルールが,「ゼロイチ運動」に必要なのかと思った。「ゼロイチ運動」の取り組みが始まって,しばらくしたときに,住民から「計画書の様式があるので計画がつくりやすい」「詳細な運営要綱があるので集落振興協議会の運営が進めやすい」,また,役場担当者から「それぞれの集落が好き勝手に解釈して,ルールを無視することができないので良い」などという声を聞き,改めて当初,押しつけとも思えた詳細な計画書の様式や規約や運営要綱などのルールが必要なことを認識した。

3. 1次モードと2次モード

ローカルな現状と過去を把握し将来を予測する。その把握と予測にもとづいて問題解決に取り組む段階を,共同的実践の1次モードとよぶことにしよう。この1次モードでは,データ収集や観察も必要になる。また研究者は,さまざまな概念や理論を持ち込む。

重要なことは,1次モードの共同的実践は,必ずある前提,しかも気づかざる前提のうえに立った実践であるということである。「気づかざる」というところが重要である。自分たちが前提にしていることを,徹底的に洗い出し,考え抜いたとしても,考えついた前提の,そのまた根底に,必ず「気づかざる前提」が存在している。

ところが,共同的実践が進行するうちに,それまでの実践の根底にあった「気づかざる前提」に気づくことがある。この「気づかざる前提」に気づく段階を,2次モードとよぶことにしよう。それまでの(1次モードの)前提に,過去形で気づくモードである。こうして,2次モードをへて,新たなる1次モードに入っていく。

新たなる1次モードでは,現状と過去の把握,将来の予測の仕方が,前の1次モードとは異なってくる。また,前の1次モードで行った共同的実践の意味合いも異なってくる。しかし,今回の1次モードの共同的実践もまた,気づかざる前提——もちろん前回の気づかざる前提とは違うけれども——に立っている。その気づかざる前提に気づくときには,新たなる2次モードに入っていく。人間科学の現場は,1次モードと2次モードの繰り返し,1次モードと2次モードの連続的交替運動である。

私は,当初,役場からゼロイチ運動の話を聞いたときに,本当に住民は計画策定を行うことができるのだろうか,計画策定を行うにしても,地域プランナーがかなりコミットしなければ,住民が計画策定を進めることは難しいのではないかと

思っていた。

　ところが，私は住民と共に，約半年間にわたる計画策定過程のなかで，「ゼロイチ運動」の計画策定は，一般的な行政による計画策定とは，意味や内容などのとらえ方が異なることに気がついた。行政や地域プランナーは，総合性・体系化や論理の展開，全体構成などを重要視する。それに対して，「ゼロイチ運動」では，住民自らによる計画策定と，それを住民自らが実行に移すこと，そして，10年間にめざす行動計画の骨格づくりが重要視されることに気がついた。そのため地域プランナーが，住民による計画内容を見ると，どうしてもダイナミックな広がりの弱さ，社会性の物足りなさ，即物的すぎるなど未熟なものにとらえてしまう。しかし，「ゼロイチ運動」の計画策定と地域プランナーなどのプロの計画策定とは，とらえ方が異なるのである。

　また，住民参加型やワークショップによる計画策定では，とかく地域プランナーが手や口などを出しすぎると，住民が依存体質におちいり，主体性や自立性が育たないケースが少なくない。そこで，「ゼロイチ運動」の計画策定では，地域プランナーは必要以上にコミットしすぎず，できるだけ住民の主体性を尊重し，ほど良いスタンスでコミットしながら，住民が知恵と汗を出して，作業していくうえで本当に困ったときにのみアドバイスしなければならない。住民が計画策定を行う際には，最初から完璧な間違いのない計画策定をねらうのではなく，Plan→Do→See（Check）の小さな循環，そして小さな過ちも重ねながら，少しずつバージョンアップさせていくことが重要となる。いいかえれば，生物的な計画策定を行うことが重要なのだ。それに気づいた。まさに，2次モードを経験し，新たな1次モードへと進んでいくことができた。

4．ローカルからインターローカルへ

　ローカルな共同的実践についての共同メッセージは，特定の人物，特定の場所，特定の時代に彩られた生々しい実践の記録である。生々しい記録は，それなりに人の心をうつものであるが，同時に，他の場所，他の時代の他の人々の実践に結びつきにくいのも事実である。そこで，生々しい記録を，ちょっとだけ抽象化してみる必要がある。つまり，ちょっとだけ一般的な概念を使って，直接の当事者ではない人にも理解できるようにするのである。その知識は，特定の人（たち）が，特定の場所，特定の時代に行った実践，つまり，ローカル（局所的）な実践を，ちょっとだけ抽象化した知識である。

　こうして，あるローカルな場所・時代から発信された知識は，抽象化のおかげ

で，他のローカルな場所・時代に伝播していく。そうなれば，2つのローカルな場の間にも，共同の関係，共同の実践が生まれるのである。つまり，ローカルな知識が，インター・ローカルな知識になるわけである。こうして，共同的実践の輪が広がっていく。

　私(や他の研究者)と住民のキーパーソン，行政職員らの特定の人物によって，智頭町という特定の場所で，10数年間という特定の時期に行われるローカルな共同的実践から人間科学の知識が生まれる。『ひまわりシステムのまちづくり──進化する社会システム』(日本・地域と科学の出会い館，1997)では，「ひまわりシステム」「社会システム」「コモンイズム（共有主義）」「ゆうふくシステム」などの概念的なメッセージを発信した。また，「地域からの挑戦──鳥取県・智頭町の『くに』おこし」(岡田ほか，2000)では，「ゼロ分のイチ村おこし運動」「小さな『くに』おこし」「敵は大人の常識」「ステージを準備する」「シナリオを紡ぐ」「先生徒になる」などの実践的なメッセージを発信した。それらのメッセージは，ローカルな共同的実践を，直接の当事者ではない人にも理解できるように，ちょっとだけ抽象化の作業をしたものである。この抽象化の作業によって，他のローカルな場所，時代に伝播していく。さらに，全国から多くの人たちが，「ゼロイチ運動」の視察や調査にも来ている。しかし，役場職員や住民の一部の話を聞き，活動の表層を見て，自らの地域に戻り，活性化の動きを試みるが，なかなかうまくいかない。各地域の人たちは，まず，智頭町で行われている「ゼロイチ運動」の本質や地域の背景，思想などの実情をまるごととらえることが大切である。そして，各地域がおかれている実情などに即して，各地域の活性化に取り組むことによって，他のローカルな場所，時代，人たちに伝播して，共同的実践の輪が広がると思っている。

5．研究者の役割──理論

　研究者と当事者の共同的実践において，研究者が研究者として，なすべき唯一の貢献は，理論にもとづく貢献であろう。理論にもとづく貢献を除外すれば，研究者としての貢献と研究者以外の人の貢献に，本質的な違いはないはずである。ここにいう理論の範囲は広い。個別の現象，個別の実践についての理論もあるだろうし，グランドセオリー，メタ理論の類もあるだろう。また，データ解析，モデル構成など，研究手法についての理論もあるだろう。また，いかに人間科学的なフィールドワークであっても，自然科学の理論や概念も必要になる。

　すでに述べたように，ローカルな共同的実践は，1次モードと2次モードの連

続的交替運動として進行する。理論は，この交替運動に寄与するものでなければならない。理論は，ローカルな共同的実践の記録や，そこから紡ぎ出された言語を，抽象化，一般化することにも寄与しうる。理論によって抽象化，一般化された記録や言説は，他のローカルな共同的実践への伝播力を獲得する。こうして，ローカルな共同的実践が，インターローカルな共同的実践へと拡大する可能性が開かれる。

　次に，CCPTのなかでいわば共通語となっている理論的概念を2つだけ紹介しよう。

☺ハビタント——外部参入者

　人材（人財）は地域の外にもいる。けっして，地域に住民票を持つ人（定住者：in-habitant）だけが，地域の人財の候補ではない。内の人々にとって，異質な価値観を持った外の人々の参入とかかわりがいい意味でのインパクトを与える。大事なのは，内の人々と外の人の間にある個性やかけがえのなさ，そして，感じ方や考え方の違いである。その違いがあっても，互いを認めて，内の人々とコミュニケーションできる外の人々があらわれてくる。それが非常に重要である。そのような人を，私たちは「ハビタント」（外部参入者：habitant）とよんでいる。このハビタントの考え方は，過疎地域の活性化を議論するうえで，〈頭数としての人口の増減〉論を見直すためのひとつのアプローチとして，ハビタントが地域コミュニティに与える質的・量的な影響について着目している。

　私自身がハビタントである。10数年前から智頭町のセミハビタント（semi-habitant）になり，2年あまり前からインハビタント（in-habitant）になって，集落に住み，役場に席をおいていた。自らが意識して外部者の異質性を磨いていても，数年という時間が経過するとともに，役場や集落に徐々に馴染みつつ，異質性のインパクトが弱くなってくる。内部者でもあり外部者でもある両方のバランスある立場で，地域づくりにコミットすることは容易ではない（私自身の葛藤を引き起こしかねない）と実感している。

☺「先生徒」——先生＋生徒＝先生徒

　「ゼロイチ運動」のステージにのる役者はみな対等である。たとえば，パソコンの得意な人はパソコンの先生になるも良し。しかし，山菜料理をつくるシーンでは，パソコンの生徒だった主婦が先生，パソコンの先生は生徒に変わる。誰が教える先生で，誰が教わる生徒かは，シーンによってころころ変わる。つまるところ，みな，先生でもあり，生徒でもある。みな，先生＋生徒，つまり「先生徒

（先生＋生徒＝先生徒）」なのである。この先生徒の考え方は，1989年（平成元年）から98年（平成10年）に開催された「杉下村塾(さんかそんじゅく)」の学問・科学とのふれあいによる人づくりのなかから生み出された概念である。

　最後に，これまでのおさらいも兼ねて，過疎地域の活性化における人間科学のフィールドワーク（フィールド研究）の留意点を整理して，この章を終えたい。まず，研究者などは，ややもすると無意識のうちに，先生の役割のみになってしまうケースが少なくない。そのことを注意しながら，「先生徒」の考え方を忘れずにフィールドワークに携わることが不可欠である。次に，フィールドに足繁く通って，フィールドを介して地域の多様な人たちとの出会いや学びがあり，共同的実践を積み重ねながら，信頼関係や人間関係を構築することが，魅力と財産である。さらに，フィールドの眼に見えない事象を冷静に見る（人間科学の眼）訓練をして，情熱（こだわり）と執念（しつこさ）を基底にすえながら，フィールドワークをすすめること――が原点ではなかろうか。

　なお，人間科学のフィールドワーク（特に人間科学）の詳しい解説について，紙幅の都合や本書の性格からふれることができないため，杉万俊夫（編著）2000『よみがえるコミュニティ――フィールドワーク人間科学』が参考文献になるので，合わせて読んでいただければ，さらに理解が深まると思う。

◆**ブックガイド**
　杉万俊夫（編著）　2000　よみがえるコミュニティ――フィールドワーク人間科学　ミネルヴァ書房　人文・社会科学の領域におけるフィールドワークと地域づくり，コミュニティの活性化などに興味を持つ読者を想定している。自然科学的フィールドワークに対する，もうひとつのフィールドワークのあり方――人間科学的フィールドワークを，その実例とともに紹介する。
　岡田憲夫・杉万俊夫・平塚伸治・河原利和　2000　地域からの挑戦――鳥取県・智頭町の「くに」おこし　岩波ブックレット　来るべき21世紀は住民自治の時代といわれているが，山間の過疎の地で，そのモデルともいえるユニークな村おこしが続けられている。全国で注目を浴びている自治体と住民が一体となった地域活性化の活動などを紹介し，これからの新しい地域経営のあり方を提案している。

◆**引用・参考文献**
　河原利和　1999　住民・役場・研究者等の協働による村おこし運動　地域政策研究，第7，pp. 46-56.
　日本・地域と科学の出会い館（編集）　1997　ひまわりシステムのまちづくり――進化する社会システム　はる書房
　岡田憲夫・河原利和　1997　交流時代における中山間地域の外部者参入過程に関する実証的研究――ハビタント概念の例証　実験社会心理学研究，37（2），223-249.
　岡田憲夫・杉万俊夫・平塚伸治・河原利和　2000　地域からの挑戦――鳥取県・智頭町の「くに」おこし　岩波ブックレット
　杉万俊夫（編著）　2000　よみがえるコミュニティ――フィールドワーク人間科学　ミネルヴァ書房

14章 駅前商店街のごみ捨て
首都圏中都市でのフィールド実験

高橋　直
（たかはし　なお）

1. フィールドと私

●あるひとつの論文との出会い

　私がフィールド研究を行おうと思ったきっかけのひとつは，ある論文との出会いである。それはアメリカの論文で，競技場でのごみ捨て行動を応用行動分析の技法を用いてコントロールするというものであった（Baltes & Hayward, 1971）。その論文には，実験室と比べて条件統制が困難な競技場を実験場面としながらも，応用行動分析的介入によってその競技場にフットボールを観戦しにきた人々のごみ捨て行動を改善できたということが記されていた。この論文には，心理学の技術を日常生活が営まれている場所にも応用することができるというメッセージが込められているように感じられ，大変感激したことを覚えている。

　この論文を読んだのは，大学院の「行動療法」の授業であった。今となっては（昔すぎて）定かではないが，「自分が興味ある論文をジャーナルから持ってきて報告しなさい」という課題だったと記憶している。当時修士課程1年だった私は，「応用行動分析って素晴らしいですね。こんなこと私もやってみたいです」などと読後の感想を無謀にも口走ったことを覚えている。

　このような「思いつき」から始まったのが，ある地方都市で行った「野球場のごみ捨て行動への介入実験」である。そして野球場の実験の後「理論的には刺激

性制御法の有効性も確かめたい」という動機づけのもと行われたのが本章でとり
あげる「商店街でのごみ捨て行動への介入実験」である。

☺ フィールドの紹介

本章でとりあげるA商店街は，ある地方都市（B市）の駅前にある。本来は上

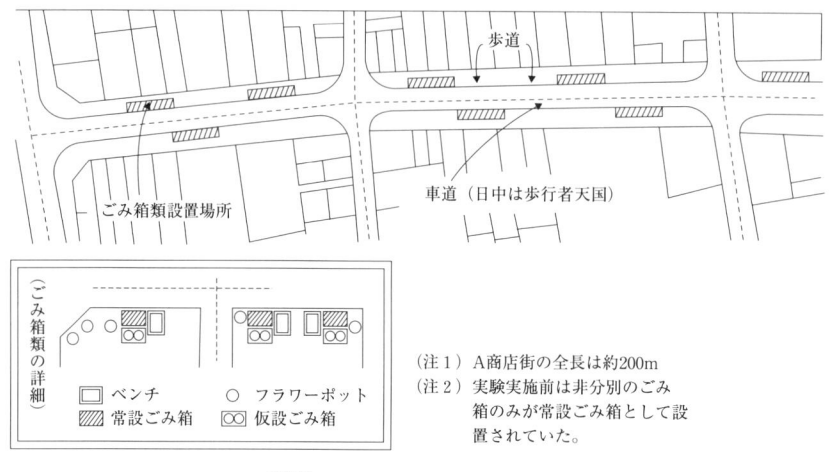

(注1) A商店街の全長は約200m
(注2) 実験実施前は非分別のごみ箱のみが常設ごみ箱として設置されていた。

図 14-1 ごみ箱類の設置状況

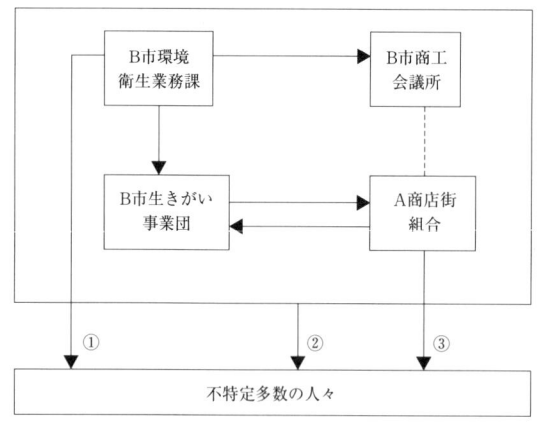

介入者が応用行動分析的な手法で不特定多数の人々のごみ捨て行動に介入するために想定した3つの経路は以下のとおりである。
① B市環境衛生業務課経由で直接介入する。
② B市環境衛生業務課→A商店街経由で介入する。
③ A商店街経由で直接介入する。

図 14-2 介入のために想定された3つの経路

下1車線の車道があるが，毎日朝10時から夕方6時までは歩行者天国となっており，道路にはカラータイルが敷かれ，木々を取り囲むようにベンチが数カ所設置され，フラワーポットやモニュメントもあるモール街である（図14-1）。そしてこの商店街は，あき缶を中心としたごみの投げ捨てが頻繁に見られるモールでもあった。

この商店街を利用する不特定多数の人々のごみ捨て行動に関係のある機関は図14-2に示したように①環境衛生業務課，②商工会議所，③生きがい事業団，④A商店街組合である。

介入者が応用行動分析的な手法で不特定多数の人々のごみ捨て行動に介入するためには，①環境衛生業務課経由で直接介入する，②環境衛生業務課→A商店街経由で介入する，③A商店街経由で直接介入する，という3通りの方法が考えられる。もちろん介入者のみで実験を行うという方法も考えられたが，フィールドに根づく実験にするためにはなるべく現場の関係機関に役割を分担してもらうことが必要であると考えた。

本実験では，実験開始前にA商店街組合と環境衛生業務課の双方にほぼ同時に接触した。その結果，環境衛生業務課経由の介入の実施可能性がもっとも高いということがわかり，②の介入経路を採用した。その理由は，B市の環境衛生業務課が従来からごみに関して先進的な試みを行っており，本実験に対してもっとも具体的な関心を示したからである。

2. 商店街での実施ができるまで

●実験実施交渉の経過

本実験が実施されるまでの経過は，表14-1に示した。ごみの計量にかかる労力の分担を環境衛生業務課に依頼したが，その理由のひとつは，ごみの計量は日常のごみ収集業務の流れにそって行うのが一番効率的で混乱も生じないと判断したからである。また，分別するためのごみ箱の購入をA商店街に依頼したが，その理由のひとつは，この商店街には一般用のごみ箱しかなかったため，新しくあき缶あきビン専用のごみ箱を購入して設置すれば商店街の備品になると考えたからである。

実験の趣旨に対する理解および賛同はかなり初期の段階で得ていた。しかし，介入にかかるさまざまなコストを誰がどのように分担するのかということはなかなか話し合いが進まなかった。なお本実験では，コストに関する合意を得るために予備的なベースライン（実験を何もしない状態）の測定をしている。その理由

表 14-1 介入の進行過程

日時	介入者	環境衛生業務課	B商店街
H5.3.2	環境衛生業務課部長M氏とコンタクト	M氏実験の趣旨を理解	
3.11		事情に詳しいI氏を紹介	
3.17	I氏に実験の詳しい説明		
4.9		I氏実験に興味を持つ	
5.6	B商店街F氏とコンタクト		F氏実験に興味を示す
5.13			F氏を会長とする商店街会合で実験に関する話し合い
5.29	現業職の人々と実験の具体的な方法についての話し合い		
6.4			予算に関する話し合い
6.7	実験開始(ベースライン)		
6.10			予算補助に関する問い合せ(ごみ箱)
6.15〜7.2		補助に関する調査(商工会議所と)恒常的に設置できるごみ箱には100万円以上の予算が必要と判明	
7.7	他の介入方法の提案	今回は予算内の臨時のごみ箱を設置して次回の実験の参考資料とする	

は，コストに関する話し合いをするためには具体的なごみやあき缶の数を示す必要があると判断したからである。この予備的ベースラインの測定は6月7日から7月2日までの間で行い，コストに関する話し合いを，6月4日から7月7日までの間行った。

その結果，A商店街に恒常的に設置できるごみ箱を購入するためには100万円以上のコストがかかるということが判明した。その段階でA商店街に恒常的に設置できるあき缶あきビン専用のごみ箱の購入を依頼することは不可能であることが判明した。そこで環境衛生業務課の課員からの提案で，今回は環境衛生業務課の予算で臨時のごみ箱を設置し，実験終了後はそのごみ箱を他の場面に移動するということで決着した。そして，8月4日から介入①期(実験を行っている状態)の調査が開始された。

フィールドに入る際に苦労したこと

このように記述すると，本実験を実施する過程は多少の困難はあってもスムースに進んでいたような印象を与えると思う。学術的な論文で記述できるのはこの

くらいが限界であるが，本章ではフィールドで体験したさまざまな出来事を通して得た教訓を紹介したいと思う。

▶**フィールドへの入り方は何よりも大切**　フィールドを開拓するのはとても大変なことである。日常生活が行われている場面をフィールドとすればするほどこのことは痛感できることでないかと思う。私自身，「理論の勉強とフィールド開拓は車の両輪のようなもの。どちらが大きすぎても車は先には進まない」という言葉を，フィールド研究をする際には呪文のように唱えている。

私にとってのフィールド開拓作業とは，電話でアポイントを取りつけ，約束の日時に「ごみ捨て行動改良計画・企画案」なる「商品」をいれ，営業スマイルを浮かべ関係各所をまわり歩き，「一度断られても，気にせずに。まずは雑談から」などという，小説やテレビの登場人物のせりふを思い出しながら行う「営業活動」のことで，高尚な学問とはほど遠い作業である。しかも体力・気力・時間を大幅に食いつぶす厄介な作業である。

このような作業にかかわっていると，普段はあまり楽しくない理論の勉強がむしょうに恋しくなる。そして「この時間があればあの論文が読めるのに」などと焦燥感にかられながら，「どんな入り方でもいいから，とにかくフィールドに入ろう。実験さえできればいいんだ」などと考えるようになりがちである。しかしこの考えは，後々実験に大きなマイナスをもたらすことになる。フィールドへの入り方はとても大切である。どのように入るかによって得られるデータの質が変わるからである。

フィールドに入る際，私がもっとも気をつけているのは「偉い人」である。「偉い人」と知り合いであることは，初めてフィールドへ入る際とても心強いことである。どこの馬の骨ともわからない人間がのこのこ入っていってもなかなか現場の人は相手にしてくれない。そんなとき，その現場の人が誰でも知っているような「偉い人」を通せば，本当は面倒でも一回は会ってくれるだろうし，協力もしてくれるかもしれない。

私も，フィールド開拓がはかどらず困った末「とにかく偉い人のコネを使ってみよう」式のフィールド開拓を行ったことがある。たまたま，知人の知り合いに市議会の議長をしていた人がいて，その人から公園の管理事務所に実験協力に関する依頼をしてもらったことがあった。その結果は残念ながら惨敗であった。「議長とはどういう知り合いか」ということがその際の面会の主なテーマとなってしまい，しかもとても否定的な雰囲気で終わったのである。

それ以外にも，A商店街組合の当時の役員に会うために元A商店街組合会会長を通したことがあったが，その結果消極的な拒否に会い苦労したこともあった。

後に他の商店街組合の会員から聞いたところ，両者は犬猿の仲だったそうである。
　このような経験に対して，比較的スムースに運んだのは同僚からの紹介というパターンだった。
　私のフィールドの場合，フィールドに入る際は紹介者をへないのが一番良かったのかもしれないが，もしどうしても紹介者が必要な場合には，現場において利害関係のない人の紹介が一番実験に影響の少ない紹介のされ方であると痛感した。

▶「自分の見せ方」にも工夫が必要　　フィールドに入る際，次に気をつけているのが自分の見せ方である。私自身は，（最近は無理があるのでできないが）なるべくなら学生として見てもらえるように自分を見せるようにしている（していた）。もちろん，身分詐称をすすめているわけではない。これはあくまでも気持ちの持ち方の問題であって，「私はあなたたちよりいろいろなことを知っているから，何か教えてあげよう」というスタンスよりは，「このことにとても興味があるので，ぜひ勉強させてください」というスタンスの方が，現場に受けがいいということである。「受けがいい」ということには，さまざまな利点がついてくる。一番の利点は，現場の本当の問題に近い姿を見せてくれる確率が高くなるということである。「先生」にはよほどの信用がなければ，本当の問題を教えてはくれないが，「学生」にはついしゃべってしまうこともあるのである。また，現場にとっては突拍子もない提案（たとえば，応用行動分析的な実験を行うとか）でも，世間知らずな学生ということで許してくれることもあるし，上手くいけば「学生の教育」のために本当ならやらない作業を追加して「学業に貢献」してくれることもある。

　このように書くと，「自分の見せ方」とは「（不自然ではない程度に）学生風に見えるよう若づくりすればいいのか」と受け取られてしまうかもしれない。それもひとつの答えではあるが，必ずしもそれがすべてではない。

　「自分の見せ方」とはつまり，フィールドに対する自分のかかわり方を誰からでもわかるようにシンボリックに表現するということを意味している。自分がどのようにそのフィールドとかかわろうとするのかを戦略的に考えたうえで，そのことがもっとも効果的に相手に伝わるような，服装・物腰・話し方でかかわる必要があるということである。

●実験実施交渉中に苦労したこと

　このような試行錯誤を経て実験交渉が始まったとしても，その交渉過程にはさまざまな問題が山積するのが普通のことである。逆にスムースすぎる交渉過程は，問題を上滑りしている可能性が高いので注意を要する。私が実験交渉過程で

もっとも苦労したのは「価値観の問題」と「コスト分配の問題」であった。

▶価値観の問題　価値観の問題とは，「何のためにあなたはこんなことをするのですか」といった質問に代表される問題である。商店街での実験を行ったとき「何のためにやるのかって言われても……（だって，この商店街にはごみが散乱しているじゃないですか。ごみ問題を解決することは，とても重要なことでしょ。だから，ここで実験をしたいのです）」。もちろん前出のカッコのなかは，私の心のなかの声である。ごみ問題にかかわっている私にとっては，ごみの散乱を緩和することは非常に価値のあることで，そのためには多少の犠牲を払うのも当然と思える。

しかし現場には，そんな私の「ごみ問題解決至上主義」とは別のさまざまな価値観，たとえば「売上げを伸ばすことこそ重要主義」とか「めんどくさいことにはかかわらないことが重要主義」などがある。そして，現場で実験を行わせてもらうためには，実験の内容を，ある程度，現場の価値観にそったものにすることが要求される。それだけでも大変なことであるが，困ったことに関係者がいればその人数だけ異なる価値観が現場にはあり，そのすべての価値観に合うような価値観にもとづいた実験計画などはつくることができず，できたとしても「研究」とは程遠いものになってしまう可能性が高くなるわけである。

結局，商店街で行った実験の場合には，関係者全員の間に「目の前に散乱するごみが片づくのは良いことだ」という共通認識を成立させた後，関係者全員（もちろん実験者も含む）が痛み分けをするということで実験を行うことができた。この「痛み分け」というのが「コスト分配」の問題である。

▶コスト分配の問題　コスト分配の問題とは，それぞれの当事者達が「あの人たちがそこまでやってくれるなら，私たちもこれくらいはやろう」という，建設的な循環になるように調整するということである。ただし，「なんで私たちがこんなことやらなきゃいけないの」「まずは，彼らが誠意を見せてくれなくては」といった非建設的な循環が生じることが往々にしてあり，そのときの調整はとても難しいものである。しかし最後まであきらめず，実験の持つ意義を，現場の価値観と照らし合わせながら説明することで，一筋の光明が見えてくることが多いと思う。

3. 商店街の実験で得たこと

☺実験結果

実験結果は，以下の2点に整理される。

第一に図14-3を見るとわかるように，路上に放置されたあき缶の捨てられたあき缶総数に対する割合は週前半では低く，週末になると高くなるという一定のパターンがある。介入前にはA商店街に捨てられるあき缶の全体数に対して，平均すると約50％のあき缶が路上に放置されていた。

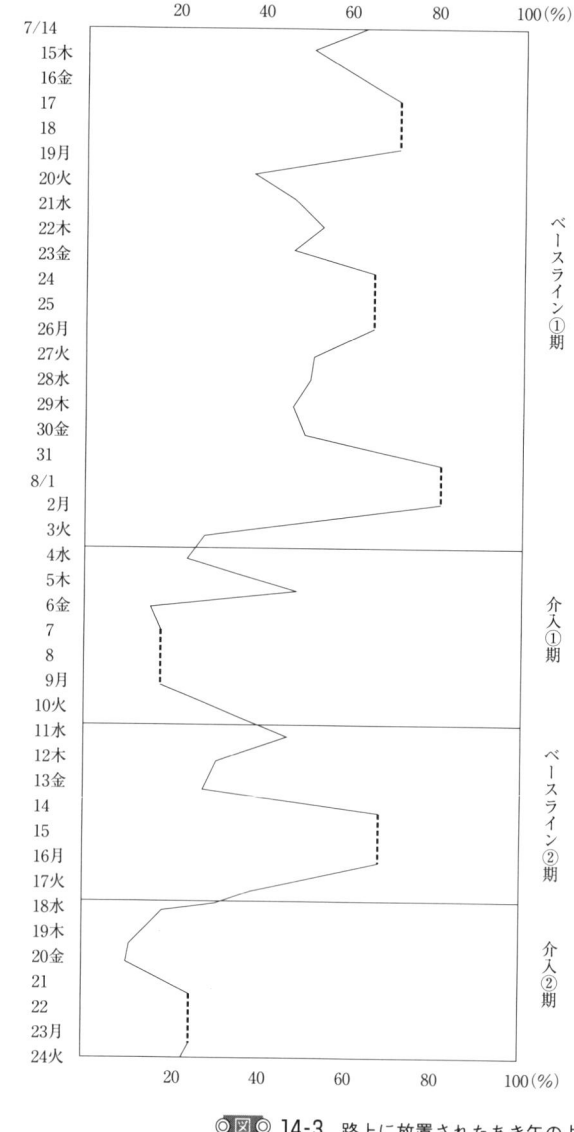

計測が実際に行われたのは月〜金曜日の5日間である。土・日曜日のごみの量は月曜日に収集された量を3分の1にしたものとした。この図は百分率で示されているので土・日・月曜日の割合は等しくなっている。したがって，土・日・月曜日の部分のグラフは実線ではなく点線で結ばれている。また各介入期の日数は土・日曜日を除いた日数が示されている。

図 14-3　路上に放置されたあき缶の占める割合

第二に，一般のごみ箱の隣にあき缶あきビン専用のごみ箱を設置するという介入を行うと，路上に放置されるあき缶の割合は減少した。介入①期では平均29%に減少し，介入②期では約17%に減少している（図14-3参照）。ベースライン①期と②介入①期，ベースライン②期と介入②期，ベースライン①期と介入②期，ベースライン②期と介入①期の間における「路上に放置されたあき缶の割合」の比率の差について，χ^2検定を行った。その結果，ベースライン①期と介入①期，ベースライン②期と介入②期，ベースライン①期と介入②期については，1％水準で有意な差があった。ベースライン②期と介入①期については5％水準で有意な差があった（高橋，1996）。

☺考察

　以上の結果から，A商店街のごみのなかでも多くの割合を占めているあき缶の散乱が，同一場所に異なる弁別刺激として分別ごみ箱を併置したことによって，かなりの改善がみられたことがわかったが，その理由としては，A商店街を利用する人々があき缶類に対して獲得している分別習慣をあげることができる。

　本実験における被験者はすでに他の場所であき缶類を分別して捨てるという行動を獲得しており，本介入期で分別用のごみ箱が設置されるとそれが弁別刺激となって分別行動が誘発されたと考えられるのである。

　人々が流動的に通過する場所でのごみ問題を解決するひとつの方法として，普通ごみ用のごみ箱とあき缶用のごみ箱を並べて設置するという方法は有望である。現在，JRの駅構内の一部などでも新聞雑誌用のごみ箱とそのほかの燃えるごみ用のごみ箱，燃えないごみ用のごみ箱を並べて設置しているところがあるが，このような試みを拡大していくと，ごみの散らかしと分別の問題の解決に役立つと考えられる。ただし，このことは単にごみ箱を併置すればよいというのではなく，とくに分別行動が形成されていない地域では，分別行動が形成されるようなプログラムと並行して行われることが重要であると考えられる。

4. フィールド研究で出会ったもの

　私がフィールド研究で出会った人のなかで一番印象に残ったのは，本でしかその名前を知らない「先輩の研究者」の後ろ姿である。どの地方の環境衛生業務課に行っても，その「先輩」の名前は知られていた。そして，フィールドにいる人たちからは「私たちは，あなたの先輩にいろいろと教えてもらった。だからこんどは私たちがあなたに協力してあげよう」という言葉をかけてもらうことができ

た。そこには，ある研究者がフィールドの人々と良好な関係を持っていたため，その後に続く研究者も好意的に迎え入れられるという，「良い循環」ができていた。この「良い循環」はフィールド研究を志す私たちにとって何ものにも代えがたい財産となるはずである。フィールドに出るときは，自分の後ろに続くであろう「後輩」のことを少しでも心にとめておくことは大切なことであることをこの「先輩研究者」の後ろ姿をたどっているうちに気がついた。

　フィールド研究はとても大変だ。研究者のモラルや責任感が問われる。しかも結果は期待したようなものが必ずしも得られるとは限らない。しかしやはりおもしろい。このおもしろさはやはり実際にやってみないとわからない。「百聞は一見にしかず」である。

●ブックガイド

　川喜田二郎　1984　野外科学の方法——思考と探検　中公新書　ＫＪ法の創始者川喜田二郎が，「ＫＪ法を単に便利な小道具として使うのではなく，それを包む野外科学的方法，さらには問題解決の全力法のなかに位置づけて活用することが必要である」と説き，野外科学の方法や概念を説明した好著。ＫＪ法を行う人にはぜひ読んでもらいたい一冊。

　Morris Berman　1989　デカルトからベイトソンへ——世界の再魔術化　国文社　フィールド研究の理論的意味に迷ったときその答えを力強く語りかけてくれる，単なるデカルト批判や流行ものの「ポストモダン」な言説とは一味違う本。グレゴリー・ベイトソンの脱領域的な思考の全体像がわかりやすく書かれている。日本語の本を読みたい人にもおすすめ。

●引用・参考文献

　Baltes, M. M. & Hayward, S. C.　1971　Application and evaluation of strategies to reduce pollution : Behavioral control of littering in a football stadium. *Journal of Applied Psychology*. 61（4）, 501-506.

　高橋　直　1996　ある商店街におけるゴミ捨て行動への介入の試み　心理学研究, 67（2）, 94-101.

社会現象というフィールド

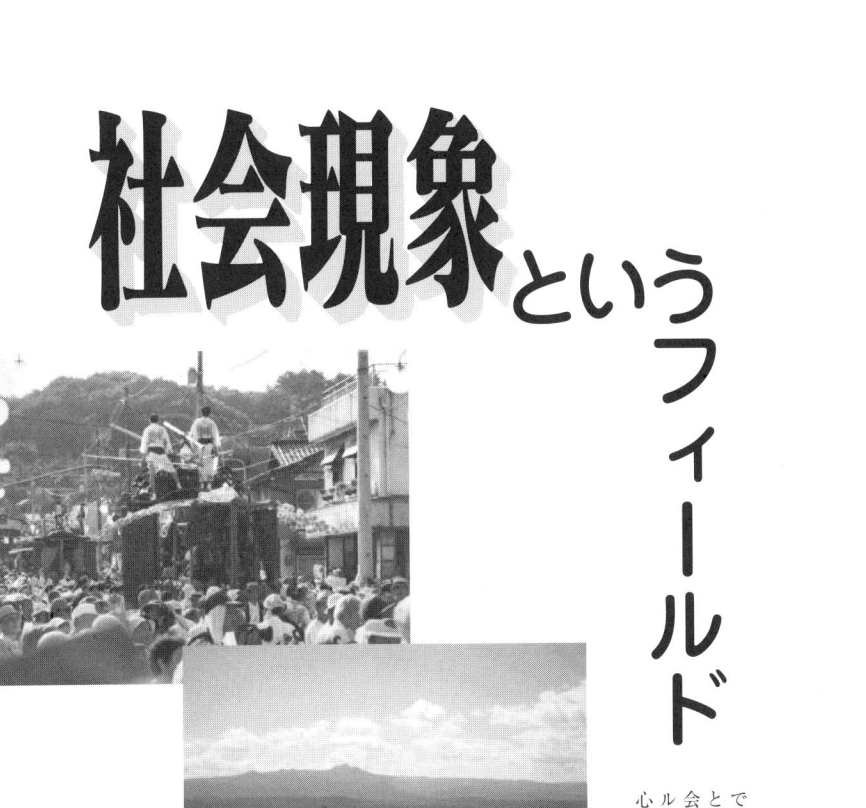

「社会現象」は、時代性を色濃く反映し、特定の地理的な場を必ずしも想定できないフィールドである。さまざまな興味深い社会現象が起きても、「科学としての心理学」を標榜する心理学者は、あんがい無頓着なままであった。「社会現象」は、歴史的文脈を重視するなら、けっして外すことのできないフィールドでもある。世間知らずの研究者に陥らないためにも、もっと心理学者の関心が向けられてしかるべしであろう。

15章 ロックバンド「聖飢魔Ⅱ」のファン

山田 希
(やまだ のぞみ)

1. フィールドと私

☺ファンとしての私

　私がロックバンドのファンたちがつくる世界に出会ったのは，中学生のときである。私とフィールドとの初めての出会いは「調査者」としてではなく，そのフィールドをつくりあげ，そこに生きているひとりのファンとしてだった。

　当時の私にとって「ファンであること」は自覚することもないほど当たり前のことであった。気に入ったバンドのCDを聞くことや，そのバンドが出演するラジオやテレビの番組を録音したり，録画したりすることは，ごく自然に生活のなかに溶け込んでいた。初めは単純に「そのバンドが好きだから」という理由からそうしていた。それはまるでミュージシャンに恋するような気持ちだった。しかし，あるミュージシャンとの出会いを通して，私は「ファンであること」とは，何か大きな意味のあることではないか，と考え始めるようになった。そのミュージシャンはファンたちに自らがアーティストとして影響を受けた音楽や本，映画を頻繁に紹介していた。私は，それらのものに親しむ楽しさや大切さを，遠く離れた存在である彼から教わったのである。このような経験は「なぜ，人は手が届かないとわかっている人物に憧れ，熱狂するのだろう？」という疑問を私に抱かせた。それは，当たり前のことであった「ファンであること」を初めて「当たり

前ではないこと」として見つめようとした私の最初の疑問であった。そして，卒業論文，修士論文の研究テーマとしてその疑問に，向かい合ってみようと思うようになったのである。

● 聖飢魔Ⅱとその「信者」たちの世界観

「ファンであることとはどのような意味を持っているのか」という疑問を出発点に，私はハードロックバンド「聖飢魔Ⅱ」のファンたちのフィールドを対象に決めた。「聖飢魔Ⅱ」とは1985年から1999年にかけて日本で活動を行い，1999年12月31日をもって，解散したロックバンドである。彼らは自ら「悪魔」と名乗り，白塗りのメイキャップと派手な衣装でデビュー当時から話題をよんだ。とくにバンドリーダーのデーモン小暮は，独特の口調やコミカルな発言などから，ロックミュージシャンとしてだけではなく，タレントとしてもよく知られていた。

聖飢魔Ⅱに特徴的であったのは，自らを「悪魔教教祖」とし，ファンたちを「悪魔教信者」と位置づけるといった独特の世界観がバンドメンバーとファンたちの間で共有されていたという点である。その世界観を支えていたのは，「我々聖飢魔Ⅱは，ヘヴィメタルという音楽を媒体にして布教活動を続ける，宗教団体『悪魔教』の教祖たちである。我々は1999年までに人類を滅ぼし，地球を征服するために地獄からやってきた。そして，1999年には世界征服という目的を果たし，再び地獄へと帰っていく」という物語である。これは，バンドメンバーによって，歌詞やコンサートの舞台で，またはテレビ番組や雑誌のインタビューで繰り返し語られてきたものである。この物語にもとづき，聖飢魔Ⅱは1999年をもって，バンドとしても解散することをデビュー当時からはっきりと示してきた。すなわち，バンドの存在そのものが完全にひとつの物語にのっとっていたのである。そのため，他のロックバンドとは，明らかに異なる独特の世界観がつくりあげられていった。その一例として，バンドのメンバーとそのファンたちによって「常識」とされる独特の言葉づかいがあげられる（表15-1）。ここにあげた言葉はメンバーがとくに頻繁に使用するものであり，ファンであるなら使いこなせて当然と見なされているものである。

また，研究のフィールドとして「聖飢魔Ⅱ信者」をとりあげる際，重要だったのは，フィールドとして地理的に固定した場所がない，という点である。「聖飢魔Ⅱ信者」に限ったことではないが，ファンたちのフィールドとは非常にあいまいで多様性にとんでいる。それは，日常生活の一場面として，ふと浮かび上がってくるようなものである。たとえば，「聖飢魔Ⅱ信者」どうしが，偶然居酒屋の席で隣り合わせたとき，そこは「聖飢魔Ⅱ信者たちのフィールド」となる。「聖

◎表◎ 15-1　聖飢魔Ⅱ信者たちの間で使用される言葉

一般的な用語	信者たちの言葉遣い
聖飢魔Ⅱのメンバー	聖飢魔Ⅱ構成員
CDアルバム	大経典
CDシングル	小経典
ビデオソフト	活動絵巻経典
発売日	発布日
コンサート	黒ミサ
ステージ衣装	戦闘服
楽器（ギター，ベースなど）	武器
ファン	信者
ファン仲間	信者仲魔
各メンバー個別のファン	宗派
メンバーのプライベート	世をしのぶ仮の姿
メンバーの誕生日	発生日
西暦・AC	悪魔暦・BD
聖飢魔Ⅱのマネージャー	聖飢魔Ⅱ侍従

飢魔Ⅱ信者である」という意識だけで信者たちは，初対面であってもフィールドをつくり出すことができる。それは，地理的に区切られた「場所」として，外側から容易に見ることができる種類のものではない。また，「フィールドへ入る」ということもはっきりと自覚できるものであるとは限らない。気がつくと，その場面のなかに，調査者である「私」がいつのまにか巻き込まれていた，ということも多かった。そのため，フィールドの「あり方」とそのフィールドでの「私」のあり方に常に自覚的になるということが，非常に重要であった。

2．「仲魔」のなかへ

◉信者たちのフィールド

　当初，私は「聖飢魔Ⅱ信者」たちのフィールドへ入ることは，そう難しくないだろうと考えていた。私自身も聖飢魔Ⅱの「信者」であり，ファンクラブ会員でもあったため，聖飢魔Ⅱとその「信者」たちに関する情報は容易に手にすることができた。また，自分の「信者としての経験」から，「信者」たちのフィールドにはどのようなものがあるか，ということに関する程度の知識は持っていたからである。具体的なフィールドの例として，「悪魔の黒ミサ」とよばれるコンサート，同人誌即売会，「信者」によるバンドのライブなどがあげられる。そのなかで私は友人として結びついている「信者」たち，すなわち「仲魔」という人間関係のなかへ入ることを考えた。それは信者としての私でさえ，まったく足を踏み入れたことのない関係であった。そして，「聖飢魔Ⅱ信者である」という一点の

みで容易に人間関係を編んでいるように見える「信者」たちは，調査者としての私にとっても，非常に興味深かった。そこで，フィールドワークを始めるにあたり，「信者」たちが集まって交友関係を深める場となっている，東京都の代々木公園に出かけてみることにした。これが，初めての具体的なフィールドへの参加となった。

◉初めてのフィールド，代々木公園という場所

「聖飢魔Ⅱ構成員」の誕生日は「発生日」とよばれる。そして，それぞれの「発生日」にもっとも近い日曜日に，代々木公園の一角に集まって，「構成員」と同じメイクをし，派手な衣装を身につけ，写真を撮り，酒を飲んで宴会をする人々がいる。なぜ，代々木公園なのか。以前，原宿にあった聖飢魔Ⅱのタレントショップが閉店したのがきっかけではないか，と「信者」たちにはいわれている。閉店以前は客として店を訪れた「信者」たちが，気軽に声をかけ合って交流を深め，「仲魔」をつくるきっかけとしていたようである。

ここに行けば，簡単に「信者」たちと知り合うことができる，と思っていた私は，その読みの甘さをすぐに思い知らされることとなった。代々木公園は，すでに「仲魔」となっている人々が集まって，おしゃべりを楽しむ，身内の集まりという雰囲気の場だったのである。そのため，知り合いもいないまま，初めて代々木公園を訪れた私は自分の居場所が見つけられない存在であった。何人かの「信者」たちに話しかけてはみるものの，初対面の私を相手にみな，困惑した顔をしている。話は長続きせず，すぐに自分たちのグループでの会話に戻っていってしまう。何回やってもこの繰り返しで，私は最後には途方にくれて，ベンチに腰かけてしまった。たくさんの「信者」たちに囲まれているのに，誰も私に注意を払わない。私はだんだん自分が「透明人間」であるような気持ちになっていった。結局この日は，「信者」たちと知り合いになることはおろか，まともに話をすることもできず，すごすごとフィールドを後にした。

この経験は，たとえ同じ「信者」どうしであっても，親密な関係をつくっていくためにはやはり，それなりの手順があるということを私に気づかせてくれた。それは「仲魔」として，「信者」たちのなかで関係をつくっていくための手順と重なってくるものである。いくら，「信者」たちと同じ世界観をあらかじめ共有していたとしても，ただそれだけでは，「信者」たちのなかへ入っていくことはできない。単に「信者」であるだけではわからない，「仲魔付き合い」のための常識がある。また，そこには複雑な人間関係も展開している。そして，フィールドはそこに集まる「信者」たちにとって，それぞれ意味づけがなされている。こ

れらを理解していなければ「仲魔」として「信者」たちに受け入れてもらうことは難しい。外部からの観察だけではなく，人間関係のなかへ入っていくということは，やはり，そう簡単なことではないということを痛いほど思い知らされた。

●文通と伝言ダイヤル

そこで私はフィールドへの参加の仕方を考え直すことにしてみた。「信者」たちが実際に集まるフィールドは，新しい関係が作られていく場でもあるが，むしろ「仲魔」どうしの再会の場となっていることが多い。メイクをする「信者」であれば，先の代々木公園やミサ会場が出会いの場となるし，同人誌を書いている「信者」には同人誌の即売会が具体的な出会いの場となることがある。他にコピーバンドをやっている「信者」どうしは，バンドメンバーとして行動を共にするうちに関係がより親密なものとなっていく。しかし，私のように「信者」であるということ以外で，特別に活動を行っていないという場合，どのようにして「仲魔」という関係をつくればよいのか。私が選んだのは文通と伝言ダイヤルという始め方である。

地理的に固定した場所を持たない「信者」たちは「聖飢魔Ⅱ」という物語，あるいは「聖飢魔Ⅱが好き」という意識によって，緩やかにつながっている。そして，互いに匿名性が高い。ミサ会場に集まり，一時的に一体感や親近感を感じたとしても，基本的に信者たちは名前も知らない他人どうしである。そこからより親密な「仲魔」という関係に踏み出そうとするには，自ら積極的に関係をつくっていこうとする姿勢が必要である。そのためには代々木公園のような場へいきなり参加するのではなく，事前に文通や伝言ダイヤルといったネットワークのなかで，匿名性を排除し，ある程度の関係を築いておいてから，実際の交流を図るという過程が「仲魔」をつくるうえでも，また調査者としてフィールドへ参入するうえでも，比較的スムースにいく方法である，ということがわかってきた。このような関係性の下地をつくるということは，緩やかなつながりである「信者」たちのなかへ入っていく際に非常に重要であった。

3. フィールドのなかの「私」

文通や伝言ダイヤルを通じて，少しずつ交流を図ることにより，私は徐々に「信者」たちがつくっているさまざまなフィールドへ，あらためて参入する機会が増えていった。しかし，当初は想像もしなかった問題も起きてきた。それは，私自身も「信者」であることで生じるジレンマである。さまざまな人たちと知り合う

なかで，私は「信者としての自分」と「調査者としての自分」のバランスをうまく取れなくなってきていた。たとえば居酒屋での飲み会に参加しているとき，電話で話をしているとき，いっしょに食事をとっているときなど，私のなかで「いっそのこと，信者という立場だけで付き合えればどんなに楽だろう」と思うことが多くなってきたのである。

　問題意識を持ってフィールドワークを行う以上，最終的には研究論文としてそれをまとめなければならない。その「まとめる」ということに，「信者としての私」は，実際に調査の対象者となってくれた信者たちが感じていたであろう「抵抗感・違和感」を感じるようになった。それは，「好きという気持ちを調査して，研究することなど不可能ではないか，なぜ好きなのかといわれても好きなものは好きなのだから」という「信者」たちの気持ちがわかってしまうということでもあった。しかしこの場合の「わかる」とは感覚的な「わかる」であるため，「信者」たちの本音とも思えるこの言葉を調査のなかにうまく盛り込むことができない。そのまま文章にしてしまうと，元も子もなくなってしまう。「信者」にとっての「信者であること」を言葉だけで表現することは難しい。「信者」それぞれの思いは互いに比較することができないくらい重く，切実で生々しいものである。自分が「信者」であるからこそ，その思いの複雑さや切実さはよくわかってしまう。そのため，いずれはそうせざるをえないのだ，とわかっていても，研究論文という形で，「信者」たちの言葉をまとめてしまうことに，罪悪感を覚えるようになっていった。

　また，自覚したこともなかった「聖飢魔II信者である」という私自身の常識に「調査者」という新しい視点で向き合うことも，けっして楽ではなかった。フィールドワークを始めるまでは，自分の楽しみのために「信者」として参加していた「ミサ」に，それを客観的に見つめる視点を持ち込まなければならなくなった。開演ギリギリで入っていた会場に1時間前に行き，カメラとメモを片手に「信者」たちを観察する。あるいはミサ中でも，「調査者」としての，どこか冷めた視点は私のなかから離れない。何かを常に見ようとすること，見つけようとすることで，私は「ミサ」の度に楽しむどころか，へとへとになってしまうようになっていたのである。それは「調査者としての私」が「信者としての私」を押さえつけていたからである。フィールドワークを始めてからというもの，私は単なる「信者」としてミサを楽しむことにも罪悪感をおぼえるようになっていた。

　「信者である私」が調査者であることに対して感じる罪悪感，「調査者である私」が「信者」であることに対して感じる罪悪感，この2つの感情にうまく折り合いをつけることは，かなり難しいことであった。しかし，フィールドワークを行っ

ているのは，この2つの立場の間で悩んでいる私であり，他の誰でもない。どちらかを重要視したり，切り捨てたりすることはできない。そのため，私はこの自分自身のジレンマも，無視することなく直視しなければならないと決心した。それでも，修士論文を書き終え，聖飢魔Ⅱの最後の「ミサ」である，1999年12月31日の「ミサ」に参加した際には，肩の荷が降りて，ホッとしている自分に気がついたほどである。

4. 信者であるということ

☻「ミサ」への参加と小さな移行

熱心であればあるほど，「信者であること」は「信者」たちの日常生活のなかに深く根をおろしている。そのため，「信者」たちにとって「信者であること」とは，日常・非日常というような2つの視点で区別されるものではない。面接調査によると，「ミサ」の最中に「信者」たちは，大音量のなかでの熱狂と，ステージも含めた会場全体の一体感を感じるという。それは，「信者であるというだけで，まったくの他人である他の観客に対しても，なんとなく親近感を感じることができる」ということであり，「初対面の人とでも，前から知っている友だちのように打ち解けることができる」という経験で語られるものである。これらの「ミサ」での経験は「信者」たちの生活のなかで重要な位置を占めている。それは，日常という時間の流れに区切りをつけ，構造化する役目を果たしている場合もある。そのひとつの例が小さな移行（図15-1）にもとづいたものである。

これは，文化人類学者であるジェネップ（Genepp, 1960）の，「移行」による，祭り，儀礼の段階化にもとづくものである。それによると，祭り，儀礼は①分離（separation），②移行・周辺（margin），③再統合（aggregation）という3つの段階への移行からなっている。祭り，儀礼の参加者たちは①の段階で日常的な時間の流れから分離される。それは同時に，日常的な生活を支配する社会的な身分や役割から解放されることでもある。「聖飢魔Ⅱ信者」たちにとってはこの段階は「ミサ」が始まる直前をさす。「ミサ」当日，「信者」のなかには会社や学校を早退したり，休んだりする人も多い。普段の生活の中心になっているはずの仕事や学校は，瑣末なことと見なされ，その日，もっとも重要なのは「ミサに参加すること」になる。②は祭り，儀礼の最中であり，佳境の段階である。日常的な時間の流れは非日常的な時間にとって代わり，無礼講とよばれる乱痴気騒ぎや社会階級，性役割の逆転などが起こる。人々は日常生活を支える社会階級から完全に分離し，単に「祭りの参加者」という一点において平等な存在となる。このよ

社会現象というフィールド

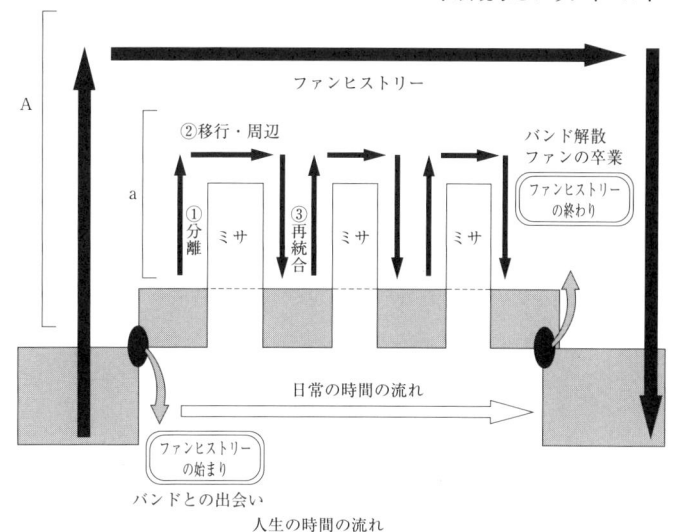

◎図 **15-1** 大きな移行(A)と小さな移行(a)による「信者」の日常の構造化
（注）■の部分は「ファンヒストリー」と「日常の時間」をあわせた全体の流れである。

うな状態は「ミサ」の最中の状態と重なる。会場で「信者」たちは普段の生活のなかでは得られないような、集団的な熱狂状態のなかでの一体感を感じる。この状態で信者たちは「聖飢魔Ⅱが好き」という一点で結びついた平等な関係で、緩やかに結びついている。祭りの終わりが③の段階である。ここでは非日常的な時間が日常的な時間に戻される。乱痴気騒ぎは終わり、人々は日常的な生活を支える社会的地位や性別のなかに再び統合され、それに見合った役割に応じて生活しなければならない。「聖飢魔Ⅱ信者」たちにとっての「ミサ」の終焉も同様である。「ミサ」が終われば、メイクを落とし、派手な衣装を脱ぎ、翌日には会社員や学生として出勤、登校しなければならない。また、祭りや儀礼が人々の日常生活の流れに一定の区切りをつけ、季節ごとに行われる年中行事のように構造化をもたらしているのと同様に、「ミサ」も「信者」たちの日常的な生活に構造化をもたらしている。極端な例となると一年間の仕事のスケジュールを「ミサ」のスケジュールにあわせて決めているという「信者」もいる。

ファンヒストリーと大きな移行

「信者であること」は信者たちの人生にも構造化をもたらしている。それが大きな移行（図15-1）である。「ミサ」への参加という小さな移行の繰り返しともいえる「信者である期間」（ファンヒストリー）は「信者」たちの人生のなか

で，特別な時間と位置づけられている。その一例として，「あれは私の青春だった」という言い方がある。「信者」であったことが過去となっている「元信者」たちがよく口にし，現在の自分の状態を「卒業した」と表現する。彼らは，聖飢魔Ⅱと出会い，「信者であること」が何をおいても重要であった時期をへて，何かのきっかけで（結婚や就職など）再び，日常的な社会的地位が，重要な位置を占めるような生活へと帰っていくという一連の移行をへている。「信者」のなかにはこの期間を「聖飢魔Ⅱに出会って，いろんな影響を受けて，支えにして，いろんな友だちとたくさん出会った学校のようなもの」と表現する人もいた。「ミサに参加すること」「聖飢魔Ⅱ信者であること」は「信者」たちにとって，単に趣味や娯楽と位置づけることは妥当ではない。それは日常生活に組み込まれているというより，むしろ日常生活そのものを成り立たせているものであり，欠くことのできない大切な人生の一部分と位置づけられている場合もある。

5. フィールドを見つめることは自分自身を見つめること

　フィールドワークとは，フィールドを見つめるのと同時に，自分自身を見つめ直すことでもある。「成果」に結びつこうと，つくまいと，自分自身をさまざまな形で突きつけられる場面は多い。そして，それは楽なことではない。ときには今まで気づかなかった，自分自身にとまどうこともある。私にとってそれは「ファンである私」を自覚することであった。それは，「ファンであること」が私にとってどんなに重要であるか，ということを再確認することでもあり，「ファンであること」によって，いろいろなものから目をそむけ，逃げようとしていた自分を自覚することでもあった。フィールドワークさえ行わなかったら，私は気楽な「聖飢魔Ⅱ信者」として「ミサ」を楽しめたのに，と自分をうらめしく思ったこともある。私にとって，このフィールドワークは，「自分自身」の一部が痛みをともなって引き剥がされていくことにほかならなかった。

　しかし，この苦しい体験は「聖飢魔Ⅱ信者」にとって「信者であること」が日常生活や人生のなかでしっかりと根をおろし，切り離せないものとなっているということを私の身体を通して感じることでもあった。それは「私」でなければ体験しなかったことであり，「信者であるということはどういうことか」という当初の問題への答えを得ようとする以上に，意味のあることであったと思う。フィールドに入り，そこで何かを感じ，見つめるのは他の誰でもなく「私」である。そこでは研究の目的や成果に関係なく，常に自分のあり方や視点に自覚的にならなければいけないと思う。そして，そのような自分の身体を通して得られた経験は

おそらく，何にも代えがたい重さや説得力をともなって，他の人々に伝えられるものではないだろうか。

●ブックガイド
　Emerson,R.M.・Fretz,R.I.・Shaw,L.L.　1995　佐藤郁也・好井裕明・山田富秋（訳）1998　方法としてのフィールドノート――現地取材から物語作成まで　新曜社　　フィールドワーカーの前にあらわれてくるさまざまな事柄が，具体例を示しながら方法論としてまとめられている。これからフィールドワークを始めようとしている人だけではなく，すでにフィールドワークを経験した人がエスノグラフィーとしてまとめる際にも，参考になるものと思われる。
　鵜飼正樹　1994　大衆演劇への旅――南条まさきの一年二ヶ月　未来社　　全国各地で講演を行う，大衆演劇一座の姿を描いたエスノグラフィー。フィールドワーカー自ら役者となり，旅の生活を共にすることで見えてくる一座の姿を描くと同時に，フィールドワーカーの心の揺れをあえて描いている。それはエスノグラフィーにおける「私」のあり方を考えさせられ，何かを示唆してくれるものである。

●引用・参考文献
　Genepp, A. V.　1960　秋山さとこ・彌永信美（訳）　1977　通過儀礼　新思索社

16章 「マインド・コントロール」現象

西田 公昭
（にしだ　きみあき）

1. フィールドと私

😊 研究テーマ

　個人は，自己や環境についてのさまざまな知識を保有し，外界の事象について理解し，翻って外界に対してどのように働きかけるかの意思を決定するシステムを構成していると仮定できる。このシステムを構成する個人の知識獲得は，自己の直接体験のほか，大いに教育や会話，さらにはテレビや新聞や本などを見聞きするといった社会的・文化的相互作用に依拠している。このように獲得された知識には，「まちがいない」と確信している知識や「ひょっとしたらそうかもしれない」と確信のない知識もあり，また，「そうあらねばならない」と強い願望とともに保持している知識や，まったく執着しない「どうあってもいい」と思っている知識もある。私は，このような主観的な確からしさや動機づけ的側面に鑑みた社会的相互作用を強調して，これら個人的に保有している知識をビリーフ（belief）とよんでいる。またビリーフで構成した意思決定のシステムをビリーフ・システム（belief system）とよぶ。

　私は，このシステムについての機能や構造を研究してきた。なぜなら，私が大学院生だった頃，それが，宗教，偏見，主義・イデオロギー，妄想，プロパガンダなど深く興味を抱いていた現象を社会心理学的に理解するにあたって，きわめ

て本質的な問題だと考えるようになったからだ。そして，いろんな文献を読み，思考を繰り返していくうちに，この解明にあたっては，「知識」「ステレオタイプ」「偏見」「信仰」などと称されて用いられるビリーフの形成，変化，維持，崩壊，といった現象のメカニズムにもっとも注目し，経験的研究を行いたいと思った。

　このような研究プランの設定がフィールド研究を行う必然性をもたらしたといえる。なぜなら，個人が強い動機づけを抱きつつ保持しているようなビリーフの形成や変化を実験室での操作をともなう実験は倫理的に許されるものではないことはいうまでもないからである。私は，当時10年ぐらい先までの研究計画を準備しながら，このテーマでの実験研究の困難性に悩んだものだ。私はそれでも先行きのはっきりしないまま，研究に着手した。その後の数年間，可能な範囲での実験室実験をいくつか行い，それを数本の論文（西田，1988など）にまとめた。しかし，その後，どういうふうに一連の研究を続けていくかの障壁が目の前にはだかり，その具体的解決策として何かのフィールド研究をしてみてはどうかと考えていた。

☺フィールドとの出会い

　そんなとき，社会心理学のA先生からパソコンネットを通じて，興味をそそるような誘いを受けた。その先生の話では，ある巧妙な勧誘を行っている宗教団体があって，そこを相手に裁判を行っている弁護士グループが社会心理学者と研究会を開きたいという呼びかけてきたというのだ。私は，この呼びかけに強く興味を抱き，その研究会に参加させてもらうことにした。

　その弁護士グループは，「青春を返せ訴訟」という民事裁判の代理人を務めていて，ある宗教団体の元信者が，詐欺的なメンバー勧誘，またメンバーとして心理的な拘束を受けて，価値的な信念が変容させられ，組織の意志に従って霊感商法という違法行為に従事させられているというのだった。弁護士たちは，その信者誘導の技術を「マインド・コントロール」ないし「洗脳」とよんでいた。彼らは，この技術の学術的解明を私たち社会心理学者に求めたいということだった。私は，洗脳という言葉は，人間の意思をロボットのように操るほとんどＳＦの話として知ってはいた。しかし，そんなことが具体的にあるのかどうかの心理学的知識はなかったし，マンイド・コントロールという言葉については，そのとき初めて耳にした。ある教団の信念が心理的な操作によって形成され，それに従って，違法行為までへも突き進むというセンセーショナルな行為であり，実験研究に行き詰まりをみていた私には興味深い話だった。これがきっかけとなって，私は，マインド・コントロールをキー・ワードとしてフィールドに出ることになった。

◉マインド・コントロール現象

　マインド・コントロール現象に出会って，実験室での研究では絶対に経験しえないダイナミックで印象的なシーンを何度も経験した。

　統一協会の勧誘を受けて入信した人々は，わずか数カ月でアイデンティティがドラスティックに変容し，その教団に出会うまでの当人の価値観ではとても是認しないような行動に従事していたのである。たとえば，彼らは相手のためだからと嘘をついて新メンバーを勧誘し，従事していた仕事や学校を価値の低いものとしてやめる。そして常識をはるかに超えた高値で物品を売り，教祖が選んだとされる相手と盲目的に集団結婚式を挙げて婚姻を結ぶのである。

　また，オウム真理教に出会っても，きわめて非日常的な体験をした。彼らは，教祖をカリスマ的存在として絶対的に崇拝し，完全服従しているケースにも出会った。彼らは，たとえば強烈な暴力や性の強要といった虐待も意味ある宗教行為として受容していた。また，教祖の指示を受けた信者の中には，武器を製造し，毒ガスをまくなどのテロ行為に従事し，無差別な殺人を行った者もいた。また，その教祖の指示によって武闘の練習を行い，核爆弾に匹敵するような猛毒ガスのみならず，石油コンビナートの破壊，レーザー・ガンなどを開発し，国家の崩壊にまで導く破壊活動を計画していたという。そして，こうした歴史的に希な犯罪関与が内部から告発されている今も，彼らの多くは信仰を崩していない。

2. マインド・コントロール研究の成果とプロセス

　私のフィールド研究の成果は，大まかにはまず，マインド・コントロール現象は，社会心理学的操作のシステム的な応用であるということ（西田，1995 a），そして次に，ビリーフならびにビリーフ・システムが人生で重要な役割を果たしているということ，またそれらの形成や変化には，現実性と価値性の要因が層をなして構造化しているということ（西田，1998）にまとめられよう。以下に，この分野でフィールド研究をどのように行ってきたかを説明する。

◉内部資料の収集

　ある組織集団のマインド・コントロール活動を研究するには，対象組織のメンバーが接触している情報を手に入れることが重要である。とくに一般書店では入手不可能ながら，課題解明に役立つ内部メンバー向けの本・冊子・チラシ・ビデオ・音声テープなどを収集してきた。その方法には，とりたてて画期的な方法はない。関係者に対して，専門的知見を提供したり，その約束をしたりして自分の

研究者としての信頼を時間をかけて得るしかないと思う。関係者とはこのフィールドの場合，研究対象の組織からの脱会者，その家族やカウンセラー，ジャーナリスト，テレビ番組制作者，弁護士，警察などであり，幅広く情報を持っている方々に対して積極的に日頃から信頼関係を築く努力をしてきた。研究を始めて9年あまり過ぎた今，論文や著作を発表して研究者としての認知が広まったこと，またそれに加えて，一般の人々やマス・メディアなどに情報提供の協力をすることが相乗効果となって，多くの方々が自発的に資料を提供してくれるようになった。

☺非構造的面接

ここでいう非構造的面接とは，研究者は，良き相談相手として振るまい，データ収集という目的を明確には意識しない面接であり，相手が言いたくなったとき，傾聴するという姿勢である。

これに関して，あえていうと面接といえるかもしれないが，私はほとんど何か具体的な調査目的を意識することもなく，友人として，あるいはまるっきり遊び相手のように交際してきた。研究としてはまったく生産性を考えないのである。しかし，長年このように接してきたことが，複雑な現象を細やかに理解することに役立ってきたと思う。

これはかなり面倒に思う人もいるかもしれない。しかし，私は自分の分野でのフィールド研究ではかなり重視するべきスタイルであると思う。私の場合では，対象が現役の会員であることもときにはあるが，ほとんどは元会員である。あるいはその家族である。つまり面接対象者の多くが，アイデンティティを中心とする心理的問題，就職難などによる経済的問題，偏見などによる社会的問題などに苦悩しているのだ。単に学問的興味があるからといっても，ドライな付き合いだけでは意味のある情報は得られない。

☺構造的面接

内部資料や非構造面接が，研究する社会現象の全体把握に重要な役割を果たす。一方，それらによって得られた全体把握を科学的に記述てきるかどうかを検討する必要が出てくる。そのための組織分析を行うのが，構造的面接である。この面接では，非構造的面接とは異なって積極的な質問者になり，対象者に尋ねるべき内容や順序を明確にしておく。1対1に行う場合もあるが，グループ対象に行う場合もある。

私の場合にはまた，マインド・コントロールを受けて犯罪者となったとされる

被告に拘置所内で調査できる特別な機会も与えられた。法廷証人になったり，鑑定人になったりしたからだ。一般的なフィールド研究ではこのような状況はないと思うので，あまり役立たないかもしれないが，制約の多い環境での面接を行う場合の参考にはなるかもしれないので簡単に述べておく。

鑑定人の場合には特別な制約はないが，証人の場合，ガラス越しに小部屋で1回30分から40分程度で数回しか与えられない。しかも刑務官が同席している。もっとも困難な問題は，信頼関係のないところでどのようにして話を聞き出すかであった。このように，あまり非構造的面接を行えずに面接をしなくてはならないときには，事前に相手に関する情報を得ておく方がやりやすいだろう。面接場面では，自ら積極的に自己紹介し，それとなく共有知識のあることを示すべきであろう。答えにくいと思われる質問はなるべくしないか，後回しにして，相手の感情を何より傷つけないことが大切である。つまり，面接者は社会的スキルを高くしておいた方がよいと思う。

◉質問紙調査

これまで得られた複合的データにもとづいて，現象を説明する仮説を立て，その立証をめざす質問紙調査を元信者を対象に行った。ただし，ここに至るまでに，内部資料を熟読したり，面接を行ったりしてきていることが前提となる。調査の実施においては，弁護士やジャーナリスト，聖職者などの多くの元信者とかかわっている人々の協力が必要であった。注意点は，聞きにくいことへの配慮である。プライバシー守秘は当然であるし，調査に先立って対象者と研究者との信頼関係の構築をなさなければならないだろう。

また，私のフィールド調査の実施では特別に気をつけなければならないことがあった。それは，研究対象の組織に，質問紙が渡らないように留意し，研究していることを発表するまで伏せることであった。なぜなら，質問紙調査では，現役メンバーの対象者が意図的に歪曲してのぞめば，組織に都合の良い結論を導き出されてしまうことを懸念したのである。むろん，元信者ばかりのデータ収集もまた逆に組織活動を否定的に見るバイアスがあるといわれる。両者のデータを集めることが望ましいのだが，研究での結論は，多少なりともいずれかの側に都合が悪くなりがちであるので，両者の客観的データ収集は現実的には困難であると思う。しかし，バイアスを承知のうえで両者のデータを収集した研究も今後期待したいものだ。

3. マインド・コントロール研究のすすめ

☺誰のための研究なのか

これまですでに「フィールド」と何度か使ってきたが，誤解がないようにしておくべきであろう。私はここでは，「大学」が社会のミニチュアという前提に相対して，「フィールド」を普通の現実社会の場と解釈しておく。このような定義のフィールドにおいて，私たちの研究成果を求めている人が多くいる。私の研究してきたマインド・コントロールの領域では，いわゆる破壊的なカルトによって望まない活動を強いられたとか，家族が崩壊したとか，といった人々の救済や裁判訴訟の問題に始まり，テロリズムや広告やプロパガンダ，教育，宗教，精神医学といった領域で研究したり，啓蒙活動したりする人々などの幅広い人々がいる。

こうした人々と直接かかわりを持ちながら行った研究，ここではそれをフィールド研究と位置づけることにするが，しかし，昨今の「日本社会心理学会」に馴染みのない方がこれを読めば，なぜわざわざこのような概念を用いるのかの意味がつかめないかもしれない。私の感想では，日本の社会心理学者の「社会」は，大学であったり，大学生から統計的推論で一般化して得られる社会であったりすることがあると思う。大学は研究者の暮らす社会であるので，関心が高いのも当たり前という言い訳もあるが，人間現象の説明や予測・統制を求める現代社会の切迫した状況からいうと，そんな矮小なこともいっていられないと思う。

社会心理学の研究が社会的に支持を受けられるかどうかを個々の研究者はもっと考えなくてはならないと思う。社会問題を抱える現場で積極的に主張しつづける他の心理学分野にどんどんと取って代わられ，あと数十年もすれば社会心理学者の居場所は多くの大学からなくなるといった嫌な予感のすることがある。これは私だけの杞憂であろうか。

☺フィールドと実験室と理論との関係

私の立場は，実験室研究を否定したり軽視したりするのではない。実験室研究は，基礎的研究として，社会心理学の発展には今後も有効な研究手段であると考える。フィールドで研究できないことで実験室ならできることも多々あるだろう。また，仮説を組み立てて理論を構築するうえでとくに重要な役割を果たすだろう。しかし，実験や仮想現実的なシミュレーションだけでは，どんなに精巧に行っても，実際場面での妥当性は完全には保証できない。つまり，アクション・

リサーチや社会工学的リサーチを用いたフィールド研究を行い相互に補完し合うべき手法だと思う。

　レヴィン（Lewin,K.）の主張したアクション・リサーチは，フィールド研究を通じて，様々な現実の社会問題を解決しようというダイナミックな研究法であり，社会的現実と実験室とのギャップを埋める野心的な研究方法であったと思う。この研究スタイルでは，アクションとは実践であり，研究を意味するリサーチと切り離すことなく，実践活動のなかに研究を組み込んでいく（佐々木・永田，1986）。しかし，実践といってもマインド・コントロール研究では，どこかの団体のメンバー獲得や維持に手を貸すことはもちろん考えにくい。つまり，ここでの実践は当人が望まないのに，マインド・コントロールの影響力に導かれて否定的な結果が生じないための予防教育であり，遺憾にもこの影響力を強く受けた人々への援助や対策についてである。あるいは，脱会者のケアや支援のための技法や社会システムについての開発研究である。

　こうしたフィールド研究ないし開発研究を純粋科学の立場から批判し，学術レベルを低く見る人がいる。現場を詳しく理解し，研究上の何らかの目的や方向性を見すえたうえで，抽象化あるいは単純化した実験的研究を否定するものではない。しかし，現場の問題解決にまったく貢献する可能性を意識できないような自己満足的研究に終始することは，本来の基礎研究ではなく，「遊び」といっては言いすぎだろうか。誰かが社会的現場と実験室と結びつけないとその研究は無価値である。どうしてもその誰かという問題を他人任せにしたいなら，社会心理学者は，せめて自分の研究を現場に生かしてくれる人々を積極的に探してくるぐらいの責任を持つべきではないだろうか。

㊂価値観と社会心理学研究

　社会心理学は，科学的視点に立って人間の行動を検討していることはいうまでもない。主観的意見を排した実証研究だけが科学的証拠ということになる。そして，法廷証言などで経験したことだが，科学的証拠は裁判に影響する。もちろん，法廷での社会心理学者の役割は中立的，つまり学術的な専門家として，心理現象の説明を客観的に行うことである。しかし，社会心理学は本当に中立たりえるのか。いかに冷静であろうとしても人間として，期待すべき望ましい行動についての個人的確信というか，価値観が研究ににじみ出ることはないだろうか？この疑問について，フィールド研究を行おうとする者は明確な答えを準備する必要があろう。

　私の見解では，こうだ。個人の価値観は，研究者が記述しようとするテーマの

選択にすでに入っている（Myers, 1993）。マインド・コントロールの問題では，私たちが，現象の実在を説明するだけで，ある人々には強く望まれ，また別の人々には強く望まれないということが起きている。たとえば，民事裁判では，ある側はマインド・コントロールを認めさせることが勝訴につながるし，当然，片方の側は敗訴につながる。また，オウム真理教の関与した刑事事件では，被害者がいるのだ。強いマインド・コントロールを受けたことを裁判所が汲めば，被告の量刑を軽くすることに影響することになる。厳しい刑を望む人々にとっては，マインド・コントロールは認めたくない論ということになる。研究者といえども，こういった狭間に立つことは，避けられない。この問題に限らず，いわゆる環境問題だろうと，ジェンダー問題だろうと，あるいは臓器移植の問題だろうと，社会的に関心のあるテーマとは価値が含まれているものだ。

また，私たち研究者が気づかない間に価値観が入り込むことがある（Myers, 1993）。対象とする社会現象は，記述する際に集めてくる情報に依存して描かれるために，図地反転の図形を見るように，研究者の価値観が期待となって影響し，同じ対象でも異なるものに見えることがありうる。つまり，社会心理学のすぐれた知見にあるように一般に人は，仮説に合致する情報に注目しやすいからだ。

ということから，社会心理学の研究では，いかなる価値目的で現象を記述しようとしているのかを，研究者は積極的に自認することが大切だと思う。つまり，価値観が研究に深くかかわっていることは上記にように避けられない。また価値観が混在することなく，人が何をすべきかどうかという規範的な記述をする方法はない。

とはいえ，個人的あるいは社会的価値の問題を避けようとして社会的に関心のない問題に取り組むことはナンセンスである。そんなことをしていたら，社会心理学は，社会的に葬り去られると思う。今述べてきたように，科学的研究を行うこと自体が，社会的活動であるからだ。結局のところ，何を社会的善とし逆に悪とするかといった研究者個人の倫理的判断は，自分たちにメリットがあることのうえになされるのだ。つまり，私たち研究者は，自分たちの価値観や前提が世界についての見方に色づけをしているということを肝に銘じて知っていなければならないということだ。

要するに，自分はどの文化の人々に貢献する研究を行うつもりであるのか，ははっきりとした立場でのぞんでいいと思う。そして，そのような研究姿勢において，主観が混入しやすいこのような現実を理解したうえで，科学的に厳密なデータ収集にこだわりを持つべきである。

フィールド研究は，社会的関心に色づけられているので，いろんな価値観と出

会える良い機会ともいえる。ある文化についてしか知らない者は，その人は，その文化のモノの見方しかできえないということなのだ。よって研究者は異文化とときおり出会うことが大切である。その出会いが，意図せず混入した自分の価値観に染まった研究（バイアスのかかったまずい研究）に気づかせてくれることもあろう。

●社会心理学の研究方法に，王道はあるのだろうか

　興味を引くおもしろい現象だけど，研究するとなると難しい。この思いは，社会心理学研究を行う者にとって，ありふれた経験であろうと思う。それはいうまでもなく，科学的実証性を重んじる私たちの分野では，厳密な研究手続きを考慮しなくてはならないからである。データ入手が不可能な場合，まず研究が成り立たない現実がある。

　そして，テーマの追求をあきらめ，方向転換することがある。あるいは指導教員から，非協力的な態度をとられ，その教員の得意とする領域やパラダイムに押し込められてしまうこともあるようだ。しかし，そんなことでいいのだろうか。私はこう考える。私たちは何のために研究しているのか，これが原点である。方法論のために研究があるのではないし，実験室で扱える問題のためだけに研究しているのではない。社会現象を記述し，説明し，予測し，統制する。これが社会心理学の意義だと思う。このような意義を考えると，実験室や大学生という対象で説明できる現象にのみ研究を押し込めることは意味のない言い訳である。たしかに，卒業論文，修士論文などでは時間的制約，予算的制約などが厳しいから，とても手に負えないという論理は理解できないわけではない。しかし，操作する変数を絞り込んだ実験デザインで統制不可能であるからという理由や紙と鉛筆による回答が数多く得ることが困難だというハードルだけであきらめるのはどうかと思う。短期的に仕上げなければならない論文も長期的な計画を立てて，その一環としての小研究に位置づけて，現象から目を背けないことが大切であろう。

　社会心理学研究の方法論に王道はないと思う。各自が研究対象とする社会現象に対して複合的アプローチを心がけるべきだ。いろんな制約を受けるなかでのアプローチであるから，たしかに手の届かないことがあっても，それなりに現象の解明に近づける方法を模索するべきである。

　社会現象を社会心理学的に研究するためには，社会心理学の諸理論について幅広く理解することがまず必要なことである。現実場面の現象を理解するには，残念ながら既存のひとつの理論で説明や予測のつく現象はあまりないと思われる。したがって複眼的に社会的認知，態度，集団過程などといったさまざまな領域に

ついての理論を深く理解し，考察を試みる必要がある。理論的考察を行うことで，仮説が構築されるとそれを実証する研究を計画するわけだが，そのとき，学生を用いた統制的な実験や調査だけでは困難になることが多い。そんなときこそ，フィールド研究の可能性を検討するべきかと考える。しかし，実際のところ社会心理学の研究者には，果敢にフィールドに出てデータを得ようとする積極性の低い人が多いのではないかという気がする。

㊂研究の出発点と到達点

　私がこの研究に着手した理由は，それが好奇心をそそる不思議な現象であったからだ。またそれに加えて，研究するにつれて興味は深まり，当然コミットメントは深まり，裁判での鑑定人や証人といった重大な役割を依頼されて，後にはひけなくなってきたこともある。しかしまた，別の興味をひきつけることもあった。それは，フィールド研究を行うと，異なるパースペクティブを持ついろんな隣接する学際領域の研究者と出会う。彼らの研究は，自分の探るべき方針のヒントとなったり，理論的な統合性を示す指針になったりした。これもフィールド研究の魅力ではないだろうか。

　この分野の研究では，危険だと思って躊躇する人がいるかもしれない。私も研究を始めたとき，先輩であるひとりの研究者が，「危ないからやめておけ」と忠告してくれた。しかし，弁護士やジャーナリストの方のなかには，組織から中傷されたり，身体的にも攻撃され殺されかけたりした人々もいた。それにもかかわらず，彼らはこの問題から退いていない。また数年前，この問題の草分けといえるアメリカのシンガー（Singer, M.）博士は，私と初めて会ったときにこうアドバイスしてくれた。「どうってことありません，こわがらないで，研究を続けてください！」。彼女は70歳をとうに超えた方なのだが，元気に今でも現役でこの問題の第一線で活動している。

　私には彼らのような強い勇気はないかもしれない。もし，脅かされたり，こわい目にあったりしたら，研究をやめるかもしれない。だから，この問題にこれからもずっと取り組むことになるかどうかは，まだ決めてはいない。しかし，このフィールドには，社会心理学の世界に身をおく者として，未解決の興味深い現象がある（西田，1995b）。これが研究の出発点であった。そして，この問題にとりくむ社会心理学者はまだ極めて少ない。ということからすると，まだこのフィールドから離れるわけにはいかないということになろうか。

●ブックガイド

西田公昭　1993　ビリーフの形成と変化の機制についての研究(3)──マインド・コントロールにみるビリーフ・システムの変容過程　社会心理学研究9巻2号131－144．ある教団の「マインド・コントロール」による入信過程を分析することから，ビリーフ・システムが体系的な社会的影響力よってにいかに変容するのかを検討している。日本社会心理学第2回研究優秀賞。

西田公昭　1997　「信じるこころ」の科学──マインド・コントロールとビリーフ・システムの社会心理学　サイエンス社　社会心理学の古典とマインド・コントロール研究の成果を統合して，マインド・コントロール現象を検討することからビリーフ・システムの機能，構造の理解に貢献している。

●引用・参考文献

Myers, D. G.　1993　Social Psychology. McGraw-Hill.

西田公昭　1995a　マインド・コントロールとは何か　紀伊國屋書店

西田公昭　1995b　カルト・マインド・コントロールは対人行動学の宝石箱　対人行動学研究，13, 32-34.

西田公昭　1988　所信の形成と変化の機制についての研究（1）──認知的矛盾に及ぼす現実性の効果　実験社会心理学研究，15, 65-71.

西田公昭　1998　「信じるこころ」の科学──マインド・コントロールとビリーフ・システムの社会心理学　サイエンス社

佐々木薫・永田良昭（編）　1986　集団行動の心理学　有斐閣大学双書

17章 トゥルカナといっしょにすごすこと
フィールドワークを支える最小・最大限の前提

作道 信介
（さくみち しんすけ）

1. フィールドと私

　私はケニア北西部の半砂漠地帯に住む牧畜民，トゥルカナを対象に調査を行っている。トゥルカナの中心地ロドワから100 km北西に位置するカクマ周辺が私のフィールドである。このフィールドは，1970年代後半から，伊谷純一郎(1980, 1982)・太田至(1986, 1996)・北村光二(1991, 1996)らによって調査が行われてきた。私は，幸いにも，北村・太田によってフィールドに紹介され，1993年(5カ月)，95年(3カ月)，97年(3カ月)，98年(2カ月)と滞在することができた。フィールドの選定は「偶然誘われたから」であるが，近代社会を考える格好のフィールドとなった。主にエトット家に滞在し，彼らの病気対処や葛藤解決，情動に関心を持って調査を続けている（Sakumichi, 1997；作道，2000, 2001）。

　トゥルカナでのフィールドワークは，「ナキナイ」と切り離せない。「ナキナイ」とは相手に物や援助を要求する，執拗な"ねだり"である。

　　あなたは，トゥルカナにキャンプを張る。朝は5時半になれば人の声が聞こえ，6時過ぎには日が昇り，家畜囲いの戸が開け放たれる。牧童たちが杖を肩に通して，家畜たちと出ていく。そのころには，もう客人がやってくる。なかには前日から泊まっている者もいる。7時のチャイ（甘いミルクティ）になれば，すでに30人ほどの人があなたのテントのまわりにいて，入り口を注視している。あなたがチャイを

ふるまう間は，何も起こらない。人々はおはよう，元気か，あいさつを交わしてはすわりこむ。だが，チャイが終わると，彼らはあなたを囲む輪を縮めて，ねだり出す。病院に子どもを連れて行きたい，ロドワの友人を訪ねたい，家畜を失ったのでどうにかして欲しい，家畜の薬を買ってくれ，子どもの学費を払わなければ，身分証明書をなくした，訴訟を起こされて賠償しなければ，腹が減った，ポショ（主食のトウモロコシの粉）を買ってくれ，この身にまとう布を見てくれ，こんな穴があいている，雨よけのシートが欲しいのだ，酒をつくる材料を買ってくれ，このぶちヤギを買ってくれ。彼らは，要求がかなえられるまで帰らない。その間にも，近隣の人々がやってくる。対応に追われているうちに，あなたはいらいらしてくる。なぜ，おまえたちの面倒を見なければならないのか。あなたはトイレに行く。屋敷の外の茂みである。さすがに，ついてくる者はいない。しかし，屋敷の中をぬけてトイレに行くまでの角々には人々が座っていて，砂糖をくれ，薬をくれと声をかける。動線を読まれたのがとても悔しい。子どもたちはものおじせずついてくる。小さな子どもまでがシリンギ（お金）と言って手を出すので，思わずどやしつけたくなる。子どものかわいらしいねだりも，攻勢のなかではとてもこたえる（フィールドノートより作成）。

ナキナイは私のような"金持ち"の滞在者に対してだけ行われるのではない。実際，私があげた衣類なども彼らのうちを循環するし，家畜のやりとりも頻繁である。ナキナイをめぐる攻防はトゥルカナの社会化において修得すべきスキルとされる（Guliver, 1951）。

トゥルカナはそこにいる者に自分の問題への常の関与を当たり前に要求する。彼らのねだりと別に調査を組み立てることは不可能である。また，水くみや食料調達など暮らしを共にしている以上，調査と日常生活を区別することは事実上できない。調査にナキナイと「住み込む」という要素が加わり，トゥルカナでのフィールドワークには，参与ではなく，より積極的な関与が要求されるのである。

これまでフィールドワークは学問的実践として位置づけられ，技法や工夫をはじめ，ワーク（仕事）の現場が伝えられてきた。そこでは，私たちは情動を抑え相手に影響を与えないようにと要請される。調査者という立場を理解してもらい，そういうものとして扱ってもらうことを期待する。私は，「いま，ここに」いる存在であると同時に，本来の生活の場は別にある。「いま，ここに」いるのには別のわけがある。私たちはこのようなフィールドにおける調査者側が期待する立場を「参与観察」者とよび，確立された方法，「参与観察法」として記述してきた。そこには，私たちが期待する相互性がある。たしかに，「参与観察」によって私たちは，ともすれば"黒い報告書"（佐藤，2000）などと言われかねない実践を"科学的規準"に照らして正当化することができる（佐藤，1993）。しかし，たとえ相手が「みなさんのことを勉強させてほしい」と言う私たちを受け

入れたとしても，私たちがどのように認知されるかは不明なままである。たとえば心理学科の院生が同じ学科の学生に被験者や質問紙の回答を依頼するときの相互理解と私がトゥルカナの人々に調査を「仕事 etic」と説明するときの理解では全く理解がちがうはずである[*1]。私が「仕事 etic」と言うと，相手も「仕事 eticか」と言う。まさにそのとき相手の頭のなかで何が想起されているのか，私は知りたくてたまらない。ところが，そのような状況のなかでも，"良好なラポール"を築き，わかったという実感や共感を持てるのはどうしてだろうか。「参与観察」といった記述上の工夫のもとに，覆い隠されたフィールドワークを支えている基盤とは何か。この支持基盤は私たちの実感や共感を容易に許さない異文化フィールドにおいてあからさまになると思われる。また，これまでわが国で，とくに心理学・社会学の領域でフィールドワークを論じる場合，フィールドと調査者の生活が分離した「通い型」の調査が前提とされてきた。「通い型」では，フィールドに通うという調査形態自体によって「参与観察者」の役割は比較的容易に維持される。ところが，長期にわたって暮らしを共にする「住み込み型」調査では，生活と調査，生活者と調査者といった区分が難しくなる。「住み込み」は参与観察という私たちの側の定義を無効にしてしまう。本章では，相手との間に相互性をたやすく設定できない条件下で，私がどのように相手を理解しつつあるのか，その途中経過を報告する。目的は，フィールドワークが成立する基盤について考えることにある。フィールドノートと会話の録音資料をもとに，私のナキナイ理解のプロセスを提示する。

2. ナキナイの実際

ナキナイとはどのように行われるのだろうか。以下は実際のナキナイ場面である（1995年に採録）。

エオイは私のキャンプの対岸に住む30歳代の青年，昨年（1994年）父を亡くして，牧畜管理や家族の扶助は彼の仕事である。母はニジェキョという"精神障害"を患って，ダンスと歌で治す治療者ナブーンにかかっている。すでに，私は300シル（約600円，昼食10日分）を援助している。母の様子をたずねようとよびとめると，ナキナイが始まった。発言ごとに番号をふり経過をたどる。ここでは，ほとんど通訳（英語・スワヒリ語↔トゥルカナ語）を介しているため，"私"の発言には「ソコミツが～と言う」といった通訳による引用，表現がある。また，実際の発言と発言の間には，"間"があるが，同一者の連続した発言はひとつにまとめた。

〔問題の経緯・設定〕
1 **私**：おまえは，ソコミツ（作道，すなわち私のこと。以下会話中同様）があげた300シル，ナブーンが持っていったというのだな？
2 **エオイ**：そうだ。ナブーンが持っていったお金については何の問題もない。ナブーンは母をよく治療した。だから，"おなか"は悪く感じない（悪い気持ちはしない）。私の家では，飢えがある。しかも，それはひどい。私はあなたにお願いする。
4 **私**：いくら欲しいのか。
5 **エオイ**：ソコミツ，おまえが私の友だちなら，私に1000シルをくれるように言ってくれ，そうすれば，ぼろぼろになったものを新しいものにして助かるし，油やポショを買って家の人を助けることもできる。
6 **私**：だから，ソコミツは300シルをあげてあなたを助けた。私には1000シルなんてあげることはできない。

まず，私は彼の援助の要求に対して，以前300シルあげたことを確認した。私としては，だからまたというのはどうか，という牽制のつもりだった。エオイはお金の使い道を言い，支払先のナブーンにはいい感情を持っていると意に介さない。以前の私の贈与がエオイには何の影響も与えていない。かえって，エオイは私にさらなる問題への対処を迫る。その根拠は「友だち」である。発言の1から6までは，「かつて，あった」実績を根拠に断る私と「いま，ない」ことを訴えて友だちを根拠に要求するエオイのやりとりで，かみ合っていない。

〔話をそらす/話を戻す〕
7 **私**：（ところで）あなたのおかあさんは，またナブーンの家に戻るのか。
8 **エオイ**：戻るだろう。
9 **私**：何日家に残っているのか。
10 **エオイ**：ナブーンがいうには，彼女を自宅で10日過ごさせて，あなたは彼女をまた連れてきなさいと。
11 **エオイ**：母をナブーン宅に戻す日になったら，母はここに来るだろう。そして，おまえは母を車で送り，母は車で送られる。

私は，彼の母の病気に話題をそらそうとする。これは調査上の必要からではない。エオイは私がすべきことを言う。とりたてて，お願いしたり命令したりするほどのことはなく，当たり前のことのように指示される。

〔問題の限定/問題全体〕
12 **私**：ソコミツ自身，お金の問題を抱えている。1000シルは払えない。
13 **エオイ**：800シルをくれ。それで，私は500シルで油を買い，300シルを家の奥さんたちに分け与える。家には奥さんたちがたくさんいる。（亡父の妻，自身の

妻。外には愛人もいる）

14 　私：200シルならなんとか。
15 　エオイ：ソコミツ，私は，飢えについて，多くの問題を持っている。私はあなたにお願いする。というのは，私の家の人々も多くの問題を抱えている。それに，私の家畜は尽きたし，難民（カクマにある難民キャンプの人々。まわりのトゥルカナとトラブルがたえない）は残った家畜を持っていった。それには，私が母の治療に使うヤギも含まれていた。さらに今日になって別の問題が持ち上がった。問題はここにやってきて私と冗談を交わした人物（来客）に関することだ。それにあなたが，今日，見たように，ナブーンはもう2頭のヤギを持ってくるように言っている。だから，お願いだから助けてくれ。家の人々は飢えている。私は家の者に与えるものを持っていない。家畜は遠くに行っていていない。
16 　私：ひとりの訴えをみな満たすことはできない。いま，ソコミツはあなたに200シルならなんとか与えようとしている。
17 　エオイ：私をしてそうさせているのは，私が持っている問題についてであり，それで私は泣いている（このように叫んでいるのだ）。

①家畜がいない，②家畜が盗まれた，③治療代，④来客，が窮乏の理由としてあげられる（発言15）。私にも経済的問題があって，ひとりの問題だけを解決するわけにはいかないと対応する（発言16）。私が援助すべき多くの人のひとりとしてエオイを見ているのに対して，特定の自分だけを見ろと言っている。エオイは私の事情を察しない。

〔援助の限定/問題全体への援助〕

18 　私：あなたが言ったお金はあまりに大きい金額だ，800シルは。その金額は私が払うにはまだ大きすぎる。
19 　エオイ：私は問題を小分けにしよう。おまえは，私の友だちだし，私に100シルを取り除かせてくれ。700シルを私にくれ。ソコミチは私の友だちだから。
20 　私：300シルを出す。
21 　エオイ：ソコミチ，300シルは十分ではない。私の家の人は6人だ。
22 　私：ソコミチは言っている。彼があなたを助けるのは病人の婦人のためだ。私は，あなたを助ける。病人のために。だから，ソコミチは，あなたに300シル，あげるのだ。また，この300シルは病人のためだ。
23 　エオイ：たしかにおまえは病人を助けた。だが，いま，私がお願いしているのはほかの人々のためだ。
24 　私：私は，あなたの問題を理解した。だから，あなたに300シル与えるのだ。おまえは問題を持っている。しかし，私も同じ問題を持っている。だから，ソコミチはあなたを300シルで助けようとしている。
25 　エオイ：言ってくれ，何がソコミチを私のところに来ることを妨げているのか？彼はこれまでもたくさん助けてくれたじゃないか。

値引き（値上げ）交渉になっている。しかし，たとえエオイが値を下げてもそれはこちらの事情を理解したからではない。また，私は，ここでも問題を病人だけに限定して切り抜けようとしている（発言22）。病気が病人だけの問題ではないのは，私には十分わかっている。私が相手の事情にわざと鈍感になっている。

「何がソコミチを私のところに来ることを妨げているのか？」（発言25）は，特別なことがなければ相手の意図や都合で要求が断られることはないという"決まり"を示す。「要求が入れられないのは自分に落ち度があるからか」と言っているのである。これによって，ナキナイの枠組み自体への疑問も表明できなくなる。「これまでたくさん助けてくれた」は，過去の実績があらかじめ要求を抑制しないことを再び示す。

〔値切る/問題の共有〕
26　**私**：400シルならあげよう。
27　**エオイ**：ソコミチはそう言っている。ソコミチは近所の人を助けることができる。だって，私の父の妻たちがいる。いとこたちもいる。飢えの問題だ。家はこんなに人が多く，そのため，あなたに泣きついているのだ。550シルをくれ。
28　**私**：あなたは私に550シルを与えるように，正真正銘言った。では，私は，あなたに450シル，正真正銘あげよう。
29　**エオイ**：何も悪いことはない。私の家に悪いことが集中するのは悪霊のため。家畜は尽きてしまった。
30　**私**：どうしたのか。
31　**エオイ**：誰かは病気になるし，難民は撃たれる，私は誰かを殴ってしまったし。

最後に，エオイは，重複した出来事を述べている。母の病気，難民への発砲事件で疑われたこと，酔ってダンス中にいっしょに踊っていた女性といさかいを起こしてケガをおわせ，賠償を要求されていることである。私は彼の問題は聞き知っていた。あらためて，ナキナイを通して彼の問題を共有することとなった。

エオイの短い例からナキナイの特徴として，①「ねだられたらあげなければならない」という前提，②「友だち」という根拠，③眼前の問題への関与の要求，④被要求者の事情への察しの不在，をあげることができる[*2]。

3. ナキナイのつらさと対策

ここでは，最初の①「ねだられたらあげなければならない」という前提だけをとりあげ，なぜナキナイが私にとってつらいのかを検討してみよう。

ナキナイは交渉である。しかし，この交渉は，結果のわからない交渉ではない。

「ねだられたらあげる」という大前提がある。たとえ，何かをもらったとしても，あげたとしても，それは当然のことである。物の授受には"恩にきる（きせる）"といった感情は生まれない（太田，1986）。いくら与えてもそれが断る実績として蓄積しない。与えた実績は新たなナキナイを生む。与えれば，与えるほど，ねだるだろう。それほど援助してくれる親友なのだから。

　断ってみよう。「私に悪いことがあるのだろう。言いたいことがあるのなら，言ってくれ」と言われるだろう。こちらへの非難ではない。断るということはあろうはずがない。そんな態度を示している。さらにこの問いには，「そうだ，悪いのはおまえだ」とは反論できない。しかも，こちらの事情を開陳する契機は奪われてしまう。

　徹底的に断るとどうなるか。同地を調査する北村は徹底して断り続けたときの体験を次のように言う。だんだん訪ねる人が来なくなり，ある男がぽつりと「おまえはほんとうに友だちがいらないのか？」と言った。ナキナイの拒否はトゥルカナでは考えられないことなのである。

　では，断る代わりに助言をしてみよう。病院代が欲しいなら，ヤギを売ったらどうかと提案したとする。相手は，ヤギはいない，尽きてしまったと言うだろう。あなたは，ヤギがいなくてどう生活しているのかとたずねる。すると，山のヤギキャンプにいると答える。取りにいけばいいじゃないかとあなたは言う。すると，取りに行くには，数日かかる，その間のタバコ代，食べ物代など路銀をくれと要求する。代案を出しても，トゥルカナはそらされることなく私に戻ってくる。重要なのは相手の問題である。私にしか解決することはできない。

　このような対応に，つい，ナキナイの枠組み自体を否定したくなる。「ねだりすぎ，もらいすぎではないか」と。すると，「これが，トゥルカナのやり方だ」という猛反発を受ける。「要求（欲求）は主張されない限り存在しない」という彼らの前提がある。欲しければ主張しなければならない。主張することは良いことであり，主張されない「言葉が腹に残る」ことを嫌う。ナキナイとは，ただ必要物を手に入れるとか意図の伝達をあらわすとか，何か別のものを表現する行為ではない。反論の余地のない生の様式，欲求そのもののようである。

　私がナキナイで感じたつらさはトゥルカナ社会の特質を考えるうえで，出発点になるはずである。たとえば，トゥルカナが「いま，ここに」の関係にもとづくのに対して，私が「かつて，あそこで」の関係にもとづくという対比である。彼らは，「いま，ここに」での関与と対応を求めているのであって，過去の実績や将来起こりえるリスクはその現在性には無力なのである。だから，先の対比に関係の歴史性を加えて「いま，ここに，たまらない」―「かつて（将来），あそこ

で，たまる（たまるであろう）」とすることができよう。では，普遍的な規準はナキナイを拘束するだろうか。トゥルカナはやはり，「いま，ここに」ない別の場所でこしらえた規準に頼らない。私は相手の「ねだりすぎ，もらいすぎ」を思う。相手の必要を勝手な"客観的"規準によって推し量るという，傲慢な察しをする。ところが，トゥルカナにおいては，規準にもとづいて行為をあらかじめ規制することが起こらない。「ある場合にはかく行う」という一般的規準はある。ただし，それは交渉によって初めて実効力をもつのである。そのような規準をつくる超越的な場そのものを持たない。また，次の事実にも気がついたはずである。トゥルカナには私たちが行為の座と考え，行為に先立ち，それに働きかけることで行為を変えることができると信じる場所，"心"がない。トゥルカナが"心理的に"私と異なるわけではない。そのような"心"が社会的に意味あるものとされていない。

　だが，ナキナイへの対応を模索するなかで，私は次のような態度をとるようになってしまった。ナキナイのプロセスを図示できるように描き，徹底的な形式化を図ったのである。私はその場の交渉から情動的に身をはがすことができる。その代わりナキナイは結果のわかった退屈なプロセスになってしまう。1日は3000シルの予算配分になる。夕方になるにつれて拒絶し値切る私をトゥルカナは理解できなかっただろう。また，相手に関心を持ったり，こちらから問題解決の提案もできなくなった。関心を持てばねだられるし，提案は要求を生むからである。

　しかし，関係から離れた態度はより深刻な問題を私に生じさせた。形式化が進み予算配分の問題になるにつれて，いったい，私がフィールドでどのように受け入れられているのか，その実感も形式化していったのである。私は自分がただ予算やものを分配しにきた"金づる"に思えてきた。私は，利用されているだけなのではないか，ナキナイに対処しているようで，私は幸せではなかったのである。

4．ぎっくり腰

　意外にナキナイは腰に悪い。現金や物品を保管してあるテントとの往復が激しくなるからである。テントの低い入り口からの中腰での出入りがつづく。ついに私は動けなくなった。

〔ぎっくり腰〕（1995.8.28）
　　夜，ジンも飲みしたたか酔っぱらって寝込んだところ，朝，起きると起き上がれない。腰が痛くてどうしようもない。やっとのことでテントの柱にすがって，ジッ

パーをあけよろめき出ると，青年たちがびっくりして支えてくれる。まわりのナキナイの人々が息をのむのがわかる。岩屋からの復活を見て驚く人々，驚かれたキリストはこんな感じか。本当に歩けない。ひとりが杖をさし出す，それにすがって，用を足す。これもしゃがめないので一苦労。寝込む。

〔老人たちの訪問〕

昼頃，外が騒がしい。よばれると，老人たちの一群がやってきた。小屋の前まで連れ出され，スフリア（万能なべ）の水を次々に口に含んでは吐きかけられる。そのあと，両腕を抱えられて，20メートル離れた木陰へ移動する。そこで立たされたまま，リーダーの合図で，かけあいが始まる。

　　ソコミチ！──健在！
　　ソコミチの奥さん！──健在！
　　ソコミチの子ども！──健在！
　　マラリヤ！（病気）──行った！
　　病気！──行った！
　　……。

かけあいが続いたのち，引き出されたヤギを槍で殺させられる。ヤギは，お世話になっている家の主人が出してくれる。といっても僕はできないからとためらっていると，手をとってまねだけさせて，後は主人が代わる。ひと突きを受け，しばらく立ち止まって身震いをしたと思うと，どっと倒れた。私は，大好きな焼き肉を食べる気も起こらず，テントへ暇乞いをする。

〔マッサージの申し出〕（1995.8.29）

依然として痛いが，昨日から，知り合いの青年のマッサージを受けている。昨日は朝昼2回，今日は夕方の予定。昨日の深夜半にも来てくれていたらしい。私は痛みでテントに籠っていた。友人だから300シルでいいと言う。おれはエムロン（治療者・占い師）だとにやり。まわりから，小さなエムロンと言われ，照れている。

〔ナキナイをしない人々〕（1995.8.30,31）

夕方，あの口やかましいコクロ（近所の女性）が木の実を赤いキコンベ（コップ）にいっぱい持ってきて食べろと言う。何もねだらない。同じく，夕方，アペヨノン（となりの女性）がやってきて，大丈夫か痛いか，とたずね，少し良くなったと言うと，コナコナ（こんなように）とマッサージのまねをして，私がやってあげようかと言う。太田（日本人研究者）のときも私がやったのよとしぼんだ胸をそらす。ロリネイはシンガポール製のハッカ油を手に入れて背中に擦り込んでくれた。

今朝，ロリアマケトウ（ロリネイの妻）も，椅子に座っている僕を見て，「コナコナ」，「タガル（伸ばす）」と言って，腰を伸ばすまねをする。それでそこらをゆっくり歩いてみる。大分良くなった。ただ，少しかがむと背中がすごく痛い。もし治らなければナイロビなりに帰らなければならないのだが，車に乗れるかしらと座席に座ってみると，運転はできそうだ。まばたきに振り返ると，ロリアマケトウが立っ

ている。ニョ？（なにか用か）……マム（なんでもないわ）！　心配そうに大きな目で見つめている。

　こうして，私は初めて，ナキナイをしない人々に気がついた。彼らは，ただ何もせず私の様子を見て座っている。そこで私は，「心配されている」という原初的な実感を持つことができた。「いま，ここに」困っている（病んでいる）私はそのような者として遇されている。では，ナキナイはどうだろう。ナキナイもまた「いま，ここに」いる私と「いま，ここに」いる相手との向き合い方であることに気がつくのである。

5. 最小限・最大限の前提

　相手を理解しようとするとき，私とトゥルカナの間のへだたりは大きい。生活もものの見方も感情の文法も違うのは明らかである。しかし，トゥルカナはだからといって私を特別"外人"扱いしない。まず「友だち」というカテゴリーに入れる。そういうものだとして要求にこたえることを求める。この態度が私を圧迫する。ここで私は，参与観察者という定義が相手に容赦を求める方法でもあることに気がつく。私は，「いま，ここに」いるだけではないのだと。トゥルカナは許さない。

　松田素二（1999）は，科学主義やポストモダンの文脈から批判された，調査者と相手を結ぶ共感共鳴の「実感」を次のように再評価した。「フィールドで，自分自身の日常の営みをつくることによって，調査する者とされる者との立場の違いをそのままにして，同じ生活者の地平にたった交流・交感」ができ「共有された生活実践，連帯性の観念，それに場の共同性をつくりあげる暗黙の感情紐帯によって保証」された，「生活共同の実践への構え」さえあれば，調査者と被調査者の日常的コミュニケーションが成立する。

　まさにトゥルカナが私に向き合うやり方は，それではなかっただろうか。私が示した対応や抱いた情動のいちいちは，近代社会の感受性にもとづいている。彼らが示したのは，言葉も感情も異なる私に対して，「友だち」を根拠に，松田が指摘するような日常生活の便宜を最優先に行われる「生活共同の実践への構え」へ誘うことだったのである。私はそれを受け入れることによって少し自由になった。ぎっくり腰は，私がねだられるためにだけいるのではないことを気づかせてくれた。心配されているという実感を持つことが重要なのではない。むしろ，彼らは私を「いま，ここに」いる者——腰をいためた者——として扱っているという認識である。トゥルカナは私を"利用"する。私も彼らを"利用"する。それ

が可能なのは互いに「友だち」だからである。こうして私は等身大の私をとりもどしたのである。

　私はトゥルカナとの関係を"(良好な)ラポール"と表現するのをためらう。カウンセリングのような，治療の効果を信じて互いに役割を設定し心理的理解を深める契約関係ではないからである。ただトゥルカナが私にかぶせる懐の深い網のなかで調査を続けているだけである。"心"はなかなかふれあわない。私は，たとえ心理的"ラポール"はないとしても，人が身をさらして存在するときに必須の「生活共同の実践への構え」を見たいと思う。しかし，調査する側とされる側の共有地をただ「そこに，いる」ことに求めることで，議論の多い両者の複雑な関係を正当化できるだろうか。一足飛びに相手側から語り出し，しかも自分に都合よく語り出してはいないか。私は不安である。現時点の私にとってという限定のもとに，次のように言っておこう。実践への構えが，フィールドワークを成立させる最小限の前提であり，同時に"ラポール，信頼関係，共苦共感"と記述される私と相手の関係について，最大限に主張できるところかもしれないと。

● ブックガイド
　小関智弘　1993　春は鉄までが匂った（現代教養文庫）　社会思想社　　町工場の技術にこだわる著者が自ら旋盤をまわしつつ，職人の世界を描く。定まった自分の場所からの観察の確実さがわかる。
　松田素二　1999　抵抗する都市――ナイロビ移民の世界から　岩波書店　　ナイロビの出稼ぎ者たちが近代化に抗して行う実践を「抵抗」と位置づける。フィールドワークの基盤は彼らとの「生活共同の実践への構え」にあり，フィールドワーカーは近代に抗する共闘者となる。

● 注
　★1　私は，実験者と被験者間でどのような理解があるのかについても知りたくてたまらない。
　★2　太田（1986）は，ナキナイの特徴として，察しの不在，利他主義的に惜しみなく与えるという一般的互酬性の強調，ナキナイをする側の相手に対する一方的な優位性をあげる。北村（1991）は「トゥルカナは，『いま，ここで』呈示されているものに対して全面肯定的に臨む」と指摘し，深い関与を求める社会であることを強調している。これらの特徴は上記ナキナイの実録でも見てとることができる。

● 引用・参考文献
　Guliver, P. H. 1951　*A preliminary survey of the Turkana : A report, compiled for the government of Kenya*, Capetown University. 1951.
　伊谷純一郎　1980　トゥルカナの自然誌――呵責なき人びと　雄山閣
　伊谷純一郎　1982　大旱魃――トゥルカナ日記　新潮社
　北村光二　1991　「深い関与」を要求する社会――トゥルカナにおける相互作用の「形式」と「力」，田中二郎・掛合　誠（編著）　ヒトの自然誌，平凡社，pp. 137-164.
　北村光二　1996　身体的コミュニケーションにおける「共同の現在」の経験――トゥルカナの「交渉」的コミュニケーション　菅原和孝・野村雅一（編）　コミュニケーションとしての身体　大修館書店　pp. 288-314.
　松田素二　1999　抵抗する都市　岩波書店　p. 244, p. 250.
　太田　至　1986　トゥルカナ族の互酬性　伊谷純一郎・田中二郎（編著）　自然社会の人類学――アフリカに生きる　アカデミア出版会　pp. 181-215.
　太田　至　1996　規則と折衝――トゥルカナにおける家畜の所有権をめぐって　田中二郎・掛

谷　誠・市川光雄・太田　至（編著）　続自然社会の人類学――変貌するアフリカ　アカデミア出版　pp. 174-213.
Sakumichi, S. 1997 Coping with illness in Turkana a Preliminary report, *African study monographs, The Center for African Area Studies*, 18（1），253-263.
作道信介　1998　観察法――記述としての「観察」から　高橋順一・渡辺文夫・大渕憲一（編著）　人間科学・研究法ハンドブック　ナカニシヤ出版　pp. 87-122.
作道信介　2000　北西ケニア・トゥルカナの占い場面から――情動の語り Emotion Talk の場として　東北心理学会第54回大会発表要旨
作道信介　2001　"つらさ"を手がかりにしたフィールド理解の試み――北西ケニア・トゥルカナにおけるフィールドワークから　弘前大学人文学部『人文社会論叢』（人文科学篇）第5号　pp.77-109.
佐藤郁哉　1993　秘伝とハウツーのあいだ――フィールドワーク技術論の可能性についての覚え書き　民族学研究，58（3），272-276.
佐藤郁哉　2000　暴走族から現代演劇へ　好井裕明・桜井　厚（編著）　フィールドワークの経験　せりか書房　pp. 46-63.

Part III
反省的思考と展望

18章 フィールド研究の倫理

文野 洋
ふみの よう

1. はじめに

　心理学の研究プロセスには，多くの場合，人や動物を対象として「データをとる」という作業が含まれている。したがって，何か研究をするためには，調査なり，実験なりに「協力」してくれる相手が見つからなければ，ほとんどの研究が成り立たないことになる。また，協力者が見つかったところで，どんな研究でもできるかといえばそうではない。研究を進めるうえでは，協力者に対する配慮が必要である。そんなことは当然のこと，と思われるかもしれないが，その意味をつきつめてみると，なかなか難しい「倫理」[*1]の問題が浮かびあがってくる。

　心理学の研究には，研究者と協力者との間で多かれ少なかれ「研究する側」「研究される側」という立場の違いが生じてしまう。この立場の違いから，さまざまな倫理の問題が指摘されるわけだが，そこには「データをとる」作業以外の研究活動や，カウンセリングなどの専門的援助の実践も含まれる。

　人や動物を対象とした研究を行う学問領域においては，研究者組織である学会のレベルで，こうした倫理問題への取り組みがなされている。心理学界でも，各学会が倫理綱領の制定や倫理委員会の設置などに取り組んでいる。しかし，フィールド研究では，学会で扱われている心理学全般の倫理では詳細には言及されない問題に直面することがよくある。したがって，心理学全般についての倫理を，フ

ィールド研究ではどうなるか？という視点から，とらえ直すことが必要になってくる。

そこで本章では，まず心理学界における倫理問題への取り組みとして学会で制定されている倫理規定を概観し，心理学研究の倫理の大枠をつかむことにする。次にフィールド研究の倫理を，研究のプロセスにそってまとめてみる。そして最後に，「フィールドの倫理」という視点から，心理学研究の倫理とフィールド研究の倫理との関係について考えてみたい。

2. 学会の倫理規定

学会レベルでの倫理問題に対する取り組みは，それぞれの学会によってさまざまではあるが，その中心となるのが倫理規定（あるいは倫理綱領）*[2]の制定である。学会の倫理規定は，心理学研究の倫理がいかなるものかを示しているといえる。そこで，まず心理学界で早くから倫理問題に取り組み，日本の心理学界が参考としているアメリカ心理学会（American Psychological Association：以下APA）の倫理綱領を概観する。その後で，日本の主要な学会の倫理綱領を見ることにする。

☺アメリカ心理学会（APA）の倫理規定

APAでは1938年から倫理規定制定についての検討が始まり，1952年に初の倫理規定が採用された。その後，数々の改訂を経て，1992年の第10回改訂版『サイコロジストのための倫理綱領および行動規範』（APA, 1992）では，大幅な改訂がなされた（Sabourin, 1999）。

この倫理規定は，「一般綱領（General principles）」と「倫理基準（Ethical standards）」からなる。「一般綱領」は研究者としての心得のようなもので，努力目標として設定されている。「倫理基準」は，実際に心理学者が守らねばならない行為についてより具体的に述べられており，強制力を持つものである。ここには，研究活動以外の専門的援助，とくにカウンセリングなど臨床心理学のフィールドに関する記述も多く含まれている。

倫理規定に抵触した場合には，会員資格の剥奪や，関連機関（検察など）への移送といった重大な処分が課されることがある。倫理規定の遵守に関する審査やコンサルテーションは，州の心理学会およびAPAに設置されている倫理委員会が，学会内外からの要請に応じて行う。また，各大学および政府から研究資金を得ているその他の機関には機関内倫理委員会が設置されている（Sieber, 2000）。

人にかかわる研究を始める際には，委員会への研究計画の届け出を行い，倫理面の審査を受け，許可を得ることが義務づけられている（数井，1997）。

ところで，この倫理規定の作成手続きには，さまざまな分野の研究者から募った倫理的事例をまとめるという，ボトムアップの方式が採用されたという特徴がある。そのために，倫理規準は心理学の各分野に網羅的で，実際的な内容となっている。

しかし，この倫理規定に対する批判もあげられてきた。改訂にともなって改善がはかられてきたが，なお残されている課題として，クライエントや社会に対する専門上の責任に葛藤が生じたときに役に立たない，という適用の問題が指摘されている（Sinclair et al., 1987）。この批判が，さまざまな専門的実践のフィールドから出されていることは，フィールド研究の倫理を考えるうえではとても重要である。つまり，事例からまとめあげた行為の規準であっても，それらは個々のフィールドでの心理学者の活動においては，両立せずに矛盾を抱えてしまうこともある，ということである。この点については，また後で振り返って考えることにしたい。

●日本の学会の倫理規定

日本の心理学関連の学会において，倫理規定を制定する取り組みが本格的になされるようになったのは，この10年ほどのことである。日本の心理学関連の学会のなかで規模が大きく，もっとも歴史のある日本心理学会では，1997年に「社団法人日本心理学会倫理綱領」（以下，日心綱領と略記）を制定している。日心綱領は，APAの倫理規定でいう「一般綱領」と「倫理基準」とが混在した内容となっており，学会員がかかわる活動領域全般について，必要最低限の情報で倫理的な行動の指針を与えているといえる。ただし，具体的な行為規定がないことから，倫理規定による審査やコンサルテーションなどを行うシステムは確立しにくい。

一方で，日本心理臨床学会にも設置されている倫理委員会では，「理事長からの諮問に基づき倫理綱領違反に関する裁定案の答申」を行うことが倫理規定に盛り込まれている（日本心理臨床学会，1998）。また，倫理規定の別項として「日本心理臨床学会倫理綱領」が，この具体的な規定として「日本心理臨床学会会員のための倫理基準」がそれぞれ定められている。これらは，APA倫理規定の「一般綱領」と「倫理基準」に相当するものといえる。臨床心理学などのように，フィールドにおける専門的援助や研究が主な活動となる学会では，日本においても具体的な行為規定が定められていることがわかる。

近年では，日本発達心理学会が研究のプロセスと手法ごとに，より詳細なガイドラインを提供している（日本発達心理学会，2001）。

ただし，規制する行為の具体性が，倫理規定の整備の充実を示すわけではないことに注意したい。学会の倫理規定は，各学会の規模や構成員，学会を支える制度的基盤や文化的背景などの文脈に依存しているため，倫理規定自体を直接比較することはできない。また，倫理規定の評価は，学会員の活動の文脈において，有効に機能するか否かという適切さの観点からなされるべきであろう。

3. フィールド研究の倫理

心理学界における倫理について概観したところで，フィールド研究の倫理について考えてみることにしたい。

フィールド研究は，研究者が明らかにしたい現象が起きているその場において行う研究であるから，必然的に，そのフィールドの人々の活動とより密接なかかわりを持つことになる。このため，フィールド研究には，他のタイプの研究に比べてとくに配慮が必要となったり，学会が定める行為規定を遵守するのが困難となったりするような側面がある。

そうしたフィールド研究に固有の倫理をより具体的に考えるうえで，人類学の分野で検討されてきたフィールドワークの倫理（祖父江ほか，1992；Punch, 1986）が参考になる。なぜなら，「フィールド研究はフィールドワークの広い概念としてとらえる」（1章参照）からである。フィールドワークの倫理については，研究のプロセスにそって，各局面における問題点を検討すると整理しやすい。フィールドワーク研究のプロセスには，大別して①フィールドに入る（フィールドエントリー），②データ収集を行う，③成果を報告する，という局面があり，これらが研究の大きなサイクルを形成している。フィールド研究においても，この枠組みからいえば，まったく同様のプロセスが存在する。そこで，この研究プロセスにそって，それぞれの局面で問題となる倫理について，以下にまとめていこう。

◉フィールドエントリー時の問題

まず，フィールドに入る際には，その場の管理責任者から許可を得ることが必要である。これは，一般の人が自由に出入りできる場（道路，駅構内，公園や娯楽施設など）であっても，研究目的や方法によっては許可が必要となる。

また，研究対象となる人に対しては，研究協力についての「同意」を得ること

が必要である。これは前節の日心綱領においては「説明と同意」に該当する，インフォームド・コンセント（Informed Consent）の問題である。インフォームド・コンセントには，研究目的・方法や個人情報の守秘義務に加えて，研究に参加することで生じる可能性のある事態を対象者の理解可能な言葉で説明したうえで，「同意」を得ることが求められている。対象者が乳幼児であるなど，対象者への説明が不可能な場合には，養育者などの代理者に対して説明を行わなければならない。

　フィールドに入る際には，これら2点についてその必要性を検討しなければならない。ただし，許可を得ること，「同意」を得ることには，フィールド研究ではとくに留意すべき点がいくつかある。

　まず，フィールドへ入る許可を得る場合には，責任者に対して研究の概要を説明する必要があるだろう。説明すべき事項は，そのフィールドに研究者が出入りする時間および期間，研究者のフィールドでの役割および空間の位置どり，研究対象者とインフォームド・コンセントを結ぶこと，研究によってフィールドに与えうる被害とその予防策，フィールドになしうる貢献，などである。説明にあわせて文書を用意することが望ましい。研究者が学生の場合には，指導教官からの推薦状をあわせて持参することも有効であろう。そのほかにも，配慮すべき事項については，本書PartⅡの各フィールド研究において詳しく書かれているので参考にしてほしい。

　ここで生じる問題に，承認者（責任者）とそれ以外のフィールドの人たちとの温度差が考えられる。フィールドの責任者が積極的に研究協力を承認したものの，他の人たちとの連絡がうまく取れていないために好意的に受け容れてもらえず，後のデータ収集が予定通りに行えないなどの問題である。これは，フィールドワークによる研究であれば，データ収集の局面において関係をつくっていくことによって解消されるべき問題である。しかし，短期間の研究の場合には，許可を受ける際にそのフィールド研究に対する理解がフィールドの他の人たちからも得られるよう，可能であれば説明の機会の提供を要望する方法もある。

　フィールド研究におけるインフォームド・コンセントの問題は，他の研究のように対象者との間で徹底的に明示的な「契約」を取り結ぶことが困難となることが多い，ということにある。

　まず，交差点や公園の広場などのフィールドにおいて不特定多数の人を対象とした研究を行う場合には，すべての人に対して同意を得ることはできない。したがって，誰に対して説明を行うかという同意をとる対象者の範囲の問題が生じる。

また，研究目的や方法，生じうる結果についての説明を「十分に理解すること」は容易ではない。十分な情報提供によって，対象者の「同意を得た」つもりでも，実際には研究に参加することのイメージがつかみにくいまま，ということもある。これが原因で，インフォームド・コンセントを得ようとすることによって，フィールドからの協力が得にくくなってしまう場合がある。

　たとえば，家庭での母子観察の研究について事細かに説明することで，母親が不安になって承諾できない，ということが一例として考えられる。研究者にとっては，これまでの研究の経験から，実際に参加してみれば，「こんなものか」と「誰でも思ってくれるはず」のことであっても，詳細な説明によって，対象者の参加への不安を払拭するのではなく，かえって「たいへんな研究に参加する」という不安を高めることもある（数井，1997）。

　さらに，フィールドによっては「十分な説明と理解にもとづく同意」といった「契約」の行為自体が，そのフィールドにおける活動とまったくかけ離れていることもある。そこでもなお，インフォームド・コンセントを忠実な仕方で得ようとすることは，何か問題が生じたときの自己防衛的な措置として，対象者から「合意」を一方的にとりつけておくことにすぎない。またフィールドによっては，そのような細部にわたる明確な取り決めによって，対象者との関係がよそよそしくなり，距離がまったく近づくことなく，フィールドに居場所がなくなるという事態も生じかねない。参与観察を行うフィールドワークでは，これは研究の成否にかかわる問題である。

　ここで重要なのは，研究概要についての説明や同意は，できる限りフィールドの実状にあわせるということである。情報を損なうことなく，対象者を不安にさせないような，上手な説明の仕方が求められる。

　したがって，インフォームド・コンセントで大事な点は，対象者の「『実質的な理解』をもとにした」，対象者の「『自律的』な『同意または拒否という判断』」である（川野，1999）。

　このように考えれば，インフォームド・コンセントにおいて必要な情報の種類や量，説明すべき対象者の範囲は，フィールドの状況や，フィールドと研究者とのかかわりによって異なってくるだろう。このことは，先に述べたフィールドに入る許可を得る際の問題にもあてはまる。

　たとえば南博文（1997）は，保育園のフィールドに長年通っていた共同研究者との話し合いの後に，研究計画を中断した自分自身の事例を報告している。研究目的とそれに見合う方法として，保育園のフィールドに4月から入り，参与観察を行う計画を立案したが，新入園児を迎える保育者の保育活動への影響に配慮し

て計画を取りやめた。この事例のように,保育園とのつながりがあり,多少無理のきく協力体制ができていても,計画を中止する決断がありうるということは,重要なことである。つまり,フィールドとの関係ができているからこそ,その特定のフィールドに与える影響や負担などに配慮し,それでも多少無理をお願いする,またはあえて辞退するといった選択が可能になるのである。

　以上のように,許可や同意を得る際の方法は,最終的には各フィールドの状況や研究者自身との関係から吟味されるべきものである。多くの場合,フィールドの状況や研究者自身との関係は不明確であるから,フィールドへ入る時点で明示的に同意が形成されるのはごく表面的な側面であり,他の側面については,調査や観察が継続的に行われるようになった時点で,研究者が対象者との間で明確化していく性質のものである。したがって,ここで扱った問題の一部は,フィールドエントリー後のデータ収集の局面にかかわっている。

●データ収集時の問題

　フィールドに入ることとなり,実際にデータをとり始める段階においては,何をおいても,フィールドにいる人たちとの良好な人間関係(ラポール)を形成することが目標となる。

　このことは,フィールド研究において,より質の高いより多くの情報を得るというデータ収集の面のみならず,その後のさまざまな研究上のトラブルを回避する,または解決するという倫理面においても重要である。

　どのような関係が友好か,またそうした友好な関係をいかに築くかについては,そのフィールドで望ましいとされる人間関係が異なってくるので,フィールド共通のやり方はない(箕浦,1999)。基本的には,そのフィールドの初心者として謙虚な姿勢をとることが肝要であろう。主なフィールドにおける関係のつくり方の秘訣については,本書PartⅡの各章を参照してほしい。

　さて,友好な人間関係を築きつつ,研究活動を進めていくなかで,今度は研究者自身に役割の葛藤が生じてくることになる。とくに,フィールドにおいて一定の役割を担い,積極的な参加者として観察(参与観察)を行っている場合には,役割の多重化(活動メンバーであり,研究者でもあるなど)が必然的に生じてくる。

　この役割の多重化による問題は,フィールドの人々が想定していない,または望んでいない情報を収集してしまう,ということである。この問題は,研究成果の報告の際にも大きな意味を持ってくるが,ここでは研究者の側に生じる葛藤について考える。

参与観察を行う場合など，フィールドの人が気づいてない点にまで気づいてしまう，という罪悪感が生じることがよくある。これは状況に対する自分の見方が周囲の人と違っているために「気づく」のだから，それ自体は悪いことではない。むしろ，そのような見え方のズレは，研究の方向を大きく左右する重要な現象なのである。問題は，そのズレが倫理的な行動に対して生じる場合である。

つまり，フィールドで起きている活動自体に，研究者が自身の倫理に抵触する行為を見出す場合に，倫理的な問題が生じる。たとえば，学校や保育園のフィールドで観察をしていたら深刻ないじめに気づいてしまった，というような場合である。こんなときどうすればよいだろうか？　判断に必要な材料は，ほとんどフィールドと自分との関係性についてである。大まかには次のようなことがあげられる。

(1)　「問題」と見える行動はそのフィールドの人々にとっても「問題」として見えるかどうか
(2)　フィールドでは「問題」とされない場合に，自分はフィールドの一員として，あるいは「フィールド外の人」としてのいずれの見方が重要であると考えるか
(3)　問題行為によって被害を受ける人は誰か，それはどのような被害か
(4)　問題を指摘した結果，問題行為をした人・被害を受けた人がどのような影響を被るか（その人と自分との関係がいかに変化するかを含む）
(5)　問題を指摘するやり方にはいかなる方法があるか，その各方法において(3)(4)はどうなるか
(6)　「問題」を指摘したことで（または，指摘しないことで）生じるすべての結果について，自分に責任がとれる範囲はどの程度か

以上は検討すべき必要にして十分な事項を列挙したものではないし，検討の仕方やその結果導き出される結論が決まっているわけではない。どのように考えるかのひとつの参考材料である。実際には，フィールド研究者自身がフィールドの状況をよく見きわめ，自分とフィールドとの関係について問いただしたうえで，上記のような検討を経た後に判断することになろう。

したがって，フィールド研究者は，フィールドで起きている出来事の意味づけや価値づけ，自分とフィールドの人々との関係などをできる限り反省し，相対化していく必要がある。

このほかの問題に，フィールド内の人間関係上の葛藤に巻き込まれる，ということがある。たとえば，ある地域活動の取り組みについて参与観察をしようとしたら（またはしていたら），他にも同様の取り組みを行う対立したグループの存

在に気づき，2つのグループに対して平行して取材を行うことが難しい（あるいは難しくなる）などの場合である。フィールドにおいては，研究者としての立場が多少なりとも関係してくるため，この種の問題の多くは個人的問題ではなく，フィールド研究の倫理問題となる。どのような行動を選択するかは，先の場合と同様であるが，フィールドへの事前の「同意」のあり方，その時点での研究目的（明らかにしたいことは何か），選択結果によるフィールドの人たちとの関係の変化などについて考慮したうえで，どのような立場でどの人間関係にコミットするか（しないか）を決定することになるだろう。

このような場合，中立な立場を維持するというのが一般的な意見であるが，研究目的やフィールドでの人間関係によっては，異なる選択肢もありうる。いずれにせよ，フィールドで研究をする以上，完全に中立な立場はありえず，自分自身も政治的関係（力と力の関係）のなかにいるということを念頭においておくべきである。

● 成果の報告の問題

フィールドでのデータ収集および分析に一区切りをつけると，研究成果を報告する段階に入る。ここで問題となるのが，研究成果の公表とフィールドへの貢献の問題である。

結果の公表の際にまず問題となるのが，プライバシーの保護の問題である。ここでの大前提は，結果の公表によって，フィールドの人々に対して不利益をもたらさない，ということである。

エスノグラフィーでは，フィールドの地名や，対象者の個人名などの固有名は，仮名やアルファベットを用いた表記をすることが多い。また，それらの表記を使用してもなお，記述している内容によって個人やフィールドが特定できる場合には，その記述内容自体を制限することもある。さらに，調査・観察中に撮影した写真や映像についても，個人的・フィールド特定的な情報は抑制されることがある。公刊物に掲載するなどの際には事前に承認を得る必要がある。これらは，個人やフィールドが特定されてはならないというプライバシー保護の理念にもとづいている。

ただし，フィールドの特徴を詳細に記述することが知見の一般化につながる場合には，フィールドが特定しうる情報を積極的に記載することも考えなければならない。この場合には，当然，フィールドの責任者や対象者の承認が必要である。

その他，エスノグラフィーの記述において注意が必要な点は，語彙の用法である。差別語を使用しないことはもちろん，あるフィールドの人々について誤解を

招くような陳述は避けなければならない。以上のことを含めて，結果の公表に関するプライバシーについては，一度公表するものをフィールドの人たちにチェックしてもらうのがよいだろう。

　後はフィールドへの貢献の問題である。フィールドにおいて研究を進めているとき，研究者はフィールドから心理学の世界で利用できるような何らかの資料を研究によって獲得したことになる。ここで，フィールドに対してなにも応答をしなければ，資料の「とり逃げ」になる。フィールドの人たちに協力をさせるだけさせておいて，何の返答もしなければ「あれは何のための調査だったんだ？」というフィールドの人々の疑問や不満，反感をかうことになりかねない。さらには，こうした一方的な研究者の「略奪」が重なると，そのフィールドに別の研究者が入ろうとしたときに，エントリーを拒否されるということにもつながる。フィールド研究によって研究者が何か利益を得るなら，やはりフィールドの人たちにも何か貢献をしなければならないだろう。

　フィールドに対する貢献にはさまざまなものが考えられる。まずは研究成果の報告を行うことである。この場合，研究報告書を寄贈するということが多い。しかし，学術論文や学術書をそのまま贈呈することは，むしろ多くの場合不適切である。たいていの人は論文形式の文章を読むことに慣れていないので，読むことには抵抗があるだろう。そこで，フィールド用に報告書を作成して，それをできるだけフィールドの言葉におきかえる，という工夫もなされる。また，この具体的な試みとして報告会を行い，その結果について質疑の場を設けるなどの提案もできる。ただ，ここでは「研究者（研究する側）」と「対象者（研究される側）」という区別が存在している。つまり，フィールド研究の知見の「正しさ」は，研究者のみが判断することができるという，対象者との立場の違いである。

　このような構図を回避するために，フィールドワークなどの場合，その成果であるエスノグラフィーをインフォーマントに見てもらい，プライバシーに関するチェックに加えて，記述内容まで検討してもらうこともできる（佐藤，1992）。ここで，フィールドの人たちの理解とのズレがある場合には，それを話し合って適切な記述として練り上げていくのである。

　フィールド研究の成果の批判的検討をフィールドの人たちと協同して行うことは，フィールドの人たちを「対象者」ではなく，フィールド研究という実践に，研究者とは異なる立場で自発的に参加する「実践協同者」として，研究に参加してもらうことになる。ただし，最終的には成果をまとめる責を負うのはフィールド研究者であり，研究者の作法にのっとって記述がなされることを実質的に合意する必要はあるだろう。

また，教育実践や保育実践の研究会において，教員や保育士が自らの実践を報告するなど，フィールドで活動する人たちが実践を報告する機会がある場合には，著作権の問題が生じる可能性があるので，その機会を奪わぬように，公表の時期や内容について合意を得ておく必要もある。

　成果のまとめを何らかの形でフィールドの人々に返す以外にも，フィールドに貢献するやり方がある。母子観察の協力者である各家庭の交流を深める場として親睦会を開催し，研究成果の説明もあわせて行うというやり方（3章参照）などは，知見のフィードバックという意味以上にフィールドに貢献することになるだろう。また，フィールドにある問題を直接解決することに志向した研究であれば，すでに研究成果をまとめること自体が，ひとつの貢献となるが，その実践的な知見をフィールドで展開することによって，大きな貢献をすることができる。

4. フィールドの倫理

　これまで，心理学研究全般にかかわる学会レベルでの倫理問題と，フィールド研究における具体的な倫理問題とを見てきた。学会レベルでの倫理では，行動規定が抽象的であり，規準どうしに矛盾が出てきて実践場面では役に立たないという批判があった。その一方で，フィールド研究において生じる倫理的問題は，どんな問題でも，それぞれのフィールドの状況によって違う，個別的なものだと述べてきた。

　フィールドワークにおける倫理に関する文献をながめても，ある程度具体的な行為の是非について述べられていても，それが絶対的な規準として提示されることはない。必ず，「固定的なルールはなく，それぞれのフィールドにおいて臨機応変に振るまうこと」が奨励されている（たとえば佐藤，1992）。

　だからといって，人々の活動の場に出ていくフィールド研究では，綱領や行為規定のような一般的な取り決めは役に立たないので不要だ，ということにはならない。それはやはり極論である。では，学会の定める倫理規定と，フィールド研究における倫理との関係をどのように考えることができるだろうか？　以下では，それぞれの倫理の持つ特徴についてもう少し検討したうえで，この問題について考えてみたい。

● 研究者にとっての倫理規定

　倫理規定が果たす機能には，①個々の専門家活動の手引きとなり，②専門職としての責任を果たすために寄与し，③個々の専門家が倫理的葛藤を解決する手助

けとなる倫理綱領を提供する,という実践的な機能のほかに,④集団が専門職としての地位を確立するのに役立つ,という専門家としての正統化の機能があると指摘されている (Sinclair et al., 1987)。

つまり,倫理規定を定めることは,心理学者が心理学の専門的な知識を探求・所有し,専門的な技術によってサービスを提供しうる集団であることを正統化する,ということである。「われわれは心理学の専門家である以上,『一般の人々』に対し,かくかくの配慮をする準備があり,しかじかのサービスを提供する『責任』がある」と公表することによって,自らが専門的な知識実践の担い手であることを自明のこととしているのである。

ここで,倫理規定で示されている内容が欺瞞に満ちているなどというつもりはまったくない。むしろ,これまで見てきた倫理規定の内容は,すべてが実現されるべき内容であることは疑いようがない。ただ,倫理規定を定めてこれを遵守する実践が,心理学者集団のアイデンティティを支えることになるという事実がある。そしてこのことは逆に,そうした実践が心理学者に求められるほど,心理学界が他のフィールドに対して開かれてきており,専門家としての社会的要請が高まっていることを示しているといえるだろう[*3]。このように,学会の定める倫理規定は,倫理の内的な価値から必要とされるとともに,専門家集団の維持という外的な価値からも必要とされる点は重要である。

さて,学会の倫理規定が上に述べたような4つの機能を果たすためには,学会員が共通して守らねばならない行動に関する規準を定める必要がある。フィールドに携わる分野ほど倫理的な問題が生じる可能性が高く,具体的な行為規定の制定と監視システムが求められる。しかし,いかに具体的な行為規定であっても,共通の規準とする際に偏りのないように作成される。したがって,研究にあたっては,これらの規準をそれぞれの研究活動の文脈に当てはめて検討することになる。このように見るならば,倫理規定は結果的に,さまざまな研究の文脈に違いこそあれ,そこで従うべき振るまい方は普遍的な原則として成立するという普遍主義の立場にコミットしていることになる。

❷フィールドにおける実践と状況倫理

フィールドでは,多かれ少なかれ,研究者の慣れ親しんだものとは異なる生活様式が存在することに気づく。言葉づかいや慣習,さまざまなものの好みや考え方と並んで倫理も存在している。これらはフィールドにおいて人々が実践のうちに示している暗黙の知識である。「ここではそういうことをすべきでない」と明言されることよりもむしろ,多くの場合,他人の振るまいや研究者自身の振るま

いに対して，忠告を受けたり，非難されたり，評価されたりするときに，その存在に気づかされる。したがって，フィールド研究者は，フィールドに一定期間とどまっているうちに，言葉づかいや慣習などそのフィールドを構成しているものに慣れていくと同時に，倫理的側面についても自然に学んでいくことになる。

このフィールドの倫理自体，研究対象として扱れてよいものである。フィールドワークのように，フィールドの実践に参加している場合や，そのフィールドにおける人々の行為の意味を読み解くことが研究の目的となる場合には，フィールドの倫理を把握することは，むしろ必須の事項である。これができなければ，フィールドで「無礼者」になってしまい，参加者としての資格を失いかねないし，人々のやりとりの妥当な解釈をしそこなうおそれがある。

したがって研究者は，フィールドエントリーの後，データ収集が開始された頃から，フィールドの倫理について意識的な把握に努めなければならない。フィールド研究の倫理でもっとも葛藤を引き起こす問題は，フィールドで問題なく展開するやりとりを，研究者自身の倫理的観点から見て問題化してしまうことにある。この種の葛藤に善処する策は，フィールドの倫理について常に目配りをしながら，自分自身の倫理とのズレを把握し，フィールドにおける自己の振るまい方を確立していくことである。要するに，行動の指針は，その場の状況を見極めて行動せよ，ということになる。これは，倫理規定のように守るべき行為の規準に抵触しないようにすることとは違っている。

ここで暗に示されている倫理的な立場が，状況倫理である。状況倫理においては，倫理的な行為とは，個別的な状況から個別的な判断を下したときに「よい／悪い」とされる行為である。この時，普遍的な法則は個別的判断からの派生物にすぎず，当該の状況において判断材料とはなっても，直接行為を規定するものではない，とする立場である（Frankena, 1973）。フィールド研究の倫理が常に研究者とフィールドとの関係から生じることを考えれば，フィールドにおける倫理問題はしばしば状況的に解決しなければならないという主張（Punch, 1986）は，非常に説得的である。

さらに，役割の多重化によって生じるフィールドの倫理と研究者の倫理との葛藤の問題などの解決は，倫理規定にあたっても答えは出てこない。個々の状況から他者との関係性に十分配慮したうえで正しいと思える選択をし，その結果に対する責任を引き受ける覚悟を持って行動するしかない。このような状況倫理の考え方は，道徳性の発達に関してコールバーグ（Kohlberg, L.）が提唱した「公正（正義）の倫理」に対し，もうひとつの道徳性として提出された「配慮と責任の倫理」（Gilligan, 1982）に対応する。

「配慮と責任の倫理」は，倫理的な問題を，具体的な文脈の中にいる個人と他者との関係性の問題として，またその他者にどう関わるかといった観点から捉える。問題の解決には，関係性を維持すること，他者の苦痛を和らげ，幸福を促進することが目指される。解決の評価は，行為の結果はどうであったか，関係が維持されたか，といった観点からなされる（山岸，1992）。

自分が研究を行っているフィールドで，親しくなった人が問題行動を起こしていることに気づいたとき，いかに振るまうかといった役割の多重化にともなう葛藤は，その特定の相手を告発すること／しないことで，相手はどのような利益／不利益を被るのか，自分とその人との関係はその後どうなるのか，といった視点から判断がなされるに違いない。このときの判断は，状況に依存し，個別であり，他でもない自分とその相手との関係を反映したものになるだろう。この意味で，フィールド研究の倫理は，「配慮と責任の倫理」と密接な関係にあるといえる。

一方，「公正の倫理」では，倫理的な問題を，状況から分離した抽象的な個人と個人の欲求の対立の解決として捉え，役割と関連した「権利」や「義務」などについての原則に従って解決がはかられる。その解決の評価は，解決がどのようにして行われたか，その手続きは正当化できるか，原則は守られたか，といった観点からなされる（山岸，1992）。

多少なりとも抽象的な「協力者」や「対象者」を想定し，すべての研究者が共有できる原則を記している倫理規定は，「公正の倫理」の立場に近いといえる。学会は，社会に対して専門的な責任のあるサービスを提供する学術機関であり，「公正の倫理」のように，誰もが納得できる問題解決のあり方を支持することは重要である。フィールド研究者は，学会の一員として，その倫理規定を熟知していることが責務となる。

したがって，学会の倫理規定は，フィールド研究の倫理に対して補助的な役割を担う，ということになる。つまり，フィールド研究者が，フィールドの人たちとの特定の関係を考慮した独自の倫理的行動を確立する際に，倫理問題をいかに解決すべきか，回避すべきかに関するガイドとして倫理規定が利用できる，ということである。

5．おわりに

本章では，フィールド研究の倫理について考えるために，心理学界の扱う倫理問題，フィールド研究の局面ごとに生じる倫理的問題についてとりあげ，フィールドの倫理という視点から，フィールド研究の倫理の特徴について考えてきた。

ここで最後に，これまでの考察を通じて大切に思われる点を少しだけ補足しておきたい。

　フィールド研究の倫理において大事なのは，フィールドの倫理や，フィールドの人々との人間関係を考慮することであった。そのためには，フィールドの状況や人間関係に常に敏感でいること，自分自身を含めてそれを相対化して見つめ直すことが必要になろう。これは，倫理だけではなく研究そのものを進めるうえで重要なことである。フィールド研究においては,倫理的にもよく振るまうことは，良い研究につながることが多いのである。

　しかし，「敏感になろう」とはいうものの，これを研究者ひとりひとりの感覚の問題に帰着して片づけない方がよいだろう。つまり，「敏感になること」をフィールド研究に必須のスキルとして考えよう，ということである。ここで，利用できるのがフィールドノートである。フィールドノートは，研究者とフィールドとの関係を相対化する作業を担う強力な道具である。研究の進行とともにフィールドノートは洗練されていく。そのプロセスを通じて，必ず研究者自身とフィールドとの距離が相対化され，あらわれてくるはずである。

　ところで，倫理的に振るまうといっても，ほとんどの場合，フィールドで倫理について考えたうえで行動する，ということはない。倫理について考えながら行動できるのは，フィールドエントリーをする前か，成果の公表について考えるときなど，フィールドから離れているときが多い。しかし，フィールドにいる最中には，研究者もその場その場のやりとりに，より即興的に振るまうのであり，何が倫理的か？もその場のやりとりのなかで初めて決まっていく。意識的に倫理について考えて，それを守るという行動とは，まったく別の現実を生きていることになる。しかし，「どうせ考えて行動することはないから」といって，具体的な行為の規準が不必要だとか，その場その場で気の向くままにすればいい，ということにはならない。なぜなら，倫理規定のような規準やフィールド研究の倫理をよく把握しておくことで，実際のその場のやりとりにおいて，有効ないくつかの原則や規準が利用可能に（思いつきやすく）なったりするからである。

　フィールド研究は成熟過程にあり，まだまだ先はこれからである。本章で扱った倫理問題は，フィールド研究の倫理のすべての範囲をカバーしてはいないだろう。研究技法が洗練されていくと同時に，良い研究のためにも重要な倫理に関する経験や議論を，もっともっと深めていかなければならない。

●ブックガイド
好井裕明・桜井　厚（編）　2000　フィールドワークの経験　せりか書房　「フィールドワー

ク」という研究実践を相対化する目的で，さまざまなフィールドを研究対象にした論考がまとめられている。フィールド研究における「倫理」の問題を，より深く考えるうえで参考になる。

Sabourin,M 1999 中島定彦（訳） 1999 心理学における倫理基準の発展——アメリカ心理学会倫理規定の一考察 心理学研究, 70(1), 51-64. アメリカ心理学会の倫理規定の制定・発展過程を概説しながら，倫理規定の機能や，その問題点を簡潔にまとめている。フィールド研究の倫理の独自性をより的確にとらえるためにも一読するとよい。

● 註
★1 「倫理」という言葉は多義的であるが，ここでは便宜的に「人がとるべき行動／とってはならない行動」という程度に考えておく。
★2 ここでは倫理規定，倫理綱領，行為規定などの用語を，シンクレア（Sinclair, 1996）にもとづいて使用する。これに対応する日本語訳については，『心理学における倫理規準の発展』（Sabourin, 1999）を参照のこと。
★3 このほかの要因として，たとえば発達心理学では，子どもの発達のプロセスやメカニズムに関心を向けるようになったこともあげられている（本郷, 1997）。

● 引用・参考文献
American Psychological Association 1992 冨田正利・深澤道子（訳） 1996 サイコロジストのための倫理綱領および行動規範 日本心理学会
Frankena, W., K. 1973 杖下隆英（訳） 1975 哲学の世界2 倫理学 培風館
Gilligan, C. 1982 岩男寿美子（監訳） 1986 もう一つの声：男女の道徳観のちがいと女性のアイデンティティ 川島書店
本郷一夫 1997 研究の「主体」とどのようにつき合うか：乳幼児研究における研究倫理 発達心理学研究, 8（1），67-69.
川野健治 1999 テスト利用の倫理とインフォームド・コンセント 杉山憲司・堀毛一也（編） 性格研究の技法 福村出版 pp. 238-243.
数井みゆき 1997 アメリカでの研究活動を振り返っての研究者倫理問題 発達心理学研究, 8（2），144-146.
南 博文 1997 現場研究と研究者倫理をめぐって——フィールドワーカーのジレンマ，発達心理学研究, 8（1），69-71.
箕浦康子 1999 フィールドワークの基礎的スキル 箕浦康子（編） フィールドワークの技法と実際——マイクロ・エスノグラフィー入門 ミネルヴァ書房 pp.21-40.
日本発達心理学会 2000 心理学・倫理ガイドブック——リサーチと臨床 有斐閣
日本心理臨床学会 1998 日本心理臨床学会倫理規定 心理臨床学研究, 16（4），407-412.
Punch, M. 1986 *The politics and ethics of fieldwork*. Sage University Paper series on Qualitative Research Methods, Volume 3．Sage.
Sabourin, M. 1999 中島定彦（訳） 1999 心理学における倫理規準の発展——アメリカ心理学会倫理規定の一省察 心理学研究, 70（1），51-64.
佐藤郁哉 1992 フィールドワーク——書を持って街へ出よう 新曜社
Sieber, J. E. 2000 Ethics in Research. In Kazdin, A., E.（Ed.），*Encyclopedia of Psychology volume* 3．Oxford University Press. pp. 242-246.
Sinclair, A. 1996 Codes in the workplace : Organisational versus professional codes. In M. Coady & S. Bloch（Eds.）Codes of ethics and the professions. Melbourne University Press. pp.88-108.
Sinclair, C., Poizner, S., Gilmour-Barrett, K. & Randall, D. 1987 The development of a code of ethics for Canadian psychologists. Canadian psychology, 28, 1-8.
祖父江孝男ほか 1992 日本民族学会研究倫理委員会(第2期)についての報告 民族学研究, 57（1），70-91.
山岸明子 1992 責任性理論——ギリガン 日本道徳性心理学研究会（編） 道徳性心理学 北大路書房 pp.145-156.

19章　心理学者にとってのフィールド研究

伊藤　哲司
（いとう　てつじ）

　ヴィルヘルム・ヴント（Wilhelm Wundt）は，一般に，実験心理学の創始者であると考えられているが，実は，社会心理学の創始者でもある。ヴントの生涯にわたる研究活動を調べれば，その研究の方向性が，大きく変化していることに驚かされる。（中略）ヴントが研究人生の最後20年間を費やした十巻の著作『民族心理学』は，実験心理学的方法とは異なる，もう一つの方法に立脚した研究の代表作である。しかし，アメリカの社会心理学がモデルとしたのは，その歴史から明らかなように，実験主義者としてのヴントであり，『民族心理学』の著者としてのヴントではなかった（ガーゲン，K. J.『もう一つの社会心理学——社会行動学の転換に向けて』ナカニシヤ出版）。

1. 昨今の日本の心理学界をとりまく状況変化

　フィールド研究あるいはフィールドワークをめぐって，日本の心理学界をとりまく状況は，ここ10年ほどで大きく変化した。簡潔にいえば，そのような研究が受け入れられる雰囲気ができてきたということである。フィールド研究を志す心理学者にとっては，良い時代を迎えつつあるといえるだろう。
　心理学者が大学の実験室にとどまらずにフィールドで研究をするということが，かねてからなかったわけではない。たとえば1974年刊行の『観察（心理学研究法10）』には，観察法の一種として「参加観察」についての解説があり，心理

学の方法のひとつとして参与観察法やフィールドワークが位置づけられている。しかし1980年代ごろまでのその方法は，論理実証主義を至上原理としてきた「科学としての心理学」の枠内に位置づけられるものであって，それから逸脱することは暗黙のうちに許されてはいなかった。

　ところがここ10年ほどの変化というのは，それまでとはやや様相を異にする。あらかじめ仮説を立て，統制された条件のなかでデータを収集し，その仮説の是非を検討するという論理実証主義の研究スタイルに必ずしもあてはまらないフィールド研究が，心理学界でも少しずつ出現し始めたのである。社会学者の上野千鶴子は，「わたしのゼミにもまれに心理学専攻の学生が紛れ込むことがあるが，議論がもっともかみ合わないのは，経済学でも法学でもない，心理学の学生である。このときほど，ディシプリンの違いを痛感することはない」（上野，1999）と述べているが，それは今なお通用してしまう話ではあろうものの，一部では過去のものになりつつあるのではないか。

　このような変化の背景のひとつには，日本心理学会の年次大会において，南博文らが中心となり，フィールドワークに関するシンポジウムなどを，ここ10年ほど継続して開催してきたということがある。その一連のシンポジウムなどで活発に発言をしたひとりであるやまだようこは，1997年に出版した『現場(フィールド)心理学の発想』の「おわりに」のなかで，「南さん（筆者註：南博文のこと）はフィールドワークを，多くの方法のうちのひとつ，つまり単なる方法論の問題としてではなく，認識の仕方の問題，つまり知のパラダイム変換の問題であるという斬新な視点から幅広い視野のもとに交流の場をつくられた」と語っている。フィールド研究への志向は，単に方法論の問題にとどまらない，心理学のパラダイムの問題そのものなのである。

　1992年に佐藤郁哉が出版した『フィールドワーク――書を持って街へ出よう』という指南書の影響も少なくないだろう（１章参照）。シカゴ大学で実践的にフィールドワークを学び，その後，暴走族や現代演劇のフィールドワークを行って，すぐれたエスノグラフィー（民族誌）を書いている佐藤が，フィールドワークについての具体的な技法をわかりやすく解説した本書は，格好のフィールドワーク入門書となっており，かなりの大学でテキストとして採用されていると聞く。私自身もこの本を読んで学んだひとりであるし，茨城大学で担当している「観察法」の実習授業では，毎年学生にも読ませている。

　こういった状況変化を具現化するかのように，心理学者ないしはその関連領域の学者によって，フィールド研究ないしはフィールドワークの方法論・認識論に関する本が，近ごろ相次いで出版された。前掲の『現場(フィールド)心理学の発想』（1997）

のほか,『方法としてのフィールドノート——現地取材から物語作成まで(ストーリー)』(1998),『フィールドワークの物語——エスノグラフィーの文章作法』(1999)『フィールドワークの技法と実際——マイクロ・エスノグラフィー入門』(1999),『フィールドワークの経験』(2000) などである。『方法としてのフィールドノート』と『フィールドワークの物語』は翻訳本ではあるが,母語で学べるのはありがたい。このような本の出版もあって,心理学者あるいは心理学専攻の学生・院生にとって,フィールド研究は身近に感じられるものになったといえよう。本書もまた,これらの系譜のひとつに加えられるべきものである。

2.「フィールド研究さえすれば」ではダメ

　その一方で,やや安直なフィールド研究も顕在化しつつあるように感じる。フィールド研究というと,象牙の塔と揶揄される大学に籠っていないで,外へ出ていって活躍するというイメージがあるし,社会のなかの具体的な問題を扱えるという格好良さも感じられる。カウンセラーのような仕事がしたいと漠然と思って大学に入ってきた学生が,実際の心理学の授業に失望したというのは,よく聞く話である。そんな学生が活路を見出す道のひとつが,フィールド研究なのではないか。細々とした統制をする実験室実験は好きになれないし,数量的データを扱う統計処理も苦手。でもフィールド研究なら,自分が一番関心のあることを,研究対象にできるのではないか……。そう学生が考えたとしても無理はない。

　私が所属する茨城大学人文学部の心理学研究室は,『フィールドワーク——書を持って街へ出よう』の著者である佐藤郁哉がかつていた研究室であり,現在は私以外にも沖縄研究の石井宏典(本書12章担当)がいて,学生がフィールド研究をするというケースがよくある。なかには,本研究室の卒業生・修士修了生である山田希(本書15章担当)のように,自分の好きな対象(彼女の場合はロックバンドの聖飢魔Ⅱのファン)を粘り強く追いかけて,それなりにものにする学生もいる。しかしまた,自分の一番興味のある対象,あるいは自分自身も属している対象をとりあげて,結局なかなかものにできないままになってしまう学生も少なくない。

　自分自身が一番よくわかっていると思うものほど,研究しにくいものはないのかもしれない。フィールド研究の多くでは,そのフィールドの参与観察ということをともなうが,通常それは一時的なものであり,研究者はそこから抜け出した視点も持つことができるからこそ,研究という営みができる。最初から研究者自身が参加者でもあるという場合,その立場から引いて対象化してものごとを見る

という視点を持つことが,不可能とはいわないまでも,きわめて困難である。自分自身の家族を対象にフィールド研究をするときの困難さに思いを馳せてみていただきたい。その困難さは,プライベートなことだから公表できないということにとどまらないはずである。「自分のことは自分が一番よくわかっている」というのが,多くの場合,幻想であるように。

　自分が一番よくわかっているつもりのことがらほど研究対象にしにくいものはない——まずはこのパラドックスに気づかないと,充実したフィールド研究は望めないであろう。

3. 心理学者がフィールド研究をする意味

　心理学の創始者であるといわれるヴントが,実験心理学の基礎を築いたとともに,現在のフィールド研究の系譜につながるはずの『民族心理学』を執筆したことは,残念ながらその後の心理学研究に十分いかされたとはいえなかった。心理学研究の大きな流れは,実験主義者としてのヴントだけを引き継ぎ,行動主義や認知主義などといった経路をたどりながら,論理実証主義を至上命題とする「科学としての心理学」を築き上げる方向に向かってきた。ここでいう「科学」というのは,もちろん「自然科学」という意味であり,近代という時代に成立したという点で「近代科学」という意味でもある。心理学は,物理学などと同様,「科学」でなければならないとされてきたのである。

　その試みはすべて無駄であったと酷評する意見も聞こえてくるのであるが,そうとまではいえないであろう。「科学としての心理学」は,心理学者たちに理詰めでものごとを考えるトレーニングを強いてきたという側面があり,それはそれでひとつの方法論となり認識論となったからである。心理学が,他の学問領域と比較しても多彩なデータ収集技法(観察・実験・質問紙調査・検査等々)を有しているのも,「科学としての心理学」の成果のひとつであるといえよう。

　しかし,その発展とともに忘れてしまったもの,失ってしまったものもあったに違いない。前掲の南は,「科学的思考は,具体的な世界に張り付いていた人間を自由にした。理論空間の中で,私たちは『今ここ』の制約を超えて可能性の世界に遊ぶことができた。それは創造的な飛躍であったが,同時に生活世界の根を失うことでもあった。科学の力を借りて,私たちは自己をはるかに拡張することができたが,同時に身の回りの世界,自分の足下,等身大の自分の姿を見失ってもいる」(南,1996)と語っている。具体的な自分の問題に引きつけて研究をしなければ……。そんな想いが,多くの心理学者(とはいえ心理学者全体からすれ

ばまだ少数派であるが）をフィールド研究へと向かわせているのであろう。

　論理実証主義の洗礼を受けた心理学者がフィールド研究を行うとき，その多くの場合で，フィールド研究をア・プリオリに当然のこととしてきた文化人類学者や社会学者とは，テーマとする問題が異なるというだけでなく，そのスタンスが自ずと異なっているようである。比喩的にいうならば，論理実証主義の極へと大きく揺れていた振り子が解き放たれて，その逆の方向へと大きく振れている状況に，フィールド研究をする心理学者の多くはいる。論理実証主義の研究スタイルでは，研究者はむしろ「透明人間」であるべきであるという，本来的に不可能な要求をされる。研究者は「客観的」な目を持っていることになっており，研究上では主体的な「私」としては，けっして立ちあらわれてきてはいけないのである。ところが振り子が大きく逆へ振れた結果，どうしても立ちあらわれないではいられない研究者自身の「私」という存在に，対峙せざるをえなくなっている。

　「私」と対峙することになった心理学者は，「客観的に」などという言葉を，安易に使えなくなってしまう。「客観」とは何なのか。これまで「客観」とよんできたものは，実は比較的多くの人に共有されている（あるいは共有されることを期待する）モノの見方のひとつにすぎないのではないか……。「私」はもちろん「透明な観察者」（鯨岡，1986）ではありえない。案外ナイーブな感性の持ち主でもある心理学者は，「客観」という言葉を比較的わりきって使う文化人類学者などを横目で見ながら，「私」について思い悩むことになる。

　もちろんすべてのフィールド研究を行う心理学者が，「私」で思い悩んでいるとも思えないのだが，私自身の経験でも，また本書に登場する他の心理学者の経験を拝見しても，そのような傾向はあるように思う。それが，心理学者によるフィールド研究の障害になっているといいたいのではない。むしろ，そこにこそ心理学者がフィールド研究をする意味を見出せるのではないかと思うのである。南はある本のなかで，前掲の石井の沖縄研究に寄せて，「そしてここには，関係のエキスパートとしての心理学徒が，文化人類学や社会学の研究者とは一味違ったフィールドワークを行い，関係に対して敏感な生活史を収拾し，記述していくための道筋が示唆されているのではないだろうか」と述べていることに，私も共感を覚える。

　かくしてフィールド研究をする心理学者は，なり損ないのフィールドの一員という立場と，そこから引いて観察をする研究者の立場という相矛盾する二重の立場を自覚的にとることになり，またそれらの関係のなかで揺れ動き，思い悩むことになる。いきおい，「私」はいったい何者なのかという問いさえ，自らに突きつけたりすることにもなる。それゆえに心理学者が書くエスノグラフィー（民族

誌）は,その揺れ動く様を含めたものにならざるをえないことが多いようである。しかしそこにこそ,心理学者によるフィールド研究の特色を出せる取っかかりがあるのだろう。それを大事にしていかねばなるまい。

4. 多言語話者としてのフィールド研究者

　心理学者が,「なり損ない」とはいえフィールドの一員となり,「私」を含めたフィールドの人々の人間関係を重視するというならば,フィールドの言葉を獲得しそれを使えるようになるということが,ある程度必然となるだろう。言葉は関係をつくるうえでのキーとなるからである。フィールド研究者は,自分自身の「母語」だけを話していればすむということにはならない。多言語話者でなくてはならないのである。

　それは,文字通り○○語という外国語（正確には異言語）を使うということでもあり,方言を理解し,場合によっては自分もそれを使うということでもある。あるいは,若者言葉などを,自らは使わないとしても,理解できるということでもある。どんなフィールドであれ,それが国内・国外に限らず,独特の言葉がある。

　私自身の例でいえば,ベトナムのハノイをフィールドにした研究で,ベトナム語を理解し話せるかどうかは,大きな問題であった。1年近くハノイに滞在したとき,初めはベトナム語がほとんど理解できず,苦労したのをよく覚えている。ハノイ長期滞在に先立って,茨城大学で開講されていたベトナム語資料講読の授業に特別参加させてもらったりして,多少は勉強したつもりだったが,もちろんそれですぐに話せるなどということにはならなかった。

　ハノイで住み始めた家の向かい,路地を挟んで,メンさんというおばさんが経営する小さな商店があった。ベトナムの路地では,そういった商店の前や中などで,人々が背の低いプラスチック製の椅子に座り,お茶を飲んだりする光景がよく見られる。私も,私の家族（妻と当時2歳の娘）も,メンさんの商店にすぐに出入りをさせてもらうようになった。行けばいつでも「ゴイ・ディー（座りなさい）」と言ってメンさんが椅子をすすめてくれる。娘のハーちゃん（8歳）が気を利かせて,さっと椅子を差し出してくれることもある。

　ただ,そこに座らせてもらう以上は,黙っているわけにはいかない。必然的に何かを話さねばならない。あるいはメンさんやご主人のフンさんが話しかけてくる言葉に耳を傾け,それを理解しようとしなければならない。ところが聞いてもわからないし,こちらも言ってみたいことをベトナム語で表現できない。沈黙が

続くと，なかなかそこに長くは居られない感じがしてくる。メンさんもフンさんも常に好意的だし，私もできるだけそこに居てベトナム人の振る舞いや考え方に触れてみたいと考えるのだが，そこから解放されて席を立ちたいという思いにしばしばとらわれた。

一方そういうことをほとんど感じないらしいのが，まだ日本語もろくに話せなかった娘であった。幼い娘はじっとしていないので，ときに商店の奥の方まで入り込んでいったりする。メンさん一家が商店の中の丸テーブルで食事をするときには，商店の中には誰も入らないのが普通であるが，そんなときでさえ娘は入り込んでいって，食事をお裾分けしてもらい，ちゃっかりテーブルに座ってメンさん一家といっしょに食べているときさえある。

娘が機嫌良く商店の中で振るまい，ハーちゃんやメンさんなどが相手をしてくれている間は，私の居づらいという感じは薄れていく。メンさんやフンさんとマンツーマンで向き合う必要もなくなるからである。そんな機会をとらえて，慣れていくしかないと思った。結局娘は，私とベトナムの人々とをつなぐ強力な媒介者としての役割を果たしてくれた。ベトナムでフィールド研究をするうえで小さい子どもを同伴しているということは，行動範囲を狭めたりする要因にもなるのだが，そのデメリット以上に，メリットの方がはるかに大きかった。

そうやって娘を媒介として路地での生活に慣れ親しんでいくうちに，私もどうにかこうにかベトナム語が理解でき，かつ少しは話せるようになっていった。そのことが，そこに至るまでの過程を見聞していたメンさんらに与えた影響は少なくないだろう。「この外国人は，自分たちの言葉を学んで話そうとしているのだ」と思った場合の接し方と，たとえば「この外国人は，いつまでたっても英語しか話そうとしないのだ」と思った場合の接し方は，自ずと異なってくるに違いない。日本にいても，日本語を片言でも話そうとする外国人に対しての方が，私たちも好意的に接することができるものである。

子どもは言葉がなくてもつながれる。しかし大人の場合は，なかなかそうはいかない。言葉は，人と人とをつなぐ紐帯である。私の研究例は外国での場合の話であり，ベトナム語という外国語を話す・使うということであるのだが，国内でのサブカルチャーのフィールド研究などでも，事情は基本的に同じである。言葉に敏感にならねば，フィールド研究はすぐに立ちゆかなくなってしまうだろう。

5. フィールド研究を支える理論

フィールド研究，なかでもフィールドワークとよばれる営みは，そのフィール

ドの人々が日常のこととして当たり前に行っていることに，通常は関心を向ける。私たちは誰しも，日常の生活のなかでさまざまなことを見聞し，感じ考えたりしながら生活をしているのであり，そのこととフィールドワーカーたる研究者が行っていることとは，大差ないように見える。研究者もそのフィールドに居候をさせてもらいつつ，そこでの日常のなかに身をおいてみて，さまざまなことを見聞し，感じ考えたりするからであり，それこそがフィールドワークの基本的な営みの一部をなしているからである。

もちろん研究者はそこで，想定しているテーマや関心にそって，さまざまなことを意識的に記録にとどめる。フィールドノートをつけることはもちろんのこと，写真やビデオを撮ったり，誰かに依頼して話をじっくりと聞かせてもらったりする。そのことを加味してもフィールドワークでは，フィールドの人々の営みと，研究者の営みとは，本質的な違いはないように思えるし，実際重なり合う部分が大きい。

ではフィールドの人々と研究者との違いは，どこにあるのだろうか。

先に，「自分が一番よくわかっているつもりの事柄ほど研究対象にしにくいものはない」というパラドックスがあると述べた。そのことを考慮すれば，フィールドの人々が，そのフィールドのことを一番よく知っているということには必ずしもならないということになる。それは研究者が，フィールドから離れて一歩引いた視点を持ちうるということに関連する。一歩引くこともできる研究者は，なおかつそこでフィールドの言葉だけでなく，アカデミックな言葉で解釈し直したり，理論構築をしたりすることもできる（図19-1）。フィールドで得られたことを，もう一度編み直すという作業が，研究者には当然のことながら求められる。それは通常，フィールドの人々にはできないことがらであり，あるフィールドで得られたローカルな知を，一歩抽象化して，他のフィールドのローカルな知と突き合わせ検討することを可能にしてくれる。そうして構成された理論は，何らかの形でまた，フィールドの人々にもわかる言葉に翻訳されてフィードバックされるべきことらがらでもある。

また実際にフィールドでデータ収集をする際の方法論・認識論という点でも，研究者は優位な立場に立てる可能性がある。

たとえば私たちの日常を構成している当たり前であることがら，それは当たり前であるがゆえに，当たり前であるということにすら気づきにくい。たとえば「ありがとう」と誰かに言えば，「どういたしまして」などと言葉を返す。当たり前のことである。ところが，相手が「ありがとう」と言っているのに，「ありがとうって，どういう意味？」と言ってみたり，「さようなら」などと文脈に合わな

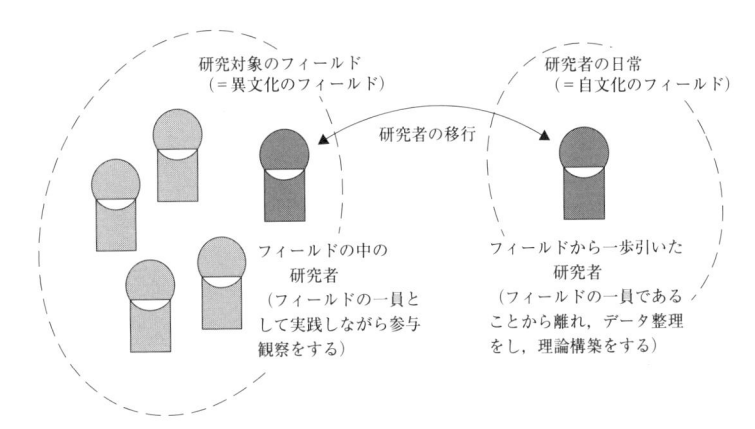

フィールド研究者は通常，自文化を暗黙のうちに背負いながら異文化に移行する。しかしそれは一時的なものであり，研究者は再び自文化に戻ってくるものである。だからこそ研究という営みが可能になる。

図 19-1 二重の視点を持つフィールド研究者

い言葉を返してみたらどうであろうか。そこで初めて「ありがとう」「どういたしまして」という言葉の組み合わせの当たり前さに気づくのである。

この「異化」とよばれる作用を通してでないと，私たちは通常自分の日常のなかの当たり前には，なかなか気づかない。しかしこれが，異文化のなかの「当たり前」であったなら，事情は異なってくる。自文化のなかではあり得ない「当たり前」が，そこに存在するかもしれないからである。この，同じ文化を共有している人が暗黙のうちに従っている明文化されていないルールのことを，エスノメソッドとよぶ。エスノメソッドとはすなわち，「社会成員にとって自明な現実を編み出す暗黙の手続きであり，生の自然を人間生活の対象物へと変換する文化の構成原理」（南，1993）である。それを明らかにしようというのが，エスノメソドロジーという立場であり，フィールド研究をする研究者は，たとえば，そのような隠れた文化次元をあえて明らかにしようという視点で研究を進めることができるのである。日常の当たり前を解きほぐして考察することは難しいが，エスノメソドロジーの立場にも立てる研究者には，それが部分的にであれ，可能になるのである。

フィールド研究を行う研究者にとって，そのほかにも有力な，方法論・認識論にかかわる立場が台頭しつつある。社会心理学者のガーゲン（Gergen,1994）が主張する社会構成主義（あるいは社会構築主義）である。彼の著作『もう一つの社会心理学――社会行動学の転換に向けて』（およびその「本書のポイント――訳者まえがきに代えて」）によれば，私たちの前に立ちあらわれてくるすべての

事象は，社会的（集合的）に構成されたものであり，主観—客観という2分法は意味を持たないというのが社会構成主義の基本的な考え方である。「客観」がないと考える以上は，それとの整合性ないしは一致度を基準としてきた「実証」ということもありえないということになる。そして，価値中立の研究や理論ということもありえず，フィールドワークなどを通してのデータ収集は，生成する理論により表現力を与えるための営みということになる。つまり研究者は，既存の客観的な実在を汲み取るような営みをしているのではなく，研究者自身も巻き込まれながらそこに社会構成されて立ちあらわれてくる事象から理論構成をしているのだというわけである。

　ガーゲンの見解を紹介し実践している杉万俊夫によれば，このような社会構成主義の立場に立つ「もう一つの社会心理学」は，心理学の一領域にとどまらない，格別の存在意義を獲得しうるという。今後，フィールド研究を志す心理学者が気にかけるべき立場のひとつであると思われる。

6. フィールド研究での見解の違い——共同作業へ

　ところで，最近日本の子どもにも知られるようになった「小さな世界」という歌がある。原題は「It's a small world」。日本語訳の歌詞は，次の通りである。

　　世界中どこだって　笑いあり涙あり
　　みんなそれぞれ助け合う小さな世界
　　世界は狭い　世界は同じ　世界は丸い　ただひとつ

　　世界中だれだって　微笑めば仲良しさ
　　みんな輪になり　手をつなごう　小さな世界
　　世界は狭い　世界は同じ　世界は丸い　ただひとつ

　　　　　　　　　　　　　IT'S A SMALL WORLD
　　　　　　　　　　　　　Words and Music by Richard M. Sherman And Robert B. Sherman
　　　　　　　　　　　　　©1963 by WONDERLAND MUSIC COMPANY, INC.
　　　　　　　　　　　　　Copyright Renewed.
　　　　　　　　　　　　　All Rights Reserved. International Copyright Secured.
　　　　　　　　　　　　　Rights for Japan controlled by Yamaha Music Foundation.

　通常は世界の平和を願う歌だと解釈されており，それにいちいち目くじらを立てるのも何であるが，誰にとっても「世界は同じ」と歌うこの歌詞を，私は，フィールド研究者のひとりとして，あまり素直に受け入れる気にならない。
　私自身，ハノイの路地文化のフィールド研究を行い，それに関していちおうの見解を有している。ハノイの路地に暮らす人々の人間関係には○○という側面が

ある……といったしだいである。ところがその見解に対して，同じようにハノイの路地で生活経験がある他の人は，重大な異議を唱えるかもしれない。私はたとえば，ハノイの人々が時間をあまり守らないなどの「いい加減さ」を感じつつも，それが実は「好い加減」でもあるのだと感じ解釈をしているのだが，ハノイに留学して1年ほど生活を送りながら，ハノイの人々に愛想を尽かせて日本に戻った日本人学生を知っている。彼女と私の見解の違いは，相当大きいといわざるをえない。

　彼女にとってのハノイ，私にとってのハノイ，その両者の「世界は同じ」では，けっしてないのである。もちろんハノイに住むベトナム人にとってのハノイの世界とも同じではあるまい。ハノイの世界は，それにかかわる人が100人いれば100人それぞれ，みな「世界は同じ」ではない。もちろんそれらがすべてバラバラというのではなく，部分的に重なったりしているからこそ，私たちは「ハノイ文化」というものを想定できるのであるが。

　先に紹介した社会構成主義にそった考え方になるが，客観的な世界，あるいは客観的な文化などというものは存在しないと考える方が妥当である。私が，家族とともにハノイにかかわるようになって，ベトナム語も多少は使えるようになって見えてきたもの，またその過程で私の前に立ち上がってきた「ハノイ文化」は，どう考えても「客観的」な「ハノイ文化」ではありえない。私と家族がかかわったごく限られた人々との交流を通して，あるいは日々の出来事を通して，「ハノイ文化」も「私」自身も，さらには両者の関係も，日々ダイナミックに変わっていったのだと考える。研究者としての私にできるのは，そのダイナミックさをできるかぎり損なわないように心がけつつ，しかしそんなことは不可能だと失望もしつつ，何とかその過程を文章や写真やビデオを使って編み直し，第三者に共有してもらえるように表現することだと考えている。それは，研究者としての「私」をも含んだ表現であり，表現した私と，その表現を見聞してくれた第三者との間での共同作業を通して，「ハノイ文化」ととりあえずよんでいるものの一端を，どうにかこうにか共有できるにすぎないのではないか。先に述べたように，たぶんハノイに実際に行ったことのある人であれば，「それは違う」などと感じることが多々あるだろう。そのズレがどうして生じてきているのかを，またそこで共同作業をして検討するしかない。また当のベトナム人から「私たちはそうではない」と言われても，そこでもまた議論をするしかないだろう。

　もっともここまでいってしまうと，「もう少し事実レベルで検討できることがらも，フィールド研究にはあるだろう」と言われてしまうかもしれない。たしかにそういうことがらもあるように感じるし，有名な日本映画「羅生門」のように，

それぞれの立場でみな事実の見え方がまったく異なるという事象ばかりが，フィールド研究の対象ではないだろう。しかしながら，心理学が得意としてきた論理実証主義的な発想からはみ出す覚悟をするならば，以上のような問題も，十分考慮しておく必要がある。

7. なぜフィールド研究をするのか──基本的な問いへ立ち返る

冒頭に書いた通り，心理学界でもフィールド研究がやりやすい状況が整いつつある。とはいえ，多くの心理学研究が相も変わらず論理実証主義を毅然として守ろうとしているし，数量化されたデータできちんと統計処理をしていなければ，まともに相手にされないような雰囲気はいまだに残っている。たとえば信州大学の菊池聡は，非科学（オカルトなど）ではなく科学（自然科学という狭い意味での科学）を遵守する立場から，「科学的に説明されると安心する」ことの理由を，「科学的考え方に従って得られた知識は，地球上のどんな人にとっても理解と利用が可能な共通した知識になるから」（菊池，1995）と述べている。「科学としての心理学」の「客観性」や「普遍性」を，素朴に信用するという考えである。

もちろんフィールド研究の範疇に入る研究をしている人のなかにも，以上のような立場を支持する人は少なくないだろうし，その範囲でフィールド研究を行っていると自認する人もいることだろう。しかしながら，本章で述べてきたように，フィールド研究の性質上，どうしても従来の論理実証主義という枠組み，あるいは自然科学ないしは近代科学という意味での科学の枠組みを，越えていかざるをえない場面が多いのである。

社会構成主義を紹介・実践する前掲の杉万は，自然科学のほかに，もうひとつの科学として「人間科学」が必要であると主張している（13章参照）。自然科学では，研究者は対象との間に一線を引き，その手前から対象をいわば客観的にとらえようとするが，人間科学では，研究者と対象の間に一線などそもそも引くことができないという前提から始めるというわけである。古くから「参与観察」という言葉はあったわけだが，それが研究パラダイムそのものの違いということも生み出すものであるという認識は，最近までなされなかった。どうやらフィールド研究を志す私たちは，新たなパラダイムの確立，あるいは新しいもうひとつの科学の確立に，本格的に取り組むべき地平に立っているようである。

これまで心理学研究者は，理論の適用が基本的に例外なく妥当する〈普遍性〉，主張するところが首尾一貫しており多義的ではない〈論理性〉，誰でも認めざるをえない明白な事実として存在しているという〈客観性〉の3つを重視する近代

科学の知にとらわれすぎてきたと思う。それに意味がないということではけっしてないのだが，それがまた唯一の正しい知のあり方ということでもない。いま私たちが考えるべきは，フィールドワークの知（あるいは臨床の知）とよばれる知のあり方である（中村，1992）。そこでは，対象間あるいは対象と研究主体である研究者との関係を重視しつつ，目で見て観察するだけでなく，身体で識ることが重視される。フィールドワークの知では，ともすると主観的であるとして排除されがちであった研究者の身体的経験も重視して，ものごとを理解していくのである。

　心理学では，一般に流通している雑誌心理テストに見られるようなポップな心理学と，大学でコツコツと行われているアカデミックな心理学の乖離が，しばしば指摘される。ポップな心理学などまともに相手にしないというのが，これまでの多くの心理学者の態度であったが,「心理学を学べば心が読めるかもしれない」「心理学で恋愛上手になれるかもしれない」「心理学で自分の悩みも解決できるかもしれない」などとひそかに思って大学に入ってくる学生を，もはや突き放してはいけないのではないか。その間を埋める役割ができるのも，フィールド研究なのではないかと考える。

　フィールド研究は，多くの場合，広い意味での異文化研究ということになる。だとすれば，なぜ私たちはフィールドワークの手法などを用いて異文化研究をするか。文化とは，まことにもって得体の知れないものであり，虫ピンで留めて見られるような文化など，どこにもない。それでいてなぜ，何のために，フィールド研究で異文化を知ろうとし，研究者はそれを何とか表現しようとするのか。一言でいえば，それがとてつもなくおもしろみを感じさせるものであるからであり，人と人とのつながりの豊かさを感じさせてくれるものだからであろう。それが終わりなき作業の繰り返しであることに，薄々気づきつつ……。

● **ブックガイド**

Gergen, K. J.　1994　杉万俊夫ほか（訳）　1998　もう一つの社会心理学——社会行動学の転換に向けて　ナカニシヤ出版
楽学舎　2000　看護のための人間科学を求めて　ナカニシヤ出版
　両書とも，社会構成主義について学べる本である。論理実証主義に慣れ親しんできた研究者が読んだなら，すぐさま拒絶反応を示すか，目から鱗が落ちるかのいずれかであろう。前書のほうがやや難解であるため，後書から読むことをおすすめしたい。
伊藤哲司　2001　ハノイの路地のエスノグラフィー——関わりながら識る異文化の生活世界　ナカニシヤ出版　　ベトナムの首都ハノイでの家族同伴のフィールドワーク，そこから描き出したハノイの生活世界についてのエスノグラフィーである。関わりながら識るひとつの実践として読んでいただければ幸いである。

● 引用・参考文献

Emerson, R. M., Fretz, R. I. & Shaw, L. L. 1995 佐藤郁哉他（訳） 方法としてのフィールドノート——現地取材から物語(ストーリー)作成まで 新曜社
Gergen, K. J. 1994 杉万俊夫ほか（訳） 1998 もう一つの社会心理学——社会行動学の転換に向けて ナカニシヤ出版
菊池 聡 1995 心理学を学ぶ人のために 菊池 聡ほか（編著） 不思議現象なぜ信じるのか——こころの科学入門 北大路書房
鯨岡 峻 1986 心理の現象学 世界書院
南 博文 1993 エスノ・環境・エコロジー——生活世界の発達科学をめざして 別冊発達 15, 240-255.
南 博文 1996 素朴さから考える——発達研究における具体性の復権 発達, 67, 1-7.
箕浦康子（編著） 1999 フィールドワークの技法と実際——マイクロ・エスノグラフィー入門 ミネルヴァ書房
中村雄二郎 1992 臨床の知とは何か 岩波書店
佐藤郁哉 1992 フィールドワーク——書を持って街へ出よう 新曜社
続 有恒・苧阪良二（編） 1974 観察（心理学研究法第10巻） 東京大学出版会
上野千鶴子 1999 心理学のカンちがい 心理学ワールド, 4, 2-3.
Van Maanen, J. 1988 森川 渉（訳） 1999 フィールドワークの物語——エスノグラフィーの文章作法 現代書館
やまだようこ（編著） 1997 現場(フィールド)心理学の発想 新曜社
好井裕明・桜井 厚（編） 1999 フィールドワークの経験 せりか書房

20章 フィールド研究と出版

伊藤哲司（いとうてつじ）・尾見康博（おみやすひろ）

1. 本書出版までの紆余曲折

　本書ははじめ，北大路書房とは別の出版社（以下，Ａ社）から，2001年春に出版される予定のものであった。ところが，その編集制作途上，編者がまったく予想していなかった経緯をたどることになり，Ａ社からの出版はあきらめざるをえず，約半年遅れて北大路書房から出版されることとなった。そこには，フィールド研究を実践する私たちにとって看過できない大きな問題が含まれている。そこで，当初予定していなかった本章を設け，この経緯を記録にとどめ，そこに含まれる問題を明らかにし，今後に向けての展望を示しておきたい。

　話は，2000年の年末にさかのぼる。本書の原稿がすべて整い，Ａ社から初校のゲラが各執筆者に送られてきていた段階であった。この時点で，Ａ社の編集担当者（以下，Ｂさん）から，西田さんに突然の要請が伝えられた（12月29日）。要請内容は，西田さんによる16章「「マインド・コントロール」現象」の部分について，「統一協会」「「青春を返せ訴訟」という民事裁判」「オウム真理教」などの固有名詞をそれぞれ「ある宗教団体」「ある訴訟」「別のある宗教団体」に書きかえてほしいというものであった。カルト集団からの反発があったとしてもそれを恐れずに研究している西田さんにとっては，簡単には承伏しがたい要請であった。

その後,年を越して,Bさんも含めた全執筆者による,インターネット上のメーリングリストでしばらく議論が交わされた(以下,とくに記していないものは,すべてこのメーリングリスト上での発言)。その議論のなかで,ある執筆者は,次のように発言している。

> 「これは研究者にとって非常に重要なことです。一般に,研究とは事実とそれに基づく考察などを発表するものであって,プライバシーその他に考慮するために,匿名その他もやむを得ない,という論理だと思います。「＊＊の理由で,実名は出さない」という方針を最優先にして個別検討すらしないというのは言論に関する機関として本末転倒の感を抱かざるを得ません」。

　この発言などによって問題の重要性が執筆者に共有されるところとなり,西田さんは,あらためて「事情説明と交渉を受ける権利はあるのかなと思っています」とA社に要望した(1月4日)。
　それに対してBさんからは,A社の意向として次の3点が伝えられた(1月5日)。
(1) カルト集団が批判に接したときにどのような手段に出るか予想できず,A社はそれに耐えられるような大きな企業ではない。
(2) 裁判ならまだしも,営業妨害にあったらひとたまりもない。
(3) 絶対に事件にならないとは言えない以上,慎重にならざるをえない。

　さらに,A社が6年前に出版した翻訳本(カルトとマインド・コントロールについて論じられたもの。西田さん自身も翻訳者の一人)について,ある宗教団体(統一協会・オウム真理教とは別の団体)とちょっとしたトラブル(丁寧ながら「こわい」かんじがする抗議電話と団体を紹介するパンフレットの送付を受けた。ただしトラブルの内容については,その時点では執筆者には明示されなかった)があったことが紹介され,「宗教団体などについては絶対に匿名にする,ということは社命となりました」ということも併せて伝えられた(1月5日)。
　その後西田さんから,宗教団体名等を匿名表記にする代わりに,「出版社の意向により,宗教団体名は,著者の本意ではないが,匿名にした」という主旨の一文を入れるという妥協案が出され(1月6日),Bさんもそれを承諾するに至った(1月9日)。編者および全執筆者はこの時点では西田さんの意向を尊重する立場でこれを確認している。Bさんの承諾を受け,西田さんは自らの初校ゲラにそれらの内容修正を加え,A社に返送した。他のそれぞれの執筆者も著者校正を終え,初校ゲラはすべてA社に返送され,一件落着となるように見えた。
　ところが,予定されていた執筆者再校(二校)の時期が来ても,各執筆者のもとに再校ゲラが届けられず,尾見がBさんに確認の電話を入れることになった

(1月下旬)。Bさんはその電話中，歯切れの悪い答えとともに，作業がストップしていること，2001年3月中の出版は困難なこと，詳細についてはもうしばらく待ってほしいことを伝えてきた。

　追って2月7日，A社のもう一人の編集者（Bさんの上司にあたる：以下，Cさん）から2人の編者それぞれに同じ内容の手紙が届き，1月9日に決着したはずの妥協案が社内では認められなかったことが伝えられた。匿名表記にしたとしても，書かれた側が自分だとわかる記述は意味がなく（この点については，事前に尾見がBさんに懸念を表明していたのだが），またこのような宗教団体は合理的に法廷で闘える相手ではないため，A社としてはこのままでは刊行できないという。そしてそれは，A社社長による厳命であるとのことであった。その手紙中にはさらに，西田さんが執筆した16章そのものを削除したい旨が記されていた。編者としては，出版社の要請（Cさんからの手紙の内容）を承諾するわけにはいかなかった。

　Cさんからの手紙が届いた後，Cさんの方から，この問題について協議するために直接編者2人と会って話をするということが提案されたが，結局A社のなかでの話の折り合いがつかなかったようで，この直接協議は実現しなかった。本書の企画はもともとCさんを通じて立てられたものであり，Cさんとしても責任を感じている様子であった。そしてCさんは，社内事情の変化により，3月15日付でA社を退社してしまった。

　その後も編者から社長と直接会って交渉をしたいという申し入れをBさんを通じてしたところ，Bさんから2人の編者宛の電子メールで，西田さんの原稿の宗教団体についての記述を完全に削除してもらうことを条件（もちろん，団体名などを匿名にするという条件も含む）に進行を再開するよう社長から指示があったことが伝えられた（3月21日）。そのとき削除が求められた記述は，次の部分である。

　●マインド・コントロール現象
　マインド・コントロール現象に出会って，実験室での研究では絶対に経験しえないダイナミックで印象的なシーンを何度も経験した。
　統一協会の勧誘を受けて入信した人々は，わずか数ヶ月でアイデンティティがドラスティックに変容し，教団に出会うまでの当人の価値観ではとてもやらないような行動に従事していたのである。たとえば，彼らは相手のためだからと嘘をついて新メンバーを勧誘し，従事していた仕事や学校を価値の低いものとしてやめる。常識をはるかに超えた高値で物品を売り，教祖が選んだとされる相手と盲目的に集団結婚式を挙げて婚姻を結ぶのである。
　また，オウム真理教に出会っても，きわめて非日常的な経験をした。彼らは，教

祖を絶対的なカリスマ的存在として崇拝し，完全服従していた。たとえば彼らは，強烈な暴力や性の強要といった虐待も意味ある宗教行為として受容していた。また彼らは，教祖の指示に従って，武器を製造し，毒ガスをまくなどのテロ行為に従事し，無差別な殺人を行ったのであった。また，その教祖の指示によって，核弾頭に匹敵するような猛毒ガスのみならず，コンビナートの破壊，レーザー・ガンなどを開発し，武闘の練習を行い，国家の崩壊にまで導く破壊活動を計画していたようだ。そして，こうした犯罪関与が内部から告発されている今も，彼らの多くは信仰を崩していない。

(編者註：本書 p. 178. ただし，本書に収載した最終原稿とは一部異なる)

この条件提示に対し，すでに本書の当初の刊行予定時期にさしかかってきていることもあり，西田さんからは，削除を受け入れても仕方がないという意向がメーリングリスト上に示された（3月23日）。ここである執筆者からの提案がなされ，A社社員であるBさんを除いた編者および執筆者だけのメーリングリストを構成して，話し合いをもつことになった。そのなかで執筆者の一人から，編者および執筆者のとりうる態度として，次の4つの選択肢があるのでは，との指摘があった。

(1) 早急に出版することを優先して出版者側の削除要求をそのままのむ（できれば，削除理由を付記する）。
(2) 当初合意していた修正案と現在の削除要求の間で妥協点をさがす。
(3) 当初合意していた修正案のままで出版することを主張する。
(4) A社からの出版を取りやめ別の出版社を探す。

西田さん自身が受け入れやむなしとした(1)については，他の執筆者から強い反対意見が出された。種々の意見が出されたが，全体としては，(2)もしくは(3)を推す声が強く，場合によっては(4)もありうるということでおおむね合意が形成された。

ただ，(4)については，編者とA社の間では本書の出版について，事前に契約書を交わしていることによる懸念があった。もし編者の側から原稿を引き上げるという申し入れをすれば，A社の側から契約書を楯に契約上の問題を指摘されかねない。契約書（A社は，社団法人日本書籍協会作成2000の出版契約書・一般用ヒナ型を使用していた。この契約書は http://www.jbpa.or.jp/contract.htm に公開されている）の条文のうち第5条，第7条の2．には，次のように記されている。

第5条 （類似著作物の出版）「甲は，この契約の有効期間中に，本著作物と明らかに類似すると認められる内容の著作物もしくは本著作物もしくは本著作物と

同一書名の著作物を出版せず，あるいは他人をして出版させない」
第7条（内容の責任）の2．「本著作物により権利侵害などの問題を生じ，その結果
乙または第三者に対して損害を与えた場合は，甲はその責を負う」
(編者註：甲は著作権者＝編者，乙は出版者＝A社)

　その時点で，第6条（原稿引渡しと発行の期日）の2．にある「乙は，完全な原稿引渡しを受けた後6ヶ月以内に本著作物を発行する」にA社側が抵触することは明らかであったが，編者としては契約書を前に，安易には行動できない状況にあった。
　3月下旬，尾見がBさんに電話したところ，A社社長が尾見との話し合いをもつことを希望していることが伝えられた。そして実際，尾見の大学の研究室に社長から電話が入ったのだが，不在であったため留守番電話で「またご連絡します」というメッセージを受けただけであった。その後電話はなく，尾見から電話をかけても，体調不良などの理由で社長と話をすることはできなかった。
　電話では埒があかないということで，4月6日，編者はA社社長宛に手紙を書いた。文面は下記の通りである。

　前略
　　『A社出版予定であったときの書名』出版の件では大変お世話になっております。また，先日は尾見の研究室にお電話をいただいたのにもかかわらず不在で失礼いたしました。
　　さて，前書出版の進行について，お尋ねしたいことがあります。とくに，16章の『「マインド・コントロール」現象』（西田公昭先生担当）に関して，貴社の方針が一貫していないように感じられますので，その点を中心にお尋ねします。
　　ご承知のことと思いますが，念のため，これまでの経過について確認したいと思います。なお，この経過はひとりをのぞく全執筆者と貴社編集担当者が参加するメーリングリスト（電子ネット上の相互配信システム）での議論で共有されているはずのものです。
　　昨年末に初校が各執筆者に返却され，そのときに，西田先生から貴社の修正案に対して疑義が出されました。主として，宗教団体を匿名にすることと，その団体の具体的な活動内容を修正するという案に対してです。メーリング

リストで他の執筆者の意見などもあり，結果的に，匿名にするという修正案については西田先生が受け入れる，そして出版者の意向で匿名記述となったという文面を注に記述する，ということで決着しました(1)。そしてそれをふまえて，西田先生はじめ全執筆者が修正稿をお送りしました。

　しかし，二校がなかなか返ってこないので，貴社編集担当者にうかがったところ，社長に進行をストップされていると聞き及びました。私たちは何度も，その理由と，進行が再開する条件について尋ねたところ，先週ようやく返答を得ました。それによると，進行再開のための条件は，西田先生の章の1節を全面的に削除するというものでした(2)。

　この条件は，明らかに(1)の決定を覆すものです。間接話法の使用や，他の文献を引用することで決着できないか尋ねましたが，無理だということでした。

　貴社の方針や事情は，おりにふれ断片的には編集担当の方からうかがってますが，これだけこじれてしまった以上，責任ある立場の方に，あらためて，進行再開のための条件，具体的には，西田先生の章のどの部分の修正・削除を求められているのか，および，その理由をお示しいただきたいと思います。

　いうまでもありませんが，私たちはA社からの刊行を念願しておりますし，契約書第29条（契約の尊重）「甲乙双方は，この契約を尊重し，この契約に定める事項について疑義を生じたとき，またこの契約に定めのない事項について意見を異にしたときは，誠意をもってその解決にあたる。」にあるとおり，誠意をもってこの問題の解決を図りたいとも思っております。

　また，当初は，発達心理学会（筆者註：3月下旬）までに刊行するとのことだったはずであり，私たちもそれにあわせて作業してきました。内容的にも他にはない非常にオリジナルな本になるだろうと期待できるだけに，できるだけ早く作業が再開するように念願しております。

　ご多忙とは存じますが，できるだけ早いご回答をお願いいたします。

草々

山梨大学教育人間科学部　尾見康博
茨城大学人文学部　　　　伊藤哲司

　この手紙を出してもBさんをはじめA社側から何の反応もなかった。4月16日，尾見からBさんに電話で問い合わせたところ，手紙そのものは社長の手元にわたっていることが確認できた。しかしその後も，社長から返事をもらうこと

はできず,いつまでもこの状態が続いてしまうことを憂慮し,大型連休明けの5月11日までには返信を,という願いをBさんを通じて電子メールで伝えた（4月27日）。しかし結局,5月11日になってもA社からは何の反応もえられなかった。

　A社での実際の出版の可能性について憂慮していた尾見は,少し以前より内々に北大路書房に企画を移したい旨の打診をしていた。北大路書房からは,「全執筆者の総意をよく固めた上で,A社間との出版契約に顧慮しつつ,堂々と主張すべきは主張され,その上でA社が話し合いに応じてくれない事態が継続するなら,正式にA社との出版契約解除をされるがよい。その上での出版に応じる」との返答が得られていた。全執筆者に対して北大路書房から出版することの同意を得た上で,A社から原稿等を戻してもらうお願いをBさんを通じてA社に電話で行った（5月下旬）。Bさんから,A社内での承認がえられたとして,6月7日に,編者からの企画中止の連絡を受けての返信手紙と原稿等が返却されてきた。そのなかでは契約書についていっさい触れられていなかったために,念のためにA社に対し内容証明郵便で契約解除の確認を求めた（6月29日）。こちらが定めた期限（7月10日）までにA社から反応はなく,再度内容証明郵便で契約解除と見なした旨の通告を行い（7月12日）,A社との関係が完全に切れることになった。

2. 問題のありか

　以上の一連の経緯のなかで編者は,執筆者と相談をしつつ,当初の構想どおりA社からなんとか出版できるよう妥協点をさぐってきたつもりである。しかし,以上述べてきたとおり,結果としては残念ながらその努力は功を奏しなかった。
　Bさんは,社長と編者の間に挟まれて,さぞかし苦しい立場であっただろうが,そのBさんからの反応もだんだん乏しくなり,編者の抱く不信感は,当初緊密に連絡を取り合っていたBさんにも及ぶことになってしまった。ただ,A社からの出版企画を中止するにあたっての原稿返却については,Bさんが必要な便宜を図ってくれたことが幸いであった。
　Bさんとしては,編者の意見や立場を理解しつつも,社長の意向を代弁するしかなかったという側面があるのだろう。3月22日と23日には,Bさんと編者のあいだでこんなやりとりがメールでなされている。

　　　　　Bさん　　しかし,ネットなどでも「荒らし」などが問題になっていたりするこ

ととと同じことがいえないでしょうか。何でもそのまま書いてよいというわけではないのは『(A社出版予定時の書名)』に倫理の問題の記述あることからも明らかと思います。では、編集としてはどこまで執筆者への提案が可能なのでしょうか。また、出版社は商法上の法人（ビジネス活動を行うことを目的とする社団）として社会的に存在しています。そのビジネス上のリスクとメリットをどう考えるのが妥当なのでしょうか。先生方としてはいかがお考えでしょうか。

　　尾見　今回の問題は上記のようなことではないと思います。Bさんのおっしゃることはわかりますし、それについて議論するのも意味があることだと思います。そして、出版するのは出版社であり、その際の倫理基準のようなものが社によって異なるのもある意味では当然です。で、それについてはこのML上で多少は議論したわけです。

　しかし、その後問題となったことは、いったん決着したはずの問題を今になって蒸し返され、西田さんの章の削除を要求されたり、社長と直接話したい、と表明するまでどういう問題なのか（本文中のどこなのか）が"具体的に"明確にならなかったりしたこと（つまりこちらがどのように対応してよいかわからないまま時間ばかりが過ぎるということ）です。違うでしょうか。

　初校の校正が済んだあとに突然出版社から修正要求が入るのも理解しがたいですが、いったん議論して決着したとみんなが認識したからこそ、ますます理解しがたいわけです。私が述べていることは筋違いでしょうか？

　つまるところ今回の問題は、どこまで固有名詞で表現していいのかという、一般的なフィールド研究の倫理の問題というよりは、A社の出版に関わる倫理基準が必ずしも適切な時期に示されず、A社の側から後になってひたすら一方的に要求がなされるという、編者や執筆者からすれば理不尽にしか思えない問題であった。直接出版社と交渉を担当した編者からすれば、顔が見えない社長の気持ちひとつに振り回される思いであった。他の執筆者も間接的な分だけかえっていらしたかもしれない。A社（とりわけ社長）の態度は、編者や執筆者の意見を尊重するものとはいえず、最後にはまるで編者や執筆者を愚弄しているかのようにさえ思えるものであった。

　研究し執筆する側と編集し出版する側とでは、当然立場が異なる。そのため、今回露呈したようなズレが生じうるのだろう。しかしながら今回のズレは、A社にとっても、出版に伴う問題を明らかにし今後に活かすひとつのきっかけにできたはずである。そもそもA社が編者や執筆者に少しずつ明らかにした社の方針は、企画の初めの段階で編者に示されるべきものであった。しかしながら、今回のように問題が明らかになった後であったとしても、A社側が真摯に対応して編者と話しあいを持ってくれたならば、妥協点をさぐれたのかもしれない。

　個別具体的な問題を扱うことの多いフィールド研究ではとくに、今回のような問題が起きやすいのだろう。そんな問題が生じたときには、研究者と出版社の間

で対等で誠実な話しあいが持たれるべきである。今回の一連の出来事は，そのことを痛感させるものであった。

3. 表現と規制のせめぎあい

　フィールド研究をする研究者は，個別具体的な問題を扱うことが通常のことである。そこでは，実験的な研究にありがちな「（一般的な？）被験者の学生〇人」といった扱いではなく，具体的に名前をもった個人や団体，あるいは地域を相手にすることになる。そのような具体的な対象者を論文などで表現するときには，そのプライバシーにどこまで踏み込んで表現してよいのかという問題が必然的に立ち上がる。それについては18章ですでに詳しく論じられているとおりである。

　一方，出版を担当する出版者としては，そのようなプライバシーに踏み込んだ表現がどこまで社会に許容されるのかという問題に，ある意味では研究者以上に敏感にならざるをえないのだろう。とくに一部のカルト集団のように，場合によっては手段を選ばない相手である場合には，慎重に対処する必要があるのは理解できる。無用の反発を喰らって損害を被るくらいなら，それを最初から避ける手だてを立てるのは，当然の自己防衛であるからである。

　しかしながら今回の場合，西田さんの記述は，すでにマスコミ等で繰り返し具体的に報じられている内容であり，公に広く知られているものを超えたものではなかった。西田さんにとっては，固有名詞なしではリアリティの欠ける説得力のない文章になってしまうこと，また多少の攻撃なら恐れず研究することを主張しているのに，矛盾していると理解されそうな要求がなされたと感じないではいられないものだった。また今回の内容は，統一協会やオウム真理教を告発するというものではなく，あくまでフィールド研究の実際について説明するものであり，それによって両団体がA社に対して攻撃をしかけてくるなどということが，まったくとは言えないまでも，ほとんど考えにくい。

　今回の経緯を受けて，複数の出版関係者にコメントを求めたのであるが，いずれも大筋では，これで原稿をボツにする理由にはならないだろうというものであった。「要らぬ喧嘩の種はまきたくない」，「実名を避けて書き方をかえてもらう」という意見もあり，「調査の臨場感ということであれば調査中に出会った事実ないしは実感がもっと前面にでてよいのでは」，「実名にこだわるなら，すでにマスコミ報道されたものを引用する形にすればいいのでは」という意見もあった。しかしいずれも，A社がとったような拒絶的で中途半端な態度はとらないということであった。良識的な（と私たちが思える）出版人としてのコメントに次のよ

うなものがある。

　　X氏（本章1．であげたBさんの修正理由の3つ［編者註，本書 p. 232］に対して，A社に一定の理解を示したうえで）　ただ，情けないと思うのは，オウムがこわい，ということ以上になにもいってないことで，これでは常に暴力的・破壊的な力（を暗示する）の前に抵抗せず屈するということになってしまい，とくに出版という社会性の高い業種の者としては情けなく思ってしまいますね。削除要求をするならするで，もっとちゃんとした見解がだせそうなものです。

　　Y氏（削除対象となったマインド・コントロールに関する記述［編者註，本章 p. 233～234］を含む16章全文を読んで）　実際見せてもらっての第一印象は，「なんでこれがボツなの？」という気持ちですね。この内容・記述のどこが「出版するには難しい」のか理解に苦しみます。

　　私も，編集者として，公けに出版するのにふさわしくない表現や実名を出すべきでないケースには注意をしていますし，実際に書き直してもらったこともありますが，これが実名をひかえるべきケースだとは考えられませんね。

　　私が携わっています社会科学書でも，問題の告発，批判的表現は当然出てきますし，また必要でもあります。むしろ表現を過剰に自粛してしまうことこそ問題ではないでしょうか。

　大事なことだが，出版人も執筆者と同様，表現の自由，言論の自由という権利を行使する立場でもあるということである（下の図）。大局的に見れば，表現の自由や言論の自由が脅かされるのは，政府や政府と関連の深い第三者機関による規制によるものが多いと考えられる。もちろんさまざまな理由から，執筆者や出版者（多くの場合，出版社）の自主規制が必要な場合があるにせよ，まず先に規制があるべきではなく，できるだけ規制しないことを考えたうえで，どうしても人権に触れたり，大きな損失を被ったりするという場合に初めて規制するというスタンスが望まれる。規制することばかり考えると，独創的な表現，社会正義のための告発の表現などを阻むことになりかねない。

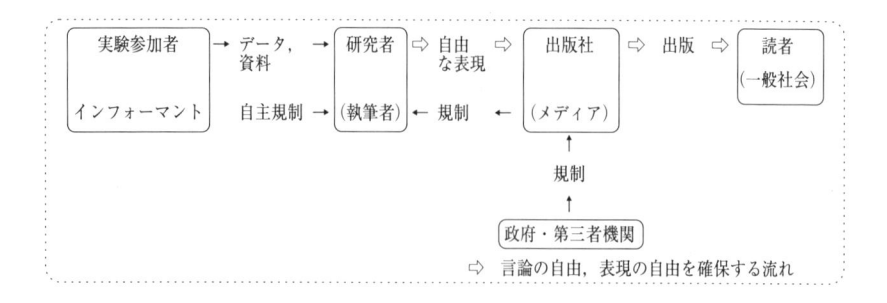

実験参加者／インフォーマント → データ，資料 → 研究者（執筆者） ⇨ 自由な表現 ⇨ 出版社（メディア） ⇨ 出版 ⇨ 読者（一般社会）

自主規制 → 　　　　　　← 規制

↑ 規制 ↑ 政府・第三者機関

⇨ 言論の自由，表現の自由を確保する流れ

このように考えると，もはやこの問題は，フィールド研究とか心理学とかいう枠を大きく超えて，言論界一般，あるいはメディアを通じた表現一般の問題と通底していると言える。今回，このような経緯をたどることによって，思いがけずこのような問題にあらためて気づくに至った。「災い転じて……」的な副産物であったとは言えよう。また，メーリングリストをフルに活用することによって，各執筆者ともこの問題を議論し共有してきたことの意味は大きい。このような共著による本の場合，執筆者間で意見交換がなされるということが，多くの場合ほとんどないからである。さらには当初予定のなかったこの章を執筆し本書を出版することによって，読者の皆さんともこの問題を共有し議論する道が拓けたと言えよう。

4．フィールド研究と出版

フィールド研究に限らず研究という営みは，それが公にされてはじめて学問の知となりうる。学問のためなら何でも表現して構わないということにはならないが，具体的な情報を出さない方向へと規制が進めば，とくにフィールド研究の場合，そのリアリティが失われてしまいかねない。そこで研究者は，ぎりぎりのラインを模索することになったりする。それは時に，冒険的な営みですらある。

出版者（多くの場合，出版社）が執筆者に対して内容の修正を求める場合というのは，文中の差別表現やプライバシーを侵害する表現など，書かれている内容が特定の人物や集団などの人権に抵触する場合であることが多いだろう。フィールド研究者は通常，「どこまで表現してよいか」についての倫理基準を暗黙のうちに持っているものである。あるいは学会の倫理綱領などに基づいて，自らチェックするものである。しかし，そのうえで執筆したものであっても，出版社の側からすれば修正を求めたくなる場合があるのだろう。両者の考える基準が同一では必ずしもないからである。

出版社が修正を求める場合として他に考えられるのは，出版社の思想や考え方に対して，書かれている内容がそぐわないという場合である。文章のわかりにくさや表記上の不適切さについての修正要求なら執筆者も同意できる場合が多いだろうが，たとえば差別表現かどうかについての見解の相違といった場合，事は簡単ではあるまい。ましてや，思想や考え方に抵触するケースとなると問題が大きい。執筆者も出版社も，ある意味での公平さを社会的に求められているわけであるが，厳密には価値中立であるということはありえない。

この他の場合として，類書からのパクリといった著作権上の問題がある場合が

あろう。学生が書いてくるレポートには，こういう問題がしばしば見られるが，一見良心的な研究者がこうした反則を犯さないとも限らない。

Bさんが「出版社は商法上の法人（ビジネス活動を行うことを目的とする社団）として社会的に存在しています」と述べたことは，そのことだけを取り出してみれば正論である。それゆえ「そのビジネス上のリスクとメリットをどう考えるのが妥当なの」かを，出版社としては当然重視することになろう。しかし執筆者の側からすれば，ときに不都合と思われる組織防衛の論理が見え隠れすることもある。

執筆者側には，おそらく出版社側以上に学問の自由や表現の自由という論理があり，当然これを主張するのであるが，場合によっては出版社の都合によって妥協せざるを得ない場合もあるかもしれない。しかしそのような事態が生じそうになった場合は，先にも述べたとおり，やはり両者の間で誠実な話しあいが持たれるべきである。もとより，出版企画あるいは執筆依頼の段階で両者の意志疎通が十分確保されている必要があるのだろう。両者は，持ちつ持たれつの関係にありながらも，良い意味での緊張関係にあるべきである。

今回の問題は，表現（執筆）する側の権利が守られるかどうか，表現される側（研究対象とされる人や団体）の権利が守られるかどうか，出版社の経済的得失はどうか，同じく社会的得失はどうか，出版社の被るかもしれない物理的・身体的危険度はいかほどか，こういった点にどう目配りして，研究者と出版社のズレに折り合いをつけるか，そのことが個別具体的な問題を扱うフィールド研究ではとくに重要であることを浮き彫りにしたものと言えよう。通り一遍の方略を示せるわけもなく，研究者や出版人がそれぞれの仕事の責任を引き受けつつ，よりよい研究とその表現についての試行錯誤をしながら，個別具体的に事例を積み重ねていくしかないのだろう。

付記：本章の執筆にあたっては，メーリングリストを通じて本書の各執筆者および北大路書房の関一明さんに有益な助言をいただきました。記して謝意を表します。

索　引

● あ

アクション・リサーチ　181-182
アンケート（調査）　67, 74
安定性　84

● い

異化　225
一般綱領　202-203
一般性　32
インターローカル　152-153
インタビュー　59, 74, 76, 105, 142
インフォームド・コンセント　205-206

● え

映像　23, 209
エスノグラフィー　7, 14-16, 20-21, 24, 31-32, 209-210, 218, 221
エスノメソッド　225
エスノメソドロジー　225

● か

カード構造化法　42
解釈的アプローチ　14
介入　157-158, 163
介入実験　155-156
開発研究　182
科学性　5
学問の自由　242
家政学　77
仮説　5, 22, 29-31, 60, 109, 180-181, 183, 185
仮説検証（型）　24, 30
仮説生成（型）　24, 30-31, 41, 71
カセットテープ　72, 74, 142
カセットレコーダ　72-73
語り　53, 135, 141-143
価値観　112, 128, 149, 161, 182-184
カテゴリー　42, 74-75, 116, 142
カメラ　23, 171

関係性　13, 60, 102-103, 170, 214
観察　23-25, 28-29, 31, 39, 42-43, 45, 60, 63, 71-74, 76, 82, 88, 90, 92, 101, 111, 114, 207, 220

● き

擬似的フィールド研究　60, 64
規制　240
客観性　5-6, 9-14, 22, 42, 228
教育学　21
教育心理学　5, 85
共同作業　9, 143, 226
共同の実践　145, 149-153

● く

グラウンディッドセオリー法　115-116

● け

KJ法　42, 74-75
研究者の倫理　213
研究設問　24, 29, 31
検査（法）　4, 13, 110, 220
現地調査　123, 126-127
言論の自由　240

● こ

講演会　129
公正の倫理　213-214
構造的面接　179
個別性　32
コンサルテーション　88, 94, 202-203

● さ

再現性　42, 84
差別表現　241
参与観察　6-7, 10-12, 104, 111, 188-189, 196, 206-208, 219, 228

● し

自主規制　240
自然観察　7
実感　196
実験　4-6, 10, 12-14, 24-25, 67, 82, 157-161, 181, 185, 201, 220
実験室実験　3, 10, 13, 15-16, 21, 177, 219
実験心理学　4, 8, 220
実証主義的アプローチ　14
実証性　184
実践　19, 80, 82-83, 86, 88, 93-96, 149-150, 182, 188, 196-197, 210-212, 231
実践協同者　210
実践知　77
質的　60, 64, 111, 117
質的（な）データ　60, 115
質問紙（調査）　3-6, 10-16, 59-60, 88-90, 92, 94, 180, 189, 220
社会学　5-7, 9, 15, 101, 189, 221
社会構成主義　225-228
社会心理学　5, 176-177, 181-185
写真　22-23, 209, 224
縦断研究　39, 44, 48-49, 52, 56, 63
出版　231, 233-234, 238
純粋科学　182
状況倫理　212-213
焦点観察　24, 29-30
史料　135, 137
神経心理学　110-111
親睦会　44, 52, 211
信用性　117
心理学　3, 5-6, 13-16, 19, 21-22, 44, 71, 79-84, 101, 111, 121, 126-128, 189, 201, 203, 212, 218-220, 228-229, 240
人類学　6-7, 9, 15

● す

スクールカウンセラー　88, 93-94
住み込み　189

● せ

精神医学　128
生態学的アプローチ　58

● そ

相互主観性　9, 11, 13

● た

妥当性　181
探索的研究　90

● ち

地域プランナー　145, 148, 150-151
地図　135, 139
調査　12, 24-25, 82, 88, 91, 94, 126, 180, 185, 187, 201

● て

データ対話型理論　41

● と

同行者の声　135
特殊性　32

● に

人間科学のフィールドワーク　145, 154

● は

配慮と責任の倫理　213-214
発達心理学　5, 40, 58, 72
半構造化面接　111
反省的思考　14-15

● ひ

非構造的面接　179
ビジュアル・エスノグラフィー　23
ビデオ　22-23, 25, 29, 42-43, 45, 48, 56, 64, 224
ビデオカメラ　42-43, 62
ビデオテープ　64
表現の自由　240, 242

● ふ

フィードバック　42, 44, 94, 102-103, 116-117, 129, 211, 225
フィールドエントリー　25-28, 72, 104, 204, 207, 213, 215
フィールド開拓　159
フィールド活動　45
フィールド観察　28, 60, 67

フィールド研究　7, 9-12, 15-16, 18-21, 24-25, 28, 31-32, 38, 40, 42-43, 56, 59, 67, 77, 88, 96, 101-102, 104-105, 111-114, 118, 130, 154, 159, 163-164, 177-182, 184-185, 201, 204-205, 207, 210, 214-215, 217-223, 225-229, 231, 238-242
フィールド研究の倫理　202, 204, 213-215
フィールドサイト　24
現場心理学(フィールド)　7-9, 11, 218
フィールド調査　180
フィールドデータ　42
フィールドノート　41-42, 189, 215, 224
フィールドの倫理　213, 215
フィールドワーク　3-4, 6-14, 20-26, 28-32, 124, 134, 145, 154, 171, 174, 187-189, 204-206, 210-211, 217-219, 221, 223-224, 229
フィールドワークの知　229
フィールドワークの倫理　204
物理学　220
普遍性　32, 228
プライバシー　15, 28, 180, 209-210, 232, 239, 241
プロトコル　55, 74
文化人類学　21, 101, 105, 221

ほ

保育学　77
報告会　117, 210
報告書　15, 20, 210
方法論　67, 81, 84, 145, 218, 224-225

ま

マイクロ・エスノグラフィー　21
マルチメソッド　81-82

み

民族誌　21

め

メモ　22-23, 41, 171
面接（法）　3, 13, 23, 29, 39, 50-51, 55-56, 60, 88, 90, 92, 111, 113-114, 130, 180
メンバーチェック　117

も

モード論　19
モデル構成　41, 152

や

役割の多重化　207, 213-214

ら

ライフストーリー　134, 142
ラポール　25, 28-29, 40, 50, 111-112, 117, 189, 196-197, 207

り

リアリティ　42, 44, 59-60, 109, 239, 241
リサーチ　85, 87, 118, 182
了解　116
量的　60, 64
理論　31, 70-71, 77, 95, 101, 152, 159, 181, 184-185, 224
理論的サンプリング　30
臨床　4-5, 88-89
臨床心理学　4, 88, 94, 203
臨床心理士　122
臨床面接　130
倫理　15, 23, 30, 201-202, 204, 207-208, 211-212, 215
倫理基準　127, 202-203, 238, 241
倫理規定　202-204, 211-215
倫理綱領　202, 212, 241
倫理的判断　183

れ

レポート　19-20, 22, 29-30, 32

ろ

論文　15, 19, 22, 32, 41, 94-96, 116, 158, 171
論理実証主義　218, 220-221, 228
論理性　228

あとがき

　フィールド研究と一言でいっても，その実践者の依って立つ方法論は一枚岩ではない。本書の企画は，東京都の離島である小笠原でのフィールド研究を実践している尾見がまず発想し，その尾見が，ベトナムの首都ハノイでのフィールド研究を実践している伊藤に声をかけて始まった。大学や研究所といった場から外へ出て行う研究をフィールド研究と規定したのは，尾見のアイディアである。伊藤は，本書のなかではそのアイディアを尊重しつつも，やまだようこが定義するように，「複雑多岐の要因が連関する全体的・統合的場」と考えられるフィールド（やまだの用語では「現場」）は，それこそ実験室のなかにさえ見いだせると考えている。それに対して尾見は，実験室のなかにもフィールドがあると言いながら，『現場心理学の発想』（新曜社）で「実験室に籠もっていたりしないで，現場に一歩足を踏み出してみることをお勧めしたい」と呼びかけるのは混乱があると指摘する。伊藤にすれば，実験室もフィールド足り得るが，しかしよりフィールドらしい特徴がつかみやすいのが「外」ということになる。

　このような方法論的立場の微妙な違いは，これからも議論されてしかるべきであろう。編者以外の本書の執筆者たちも，それぞれやや異なる方法論的立場に立脚して，フィールド研究を実践している。あるいは「フィールド研究」ということを意識しないまま，本書のいうフィールド研究を実践してきた執筆者もいるだろう。本書は，多くの共著本と同じく，編者が他の執筆者を僭越ながら選抜させてもらい，それで執筆をお願いした。執筆者間で議論ができるようにと本書執筆の段階でメーリングリストを構成した。当初はメーリングリストがあまり機能していなかったが，出版予定の出版社とのトラブルが生じて，結果的に一部では有効に機能した。もちろん本書の全体にわたって，全執筆者による侃々諤々の議論がなされた，というわけではない。しかし，出版社の変更という思いがけない事態に対する各執筆者の意向確認などにメーリングリストは非常に役立った。また，思いがけず，フィールド研究の表現と媒体（メディア）の関係を考えさせられることになり，20章を作っていく過程でも数人の執筆者から貴重な意見をいただくことができた。

　研究は，基本的に単独で，あるいは共同研究の場合は緊密に関わり合う共同研

究者によって，通常は行われるものである。同時に，どのようなテーマをどのような方法論にもとづいて研究するのかといった問題，もっと言えば物事を基本的にどう見るのかという認識論の問題となると，単独の研究者あるいは共同研究を行う複数の研究者が，まったく独創的に自由に振る舞うことは難しい。やはりその時代のその学界が担っているパラダイムに拘束されるという一面があるからである。現状のパラダイムに飽き足らないとしたら，私たちはそれを変革していく仲間を学界のなかに作っていかねばならないということになる。

　フィールド研究を許容しようという雰囲気が日本の心理学界にできつつあり，その仲間が増えていることは，1章でも19章でも指摘したとおりである。しかしまだたかだか10年ぐらいのこと。その議論が十分成熟したレベルに達しているとは言い難いし，学界のなかではまだまだ少数派である。先に指摘したとおり本書も，執筆者同士の議論をへて共同生成するということは，必ずしも十分にできなかった。本書が次なる議論の，あるいは次なる仲間作りのきっかけになっていけばと考えている。

　フィールド研究はおもしろい。そのおもしろさを実感してもらうためには，まずは一度フィールドに出てもらうしかない。

　みなさんもどうぞ，フィールド研究を実践する私たちの仲間に加わってください。

伊藤哲司
尾見康博

追記：本書の刊行にあたり，北大路書房の関一明さんにはひとかたならぬご尽力をいただきました（本当に！）。

　また，2001年6月10日，6章担当の高坂聡さんが35歳の若さで急逝されました。大切なフィールド研究の仲間を失ってしまいました。心よりご冥福をお祈りします。

執筆者自己紹介

尾見康博（おみ・やすひろ，編者，1，20章　山梨大学教育人間科学部） 
　高校時代からスポーツに打ち込むってわけでもなければ，芸術的センスはおそろしいほどなくて，いろいろな本を読んで教養が深いわけでもなく，かといって，ダメなりに努力するってこともしない。振り返ればずいぶん怠惰な人生。大学2年になって心理学を専攻するようになっても，心理学自体にはおもしろみを感じなかったし，大学院進学なんて思いつきもしませんでした。なのに，こんなひねくれ者のろくでなしでも，この業界に適応できるのではないかと感じさせてくれたものの一つに，フィールド研究の息吹があったような気がします。目下私が夢中になっている研究フィールドは小笠原。日本で一番不便な島です。外国に行くより不便だったりするので，あまり頻繁には行けないのが残念です。生態学などさまざまな他分野との交流で刺激を受け（刺激過多気味），キョロキョロしながらフィールド研究をしています（進行停滞気味）。

サトウタツヤ（佐藤・達哉，2章　立命館大学文学部） 
　高校時代までは運動部。陰惨なことも多かった。そのおかげか高校ではフェンシング・インターハイベスト8。高校までは勉強に興味はなかったけれど，今から考えると，歴史ならびに数学の「確率・統計」や生物学の「遺伝形質の確率計算（みたいなもの）」は好きだった。倫理や哲学には興味なし。大学は勉強と音楽サークルをするところだと強固に思い込んでいたので，心理学とバンド活動にいそしむ。大学では史学にするか心理学にするかちょっとだけ悩んだが結局心理学へ。今，心理学史をやっているのは，もともとの興味の影響は多分あるでしょう。大学院では発達心理学。質問紙調査にあきたらず近くの乳児院に研究のため出かけたりしたが，距離のとり方がわからず挫折。今，現場心理学の方法にこだわっている根本にはその時のほろ苦い体験があることは間違いない。

岡本依子（おかもと・よりこ，3章　湘北短期大学幼児教育学科） 
　高校のころは硬式テニス部で，朝から晩までテニス三昧。おそろしく日焼けして真っ黒でした。テニス部引退後，たまたま誘われてボランティアに行った園で，たっちゃんという自閉症の男の子と園長先生に出会い，私の人生が変わりました。高3の10月に進路を福祉系に変更。大学ではボランティアに明け暮れ，障害の有無に関わりなく「発達は人とのやりとり（コミュニケーション）に支えられているんだ！」という思いを強くし，若干の軌道修正のため大学院から心理学へ転向しました。現在は，育児サークルや乳幼児家庭訪問を通して，保健婦さんや地域活動に貢献しているパワフルなママたちなどの知り合いが増え，私の発達が人とのやりとりに支えられていると実感する毎日です。

菅野幸恵（すがの・ゆきえ，4章　青山女子短期大学児童教育学科） 
　高校時代の私は，心理学に対する具体的なイメージをほとんどもっていませんでした。周りの友だちと同じように，なんとなく「おもしろそう」というくらいしかなかったと思います。なぜかそのころから大学院に行きたいという気持ちはありました（単に働きたくなかっただけかもしれませんが．．．）。とはいえ，今のような研究生活を送ることなど本当に想像もつかないことでした。私を今の研究生活に結びつけたのは，大学時代に先生の研究のお手伝いをしたことと，研究のおもしろさを教えてくれた先輩たちでした。それをきっかけとして，私にとって心理学が「おもしろそう」なものから，「おもしろい」ものになったのかもしれません。

菅原ますみ（すがわら・ますみ，5章　お茶の水女子大学文教育学部） 
　　　子どもの育つ姿が見たい。しかも，できるだけたくさんの。そして，そこにどんな発達の法則があるのか知りたい——小さい頃から，動物や植物の発生に心惹かれていた私が大人になってたどり着いた夢でした。高校時代は生物学部で，"細胞性粘菌"という植物と動物の境界にあるような不思議な生物の観察・飼育に心を奪われていました。アメーバとして個々に気ままにふるまうかと思えば，一致団結して菌生植物として見事な組織体を構成してしまう——"個性"と"社会性"への最初の興味はこの生物との出会いに始まりました。今も，"個性"と"社会性"，そしてその"発生過程"に魅惑されつづけ，それを人間で考え得る発達心理学にはまった日々を送っています。

高坂　聡（たかさか・さとし，6章　富山短期大学に在職中逝去） 
　　　中学からサッカーを始め，大学は北海道大学サッカー部飲酒学科と自分で言っていたほど，サッカー中心生活。お酒は誰よりも強いと伝説に残っている程です。私と出会った博士課程時代，ゼミのあるときにしか大学に来ないから何しているのか聞いてみると毎日幼稚園に行っているとのこと。何事も熱心で徹底する姿勢がいつもあり，そこの場所での人とのつながりが好きらしい。夜行列車に乗ったり，工事現場でアルバイトしてみたり，お金がないからだけでなく，人との出会いを楽しんでいました。
　　　「おまえ勝手に俺のこと書くなよ」と声が聞こえてきそうですが，フィールドワークについての著書が最後になったことが，本人に最もふさわしかったと思います。
（妻　高坂園子）

奈須正裕（なす・まさひろ，7章　立教大学文学部） 
　　　小学校から大学まで，音楽以外にはほとんど興味がなく，毎日楽器をさわっていました。とはいえプロになる才能も根性もなく，音楽を続けていける仕事を真剣に考えた（？）結果，教師になろうと思ったという，筋金入りの「でもしか教師」候補生でした。ところが，子どもや学校というのは存外におもしろく，さらにひょんなことで出会った心理学にもひかれ，ついにはそれを足して2で割ったような商売をしている変わり種です。もっとも，カリキュラムづくりなんかは一種のアレンジメントなので，音楽をやるのとノリは似ています。というわけで，我ながらいい商売を見つけたと喜んでいる今日この頃ではあります。

伊藤亜矢子（いとう・あやこ，8章　お茶の水女子大学生活科学部） 
　　　高校では臨床心理学の存在も知らず人付き合いを楽しんだ。大学では手当たり次第に現場実習へ行った。患者さんやそこで出会った人たちとの思い出は宝物である。まずは行ってみる，やってみる。何かにぶつかって少し考える。そのうち少しずつ見えてくる。生来の好奇心とこうした学習・思考パタン？から，必然的に現場が命。大学院に入ってからの主なフィールド，中学校現場も大好きである。生の体験と人との関わりを通して学ぶ志向は幼い時から変わらず，今は遅く産んだ子と学校現場と職場とに鍛えられている。

川野健治（かわの・けんじ，9章　国立精神・神経センター精神保健研究所） 
　　　高校時代に好きだったのは，サッカー部の練習をさぼってサテン（喫茶店）でだべることと勉強中に古い岩波文庫の小説を読むこと。大学では，芝居とライブハウスと旅行とエラリークイーンに少しずつ。今でも続いているのは・・・本業を怠けて空想にふける悪癖だけかもしれません。ただ，自称心理学者となった今も「想像力」は重要だ（と思います）。現在，研究で気になる視点は「情報の編集」と「ネットワーキング」そして「場所性」。これらは，生活者が自分一人の限界を飛び越えていくための，つまり人が世界とつながるための大切なツールなのです。その働きに思いを馳せるとき，心理学が楽しい。

能智正博（のうち・まさひろ，10章　東京女子大学文理学部） 
　大学時代は4年間合気道をしてましたが，もともと不器用だったので最後までじつに下手くそでした。それでも身体を動かすのは，ジョギングとか，今も好きです。それから，当時は半ば神経症で，大学院時代のはじめの頃は，演劇教室に首を突っ込んだりエンカウンターグループに通ったり内観療法を試したりと，今風に言えば「自分探し」をやっていました。到達した結論は，探し当てられるような抽象的な「自分」など存在しないこと。その都度の具体的な人間関係のなかで自分を作っていくしかないんでしょうね。フィールドにおけるいろいろな人との出会いは，僕にとってそうした「具体的な人間関係」の1つです。大切にしていきたいですね。

藤森和美（ふじもり・かずみ，11章　聖マリアンナ医学研究所） 
　もともと心理臨床家としてスタートをきっていたので，自らが積極的に研究をしたり論文を書くようになったのは驚くほど年齢的に遅いし，あきれるほど勉強不足で四苦八苦してきた。災害の研究も私の中では歴史は浅いが，大きな位置を占めているのは事実である。
　最近は，災害の被災者から犯罪の被害者らまで，心理的危機介入やその後の臨床活動に忙しいが，まだ全国にその仲間は少ない。臨床力も研究力も求められる分野だが，やりがいはあると思う。事故や事件，災害が起きると飛んでいくので，知人が「サンダーバードみたい」（かなり古いけど・・）と言う。そこでこの場を借りて，「勇気と知性に溢れた若者を求む！」というメッセージを送りたい。

石井宏典（いしい・ひろのり，12章　茨城大学人文学部） 
　高校時代は山岳部に所属していたこともあり，東北から中部にかけての山々を歩いていました。その後も目線は山のほうばかりを向いていたのですが，「海もあるよ」と教えてくれたのが備瀬との出合いでした。やわらかであたたかい波に揺られているうちにこわばっていたからだも少しずつほぐれていきました。備瀬出身者の足跡をたどる旅は，堺，リマ，ダバオそして那覇へと流れ，気がつけば海辺ばかりを歩いています。これからは，明治末に備瀬移民を迎え入れたハワイの島々へ向かいます。

河原　利和（かわはら・としかず，13章　日本・環境文化研究所） 
　大学では建築と地域計画を学びながら，建築やまち・むらを見に全国を旅しました。それがきっかけになって，フィールドワーク中心の地域プランナーになりました。そして，社会心理学（グループ・ダイナミックス）を学びながら，地域計画学と社会心理学という文理にまたがる空間・時間・人間をとらえたフィールドワークを目指しています。いくつかの地域と数年から十数年にわたって関わり，その推移を熟知した上で，研究者が内部者の視点（研究者としての）外部の視点を複眼的にとりつつ，フィールドのリーダー的人物，また一般住民そして行政職員などと行動を共にし，研究者自らが実践の渦の中に身を置きながら地域づくりのフィールドワークを行っています。

高橋　直（たかはし・なお，14章　文化女子大学文学部） 
　中学・高校時代は生物部でタンポポの分布調査やにんじんのカルス作りをしていました。大学でははじめは臨床心理学を志していたのですが，気づいたら応用行動分析にはまっていました。その後，フィールド研究の面白さに開眼し現在にいたっています。こうかくとなんだか勉強ばかりの人生のようですが，実はこのような活動に費やしているのはだいたい20％くらい。残り80％はぼーっとすごしています。「何も考えないでぼーっとする時間」が最近のマイブームです。

山田　希（やまだ・のぞみ，15章　島根県弁護士会） 
　　中学生時代から音楽が好きでいくつものバンドのファン遍歴を重ねてきました。そんな自分の体験から大学，大学院では「ファン」であることとはどういうことか，そして「ファン」であることを通しての人と人とのつながりに興味を持ち，音楽を通して人々が無条件にひとつになれることの素晴らしさについて考えを巡らす日々でした。が，しかし現在では島根県弁護士会に勤務し，人と人との争いの場である「裁判」に深く関わる仕事に携わっております。そして，「闘い・争い」という形での人と人とのつながりについて，深く考えを巡らす毎日を送っています。

西田公昭（にしだ・きみあき，16章　静岡県立大学看護学部） 
　　高校時代は，スポーツ系・文化系の合わせて7つのクラブ活動を楽しみました。特に何が得意と言うわけではなく，また苦手でもなかったようです。だからか，何がしたいのかよくわからないまま社交性を重視した（？）日々でした。しかし，一方では孤高の楽しみもあり，いろいろな本を読んだり，空想したりすることが好きでした。そして大学2年生頃から，人が何かを強力に信じることがいろんな社会現象や偉大な文化を作り出していることに関心を抱くようになりました。でも学部選考もいい加減な気持ちで決めましたし，大学院に進学してもまだ，自分の将来についてはいろいろ迷いもしました。結局はラッキーによって，社会心理学や素晴らしい人々との多くの出会いがあり，今に至りました。

作道信介（さくみち・しんすけ，17章　弘前大学人文学部） 
　　大学院進学と同時に演劇と水泳を始める。
　　劇団では彼女を，水泳では背筋を獲得する。
　　日常生活の劇化と体力というフィールドワークに不可欠な要素も獲得する（？）。
　　小学生の頃から朝型で，現在でも9時寝3時起き。
　　昼がすぎるとあとは余生といった感じでしごす。
　　アフリカ・ケニアの牧畜民トゥルカナとの生活と日本での出稼ぎ・過疎・高齢化の研究を行う。これらを「近代化の社会心理学」としてまとめたいと内観中。

文野　洋（ふみの・よう，18章　東京都立大学人文学部） 
　　学部生の頃，いわゆる「学歴社会」を周りの人が自然に経験していることについて疑問を感じていました。そのころ，「社会」を対象視する視点を扱っている，コールバーグの道徳性の発達理論に出会い，「倫理的」なことがらについての関心は増していきました。関心と研究とは直接つながりませんが，きれいごとでも開き直りでもない位置からものが語れたらいいなと思います。漫画や映画，唄や小説は，そういうところが見え隠れするものをとくに気に入ってるようです。が，純粋な娯楽ものは大好きです。

伊藤哲司（いとう・てつじ，編者，19，20章　茨城大学人文学部） 
　　高校・大学時代はラグビーをやっていました。試合で眉間の陥没骨折を経験してから少し頭が良くなった（？）ようです。そのころから旅好きで，実験心理学の色彩が濃い研究室に入ったものの，いつのまにかベトナムに辿り着いていました。キーワードは「家族同伴のフィールドワーク」。ハノイの路地での家族同伴での生活経験が，現在の研究のベースになりました。現在は，ベトナム戦争の体験者たちの記憶をたどるため，彼らの語りに耳を傾ける旅を続けています。妻と5歳の娘，それにまだ生まれたばかりの息子と，自然農の田畑で野菜や米を作りながら，ちょっと古い木造日本家屋で暮らしています。

[編者紹介]
尾見康博（おみ　やすひろ）
1967年　茨城県土浦市に生まれる
1989年　東京都立大学人文学部卒業
1994年　東京都立大学大学院人文科学研究科博士課程中途退学
1994年　東京都立大学人文学部助手
1998年　山梨大学教育人間科学部講師
2001年　山梨大学教育人間科学部助教授　　現在に至る
連絡先　omiyas@edu.yamanashi.ac.jp
主論文　小笠原の子どもたちの自然意識（共著）『小笠原研究年報』，24，1-11，2001
　　　　コミュニケーションとしての査読　『発達心理学研究』，12(1)，62-64，2001
　　　　子どもたちのソーシャル・サポート・ネットワークに関する横断的研究　『教育心理学研究』，47(1)，40-48，1999
　　　　心理学における統計手法再考――数字に対する「期待」と「不安」（共著）『性格心理学研究』，2，56-67，1994
主　著　『心理臨床　カウンセリングコースで学ぶべき心理学』（共編訳）垣内出版，2001
　　　　『カタログ現場(フィールド)心理学』（共著）金子書房，2001
　　　　『心理学論の誕生――「心理学」のフィールドワーク』（共著）北大路書房，2000
　　　　『通史　日本の心理学』（共著）北大路書房，1997

伊藤哲司（いとう　てつじ）
1964年　愛知県名古屋市に生まれる
1987年　名古屋大学文学部哲学科（心理学専攻）卒業
1993年　名古屋大学大学院文学研究科（心理学専攻）満期退学
1993年　茨城大学人文学部講師
1996年　茨城大学人文学部助教授　　現在に至る
　　　　1998年5月～1999年2月文部省在外研究員としてベトナム（ハノイ）滞在
連絡先　tetsuji@mito.jpc.ibaraki.ac.jp　HP http://www4.justnet.ne.jp/~tetsujiyuko/
主論文　俗信はどう捉えられているか　『茨城大学人文学部紀要』，30，1-31，1997
　　　　コミュニケーションを捉えるモデル　『茨城大学人文学部紀要』，29，41-70，1996．
　　　　現代社会がつくる子どもの性格　『児童心理』金子書房，649，22-30，1995
　　　　血液型性格判断と信じる心　『現代のエスプリ』至文堂，1994／7，103-113，1994
主　著　『カタログ現場(フィールド)心理学』（共著）　金子書房，2001
　　　　『ハノイの路地のエスノグラフィー――関わりながら識る異文化の生活世界』　ナカニシヤ出版，2001
　　　　『常識を疑ってみる心理学――モノの見方のパラダイム変革』　北樹出版，2000
　　　　『現場(フィールド)心理学の発想』（共著）　新曜社，1997

心理学におけるフィールド研究の現場

2001年10月25日	初版第1刷発行	定価はカバーに表示
2003年 5 月20日	初版第2刷発行	してあります。

編　者　　尾　見　康　博
　　　　　伊　藤　哲　司
発　行　者　　小　森　公　明
発　行　所　　㈱北大路書房

〒603-8303 京都市北区紫野十二坊町 12-8
　　　電　話　(075) 4 3 1 - 0 3 6 1㈹
　　　F A X　(075) 4 3 1 - 9 3 9 3
　　　振　替　01050 - 4 - 2083

©2001　印刷／製本　㈱亜細亜印刷
検印省略　落丁・乱丁はお取り替えいたします。
日本音楽著作権協会（出）許諾第 0111602-302 号
　　ISBN 4-7628-2233-7 Printed in Japan